QUANGUO NONGCUN
SHEQU JIANSHE
ZHONGYAO ZILIAO XUANBIAN
2012

全国农村社区建设
重要资料选编
（2012）

民政部基层政权和社区建设司 编

中国社会出版社
国家一级出版社　全国百佳图书出版单位

图书在版编目（CIP）数据

全国农村社区建设重要资料选编．2012／民政部基层政权和社区建设司编．—北京：中国社会出版社，2013.6

ISBN 978－7－5087－4455－1

Ⅰ.①全…　Ⅱ.①民…　Ⅲ.①农村社区—社区建设—中国—2012
Ⅳ.①D669.3

中国版本图书馆 CIP 数据核字（2013）第 118987 号

书　　名：全国农村社区建设重要资料选编（2012）
本书编著：民政部基层政权和社区建设司
责任编辑：郑双梅　邢幼弢

出版发行：中国社会出版社　　邮政编码：100032
通联方法：北京市西城区二龙路甲 33 号
电话：编辑部：(010)66060097
邮购部：(010)66081078
销售部：(010)66080300　(010)66085300　传真：(010)66051713
(010)66083600　(010)66080880　(010)66080880
网　　址：www.shcbs.com.cn
经　　销：全国各地新华书店

印　　刷：中国电影出版社印刷厂
开　　本：170mm×240mm　1/16
印　　张：19
字　　数：380 千字
版　　次：2013 年 8 月第 1 版
印　　次：2013 年 8 月第 1 次印刷
定　　价：50.00 元

目　录

◇第一部分　中央、部级政策文件摘录◇

◇第二部分　省级政策文件◇

◇第三部分　理论研究和调研报告◇

◇第四部分　附　　录◇

第一部分

中央、部级政策文件摘录

坚定不移沿着中国特色社会主义道路前进 为全面建成小康社会而奋斗

胡锦涛同志在中国共产党第十八次代表大会上的报告

（2012 年 11 月 8 日）

在城乡社区治理、基层公共事务和公益事业中实行群众自我管理、自我服务、自我教育、自我监督，是人民依法直接行使民主权利的重要方式。

改进政府提供公共服务方式，加强基层社会管理和服务体系建设，增强城乡社区服务功能，强化企事业单位、人民团体在社会管理和服务中的职责，引导社会组织健康有序发展，充分发挥群众参与社会管理的基础作用。

要落实党建工作责任制，强化农村、城市社区党组织建设。

国务院关于支持赣南等原中央苏区振兴发展的若干意见

（国发〔2012〕21号　2012年6月28日）

（十三）促进城乡统筹发展。统筹城乡规划建设，推动城镇道路、供水、生态、环保等基础设施向农村延伸，公共服务向农村拓展。扎实推进新农村建设，加强村庄规划布局，引导农村社区建设，改善农村人居环境。大力发展县域经济，提升带动农村发展的能力。支持基础较好的中心镇壮大实力，增强对周边农村的生产生活服务功能。

国务院关于印发卫生事业发展“十二五”规划的通知

（国发〔2012〕57号　2012年10月8日）

三、加快医药卫生体系建设

（一）加强公共卫生服务体系建设

3. 加强妇幼卫生和健康教育能力建设。加强市、县级妇幼保健机构能力建设。建立健全省、市、县三级健康教育工作网络，重点加强省、市级健康教育能力建设，提升乡镇卫生院、社区卫生服务中心健康教育能力，完善健康素养监测体系。

国务院关于印发服务业发展“十二五”规划的通知

（国发〔2012〕62号 2012年12月1日）

（八）养老服务业。引入多种形式的市场主体，培育发展专业化的养老服务机构，鼓励民间资本和境外资本开发养老服务项目，参与养老服务设施建设和运营，积极扶持非营利性社会组织和中小型养老服务企业创新发展。大力拓展养老服务领域，逐步实现从基本生活照料向健康服务、辅具配置、康复护理、精神慰藉、法律服务、紧急救援等方面延伸。大力发展社区照料服务，推进日间照料中心、托老所、老年之家、互助式养老服务中心等社区养老设施建设。发挥养老服务产业链长、涉及领域广的特点，推动养老服务与餐饮、服装、营养保健、休闲旅游、文化传媒、金融和房地产开发等相关产业互动发展。加强老年护理人员培养培训，推行养老护理员职业资格考试认证制度，提高其职业素养和服务水平。培育形成一批具有知名品牌和较强竞争力的养老机构，促进养老服务企业规模化、品牌化和网络化发展。健全养老服务市场准入、退出和监管制度。“十二五”时期，养老服务业规模显著扩大，社会化养老覆盖率明显提高，基本建立以居家为基础、社区为依托、机构为支撑的社会养老服务体系，推动实现老有所养。到2015年，每千名老年人拥有养老床位数量达30张。

民政部关于做好“中国社区”标识启用工作的通知

（民发〔2012〕66号）

各省、自治区、直辖市民政厅（局），各计划单列市民政局，新疆生产建设兵团民政局：

为加强城乡社区标识规范化管理，自2010年7月起，民政部在全国范围内开展了“中国社区”主题标识征集活动，得到了广大城乡社区干部群众的积极关注和广泛响应。经严格评审并经部长办公会审定，确定了拟在全国城乡社区推广使用的“中国社区”标识（以下简称“标识”，图样及说明见附件）。现就标识启用工作有关事项通知如下。

一、统一标识启用具有重要意义

“中国社区”标识是城乡社区的共同象征，展现了城乡社区建设蓬勃发展、城乡社区居民团结向上的良好风貌，已在国家工商行政管理总局商标局进行官方标志备案。逐步启用统一标识，着力打造城乡社区一体化发展新形象，是统筹推进城乡社区建设的重要举措，有助于夯实城乡社区在创新社会管理中的基础性地位，争取各级党委政府重视支持；有助于加快城乡社区服务规范化进程，提高服务水平和服务质量；有助于增强城乡居民社区认同感、归属感，调动社会各界共同建设社区美好家园的积极性。各级民政部门应积极推动统一标识的使用。

二、积极推动统一标识的使用

标识启用要采取以点带面、梯次推进的方式，有计划、有步骤地推动标识在城乡社区普遍使用，使标识应用范围从东部地区社区向中西部地区社区扩展，从城市社区向农村社区扩展，从新建社区向已有社区扩展，使标识应用与城市和谐社区建设和农村社区建设实验工作同步推进，与“十二五”期间城乡社区服务体系建设同步推进。争取到“十二五”期末，实现将标识覆盖到全国所有城乡社区的目标。

标识应用的基本要求是：城市和谐社区建设示范单位和农村社区建设实验全覆盖示范单位率先推广使用标识，社区办公用房、社区综合服务设施主体建筑物的显著位置应安装永久性标识，村（居）务公开栏、社区宣传栏、引导牌和社区工作者胸牌、桌牌等识别标志中应加入标识元素，与社区建设相关的书刊资料、会议活动可使用标识衍生品。

三、积极开展多种形式的标识宣传活动

“中国社区”标识的征集启用，是城乡社区建设历程中具有深远意义的标志性事件，各地应以此为契机，认真制定宣传方案，努力形成集中宣传态势。应充分利用广播电视、报纸杂志、互联网等多种媒体，发挥城乡社区服务设施、宣传橱窗、阅报栏、公开栏等贴近基层、贴近群众的优势，开展形式多样的标识宣传活动，重点阐释标识外观结构、内涵寓意、应用范围和推广策略，说明标识启用推广的作用意义特别是与社区居民生产生活的密切联系，扩大标识社会影响，增进标识社会认同。应将宣传标识与宣传贯彻《中共中央办公厅国务院办公厅关于加强和改进城市社区居民委员会建设工作的意见》（中办发〔2010〕27号）和《社区服务体系建设规划（2011—2015）》（国办发〔2011〕61号）相结合，与党和国家推进城乡社区建设的思路、举措和成效宣讲相结合，积极营造热心关注标识、诚心应用标识、悉心爱护标识的社会氛围，为标识推广使用创造健康环境。

四、做好推进标识启用的相关工作

（一）严格规范，自觉维护标识形象

民政部制定并发布“中国社区”标识使用管理办法、“中国社区”标识应用手册，明确标识图案释义、制图配色和制作材质，以及使用范围、使用方式和管理责任等内容。各级民政部门应主动维护标识专用权，积极引导城乡社区和社会各界遵守相关规范标准，加强标识使用的规范化管理，禁止有损标识形象的行为，杜绝当用不用、无序滥用和私自擅用等行为。

（二）结合实际，周密制定标识启用方案

各级民政部门应在全面掌握辖区范围内原有城乡社区标识设计使用情况，了解城乡社区建设总体规划和城乡社区综合服务设施建设情况的基础上提出标识启用意见。已经设计使用地方性社区标识的地方，应按统一标识做好新旧标识的过渡衔接。

（三）典型示范，逐步扩大标识启用范围

应坚持自愿自主和循序渐进的原则，采取典型示范、试点引路的办法，逐步扩大标识启用范围。可先选择工作基础好、干部积极性高、群众参与踊跃的若干地区进行试点，率先在各级政府财政支持的社区服务综合设施项目点启用，对积

极推广并规范使用标识的地方予以奖励或扶持。对各地启用推广标识情况，民政部将采取适当方式予以通报。

各级民政部门应积极争取当地党委、政府重视，将标识启用工作列为城乡社区建设领导协调机制的专门议题，研究推进、定期通报交流，使推广应用过程中出现的新情况、新问题及时得到解决。采取多种方式落实标识应用工作资金，鼓励社会资金参与标识启用推广工作，建立健全标识使用管理长效保障机制。

各地在标识启用过程中遇到的情况和问题，应及时报民政部基层政权和社区建设司。

附件：1. “中国社区”标识图样（略）
　　　2. “中国社区”标识说明

二〇一二年四月六日

附件2：

“中国社区”标识说明

“中国社区”标识由图案与文字组合而成，整体色彩以中国红为主色调，体现了鲜明的中国特色，寓意吉祥。图形整体呈开放的菱形，内部包含中国结图案，菱形与中国结象征汉字“区”字，标示出社区对特定地域的依着关系。

“区”字内部图案为三个手臂相挽的人，寓意“三人成众”，即社区居民的团结协作；同时也可理解为三颗彼此联结的心，寓意社区居民的交流融通。图案向下部分是篆体的“中”字，富有动感，体现了城乡社区建设蓬勃发展的生机活力。

“中”字右侧为标识的文字部分，手写体的“国社区”与左侧的“中”字组成整个名称。右下方红色狭长区域书写英文名称，也可针对少数民族或其他语言环境，选用相应的语言进行书写。区域左侧与中字下方形成互补关系，形如彩云飘出。

民政部关于印发“中国社区”标识使用管理办法的通知

（民发〔2012〕125号）

各省、自治区、直辖市民政厅（局），各计划单列市民政局，新疆生产建设兵团民政局：

为积极推进“中国社区”标识的使用，加强城乡社区标识规范化管理，根据《民政部关于做好“中国社区”标识启用工作的通知》（民发〔2012〕66号）精神，现将《“中国社区”标识使用管理办法》印发给你们，请遵照执行。

二〇一二年七月十日

“中国社区”标识使用管理办法

第一条　为促进“中国社区”标识在城乡社区的推广使用，提高城乡社区建设的规范化、标准化水平，提升城乡社区的整体形象，特制定本办法。

第二条　本办法所称“中国社区”标识，是指由民政部发布、识别城乡社区服务设施和社区工作者的标志。

第三条　“中国社区”标识所有权属于民政部，并经国家工商行政管理总局作为官方标志备案。

未经民政部同意，任何单位和个人不得将与该标识相同或者近似的图案作为商标注册和使用。

第四条　“中国社区”标识使用管理实行分级负责制。民政部负责全国范围内“中国社区”标识的宣传推广并对标识管理工作进行指导、监督。

县级以上地方各级人民政府民政部门负责本行政区域内的“中国社区”标识管理。上级民政部门对下级民政部门的“中国社区”标识管理工作进行指导、监督。

第五条　“中国社区”标识样式由民政部统一规定。“中国社区”标识中的图案与文字是完整的统一体，不能拆分或者变相拆分使用。

各级民政部门应当根据规定样式使用“中国社区”标识，可以按比例放大或者缩小，但不得变更“中国社区”标识的图案组成、文字字体、图文比例、颜色标准等。

“中国社区”标识由县级以上地方各级人民政府民政部门负责统一印制或者监制。

第六条　城乡基层党组织、城乡基层群众性自治组织和城乡社区工作者，社区群团组织、社区志愿互助组织、其他社区社会组织和驻社区单位，有权使用“中国社区”标识。

第七条　城乡社区党组织、城乡基层群众性自治组织需要在办公场所、城乡社区服务设施和城乡社区公共空间使用“中国社区”标识的，应当在明显位置统一安装使用。

“中国社区”标识可以应用于社区工作者胸牌、徽章、办公桌标，以及各种和社区建设有关的公益活动、会议、宣传用品、媒体资料和相关出版物等。

第八条　县级人民政府民政部门应当定期对本行政区域内的“中国社区”标识使用情况进行检查，对不符合规定的使用情形，应当责令纠正。

第九条　有下列侵害“中国社区”标识合法权益情形之一的，应当立即停止侵害；造成损失的，应当承担赔偿责任：

（一）故意贬损、毁坏“中国社区”标识的；

（二）未经批准擅自制作“中国社区”标识的；

（三）在与社区建设无关的活动、场所中擅自使用“中国社区”标识，或者在物品上冒用标识的；

（四）使用“中国社区”标识进行营利性活动的；

（五）其他侵犯“中国社区”标识专用权的情形。

附件：1. “中国社区”标识文字说明（略）

2. “中国社区”标识图案（略）

民政部关于命名北京市顺义区等9个县（市、区）为“全国农村社区建设实验全覆盖示范单位”的决定

（民发〔2012〕205号）

自“农村社区建设实验全覆盖”创建活动开展以来，得到了全国各地的积极响应，农村社区建设的覆盖面和受益面逐步扩大，为促进城乡基本公共服务均等化、保障亿万农民分享改革发展成果做出了重要贡献。在开展创建活动的过程中，北京市顺义区、北京市大兴区、河北省保定市北市区、上海市嘉定区、上海市浦东新区、福建省晋江市、江西省九江市庐山区、江西省上饶县、江西省万载县等9个县（市、区）提出了申报要求，经实地评估、问卷调查、专家评审、对外公示等程序，确认上述9个县（市、区）基本达到了领导协调机制、社区建设规划、社区综合服务设施、社区各项管理和服务全覆盖的标准，走出了一条适应本地实际开展农村社区建设的新路子，得到了广大农村居民的拥护，取得了良好的社会效果。民政部决定命名上述9个县（市、区）为“全国农村社区建设实验全覆盖示范单位”。

希望上述示范单位戒骄戒躁、再接再厉，巩固全覆盖创建活动成果，逐步解决完善农村社区管理服务体制机制方面遇到的深层次问题，推动农村社区建设工作再上新水平。各地要认真学习示范单位的先进经验，因地制宜地开展全覆盖创建活动，不断扩大农村社区建设的覆盖面、受益面，为满足农村居民日益增长的物质文化需求，加快社会主义新农村建设，推动形成城乡经济社会发展一体化新格局做出更大贡献。

附件：“全国农村社区建设实验全覆盖示范单位”名单

民政部

2012年11月27日

附件：

“全国农村社区建设实验全覆盖示范单位”名单

北京市顺义区
北京市大兴区
河北省保定市北市区
上海市嘉定区
上海市浦东新区
福建省晋江市
江西省九江市庐山区
江西省上饶县
江西省万载县

第二部分

省级政策文件

北京市民政局　中共北京市委农村工作委员会 北京市规划委员会　北京市住房和城乡建设委员会 北京市财政局关于推进城乡社区自治组织全覆盖的指导意见

（京民基发〔2012〕108 号）

各区（县）民政局、农工委（农委）、规划分局、住房和城乡建设委员会、社区居民委员会工作主管部门、财政局：

为全面贯彻落实中共中央办公厅、国务院办公厅《关于加强和改进城市社区居民委员会建设工作的意见》（中办发〔2010〕27 号）和市委办公厅、市政府办公厅《关于全面加强城乡社区居民委员会建设工作的意见》（京办发〔2011〕26 号）精神，加快推进城乡社区自治组织全覆盖，加强城乡基层社会管理，结合本市实际，制定本指导意见。

一、推进城乡社区自治组织全覆盖的重大意义

进入新世纪以来，本市进入了城乡一体化、郊区城镇化的加速发展时期。在新的发展阶段，农民拆迁上楼、村落整建制转居、村居民混居、流动人口急剧增加等现象更加普遍，给城乡基层社会管理提出了新的挑战。按照中央关于加强和创新社会管理的要求，市委、市政府高度重视基层社会管理创新，明确提出要加快新建住宅区、城乡结合部地区、农村拆迁新建小区、流动人口聚居地的社区居民委员会组建工作，实现对社区居民的全员管理和无缝隙管理。推进城乡社区自治组织全覆盖，切实加强和创新基层社会管理，是加快实施“人文北京、科技北京、绿色北京”战略和建设中国特色世界城市的必然要求，是构建社会主义和谐社会首善之区的必然要求，有利于进一步发挥城乡社区自治组织民主自治功能，提高基层社会管理科学化水平，有利于进一步完善城乡社区服务体系，更好地服务城乡居民群众，有利于进一步健全城乡基层社会管理网络，促进首都社会和谐稳定。

二、推进城乡社区自治组织全覆盖的基本原则

（一）坚持政府主导

要充分发挥各级党委和政府在加快推进社区自治组织全覆盖工作中的主导作

用，严格依照相关法律法规的规定，在街道办事处、乡镇政府（地区办事处）的指导下，依法开展社区居民委员会的组建工作。社区居民委员会的设立，由所在地的街道办事处、乡镇政府（地区办事处）提出，报区（县）政府批准，并报市民政局备案。

（二）便于加强管理

推进城乡社区自治组织全覆盖，要着眼加强和创新基层社会管理，便于及时了解和掌握城乡社区人、地、物、事、组织的状态，实现对城乡居民的全员管理和无缝隙管理，提前化解潜在社会矛盾，最大限度杜绝社区管理“空白点”，维护和促进首都基层社会和谐稳定。

（三）便于服务居民

社区居民委员会的组建工作，要综合考虑地域性、认同感等社区构成要素，便于有效配置和整合公共服务资源，节省行政成本，更好地服务居民群众。要统筹规划和有效整合辖区内人力资源、设施资源、服务资源，切实为居民群众提供便捷高效的社区服务。

（四）便于居民自治

社区居民委员会的范围设置要充分考虑人口规模、管理幅度等因素。按照便于居民自治的原则，新建社区规模一般在1000—3000户。城乡结合部地区，尤其是已部分农转居、村（居）民混居的村，筹建社区居民委员会的，规模和管辖范围可以适当缩减。

三、推进城乡社区自治组织全覆盖的主要措施

（一）整建制农转居的村

整建制农转居的村，不涉及整体搬迁的，应当及时申请成立社区居民委员会，实行社区化管理；若干整建制农转居的村整体搬迁到新建小区的，要综合考虑居民户数等因素，由新建小区所在街道办事处、乡镇政府（地区办事处）申请成立一个或者若干个社区居民委员会，并适时进行社区居民委员会选举。条件成熟的，可依法撤销村民委员会。撤销村民委员会一般应具备以下条件：（1）村民全部转为居民；（2）村集体土地已经被征占；（3）村集体资产处置完毕，或者已经完成村集体经济产权制度改革，成立新的集体经济组织；（4）转制村民全部纳入城镇社会保障体系。凡撤销村民委员会的，应由街道办事处、乡镇政府（地区办事处）提出，经村民会议讨论同意，报区县政府批准。

（二）居、村民混居的村

城乡结合部地区，对于部分村民已转为居民、农居混杂的村，要根据居民居住状况，及时设立社区居民委员会或居民小组，实现对居民的有效管理和服务。

居民户数超过500户（含）以上，可申请设立社区居民委员会；居民户数在500户以下的，可成立居民小组，纳入邻近社区居民委员会代管，或者由街道办事处、乡镇政府（地区办事处）直接管理。新成立的社区居民委员会或居民小组，主要负责做好社区居民的管理与服务工作，协助基层政府及派出机关办理与居民切身利益相关的社区公共服务事项。村民委员会按照自身职责，做好本村村民的管理服务工作。涉及地区重大事项决策或重大公益事业活动的，由基层党组织牵头，探索采用居村共建的形式共同完成，实现资源共享、优势互补，形成共建和谐社区的整体合力。

（三）新建住宅区

新建住宅区成立社区居民委员会应具备三个条件：（1）有适度人口规模。拟成立社区居民委员会的新建住宅区规划入住人口规模在1000—3000户；（2）有居民开始入住；（3）有不低于350平方米的社区居民委员会办公和服务用房。成立社区居民委员会前，街道办事处、乡镇政府（地区办事处）应会同区（县）规划、建设、民政、社区居民委员会工作主管部门监督开发企业依据规划落实社区居民委员会办公和服务用房，确保社区居民委员会有相应的场所开展工作、居民有相应的活动场所；街道办事处、乡镇政府（地区办事处）应指导成立社区居民委员会筹备组，负责居民入住筹备、居民信息采集及服务工作。开发企业和物业服务企业要积极配合社区居民委员会筹备组工作。新建住宅区居民开始入住时，街道办事处、乡镇政府（地区办事处）应及时申请设立社区居民委员会。入住居民超过50%的，应及时组织社区居民委员会选举，规范社区居民委员会下属委员会、社区服务站设置，进一步完善社区居民委员会自治组织体系。

（四）流动人口聚居区

流动人口聚居区是指居住一年以上的流动人口占全体居民20%以上的新建住宅区。1000户以上的流动人口聚居区，应当及时设立社区居民委员会，并可以结合实际，在社区居民委员会下属委员会增设流动人口管理服务委员会，加强对出租房屋管理、流动人口信息采集更新工作，切实加强对流动人口的管理和服务；1000户以下的流动人口聚居区，应成立居民小组，纳入相邻社区管理。对于流动人口聚居的村，要积极推行村庄社区化管理。各区县要积极探索流动人口在经常居住地参加社区居民委员会选举的方式方法，鼓励和引导流动人口参与社区建设和管理，并在治安管理、计划生育、医疗卫生、子女入学等方面为流动人口提供更加便捷优质的服务。

四、推进城乡社区自治组织全覆盖的保障措施

（一）加强组织保障

推进城乡社区自治组织全覆盖，是加强和创新基层社会管理的重要举措，也

是建设社会主义和谐社会首善之区的基础性工作。各区县要高度重视此项工作，把推进城乡社区自治组织全覆盖作为加快基层社会管理创新的重要任务来抓，全面查找基层社会管理“空白点”和薄弱环节，有针对性地研究制订本区（县）的实施方案和工作措施，并在人力、物力、财力等方面给予强有力的支持保障。

（二）加强队伍保障

严格按照市委办公厅、市政府办公厅《关于全面加强城乡社区居民委员会建设工作的意见》有关规定，为新成立的社区居民委员会配备社区工作人员。积极鼓励和引导持证社会工作者、高校毕业生到新建社区工作。有条件的区（县），可下派党政机关、企事业单位优秀年轻干部到社区学习锻炼、联系工作，切实为推进加强基层社会服务管理提供人才保障。

（三）加强设施保障

新建社区居民委员会办公和服务用房建筑面积不得低于350平方米。要将新建社区居民委员会办公和服务用房建设纳入城市规划、土地利用规划和社区发展相关专项规划，并与社区其他配套服务设施统筹规划建设。规划行政主管部门应按照本市居住区公共服务设施规划有关设计指标等方面的规定要求，将社区办公和服务用房全部纳入规划管理，对不符合规定配置标准和要求的不予批准。区县民政局、社区居民委员会工作主管部门和街道办事处、乡镇政府（地区办事处）应当参加居住区公共配套设施验收。房地产开发企业应严格按照《北京市新建商品住宅小区住宅与市政公用基础设施、公共服务设施同步交付使用管理暂行办法》的相关要求，按照规划意见书的要求安排住宅小区市政公用基础设施和公共服务设施，并与住宅同步建设、同步交付使用，其中，按照规划建设的社区居民委员会办公和服务用房，应在住宅总规模完成50%之前同步建设、同步交付使用；房地产开发企业应按照建设方案确定的竣工验收计划，组织设计、施工、监理单位对住宅小区工程进行竣工验收，达不到要求的，不得组织竣工验收。

（四）加强经费保障

要将社区居民委员会开办经费、办公经费、人员经费、设施建设经费纳入区（县）财政预算。社区居民委员会开办经费由所在区（县）按照本市社区服务设施设置配备统一要求，根据本区（县）资产资金管理情况及相关经费标准，结合实际需要予以保障，用于社区办公和服务用房装修、购置社区办公必需的设施设备。社区办公经费按照每年每户50元标准核拨，主要用于水电气暖、办公耗材、办公电器、办公家具和社区居民委员会办公和服务设施运行维护。社区工作者总体待遇不得低于所在区县执行事业单位工资制度的全额拨款事业单位（不含教师），按照国家和本市有关规定执行的待遇水平。

二〇一二年三月二十九日

北京市民政局　北京市人力资源和社会保障局关于印发北京市社区工作者考核评议办法的通知

（京民基发〔2012〕296号）

各区（县）民政局、人力资源和社会保障局、社区居民委员会工作主管部门：

按照中共北京市委办公厅、北京市人民政府办公厅《关于全面加强城乡社区居民委员会建设工作的意见》（京办发〔2011〕26号）要求，根据《北京市社区工作者管理办法（试行）》，结合本市实际，市民政局、市人力资源和社会保障局制定了《北京市社区工作者考核评议办法》。现印发给你们，请遵照执行。

二○一二年七月三十日

北京市社区工作者考核评议办法

第一章　总　则

第一条　为全面贯彻落实中共中央办公厅、国务院办公厅《关于加强和改进城市社区居民委员会建设工作的意见》（中办发〔2010〕27号）和《中共北京市委办公厅　北京市人民政府办公厅印发〈关于全面加强城乡社区居民委员会建设工作的意见〉的通知》（京办发〔2011〕26号）精神，规范社区工作者队伍管理，充分调动社区工作者的积极性，不断提高社区工作者素质，根据《北京市社区工作者管理办法（试行）》有关规定，制定本办法。

第二条　本办法适用于在社区居民委员会、社区服务站从事社区居民自治、社区管理和服务工作的人员。

第三条　社区工作者考核坚持“德才兼备、注重实绩、居民满意”的原则，实行组织考核与社区居民民主测评相结合，日常考察与年度考核相结合，定性与定量相结合的方法，按照规定的条件、标准和程序进行。

第二章　考核内容与标准

第四条　社区工作者考核以社区工作者的实际岗位职责和所承担的工作任

务、居民满意率为主要依据，着重了解社区工作者的思想政治素质、履行岗位职责和完成工作目标任务情况、工作作风和工作能力。

第五条 社区工作者考核分为日常考核和年度考核。

日常考核重点考核社区工作者完成日常工作任务、在岗工作情况以及考勤情况，主要采取查阅被考核对象工作日志、专项工作检查、总结、考勤、服务对象评价等方式进行，一般每月进行一次。

年度考核以日常考核为基础，以社区居民满意度和组织评议为主要依据。社区工作者年度考核，一般在每年年终进行。其中，对于全市统一新招录、尚在首次签订社区服务协议期限内的非京籍社区工作者的年度考核，一般在每年8月进行。

第六条 年度考核的结果分为优秀、合格、基本合格和不合格四个等次。

第七条 确定为优秀等次须具备下列条件：

（一）思想政治素质高，公道正派，清正廉洁；

（二）爱岗敬业，责任心强，作风踏实，吃苦耐劳；

（三）精通业务，工作能力强，工作实绩突出；

（四）服务意识强，在居民群众中拥有较高威望；

（五）利用所学专长，创造性开展工作，提升社区服务水平，为社区群众办理各项事务带来便利。

第八条 确定为合格等次须具备下列条件：

（一）思想政治素质较高，公道正派，廉洁自律；

（二）爱岗敬业，责任心较强，作风踏实，奉献精神强；

（三）熟悉业务，工作能力较强，能够完成本职工作；

（四）工作责任心强，工作积极，工作作风较好；

（五）服务意识较强，得到居民群众认可。

第九条 社区工作者具有下列情形的，应确定为基本合格等次：

（一）思想政治素质一般；

（二）履行职责的工作能力较弱；

（三）具有一定工作责任心，或工作作风方面存在明显不足；

（四）能够基本胜任本职工作，但完成工作的数量不足、质量和效率不高，或在工作中有较大失误；

（五）服务态度一般，居民群众认可度一般；

（六）能基本做到廉洁自律，但某些方面存在不足。

第十条 社区工作者具有下列情形之一的，应确定为不合格等次：

（一）违反国家法律法规受到刑事处罚或行政处罚的；

（二）工作责任心或工作作风差，不服从工作安排，无故旷工当年累计超过15天；

（三）业务素质和工作能力不能适应工作要求；

（四）不能完成工作任务，或在工作中因严重失误、失职造成重大损失或者恶劣社会影响的；

（五）存在不廉洁问题，且情形较为严重。

第十一条　社区工作者年度考核优秀等次人数，一般掌握在本区县参加考核社区工作者总人数的15%以内，最多不超过20%。街道、乡镇社区工作者人数较少的，优秀等次人数由区（县）民政局、社区居民委员会工作主管部门在不突破本区（县）优秀等次人数比例的情况下统筹确定。

第三章　考核组织与程序

第十二条　日常考核由街道办事处、乡镇政府和社区居民委员会按照以下程序进行：

（一）街道办事处、乡镇政府结合实际，制定社区工作者岗位说明书，建立社区工作者考勤上岗、加值班、窗口接待等工作制度，进一步完善社区工作者工作档案管理，及时收集社区工作者工作中形成的相关材料。

（二）街道办事处、乡镇政府负责受理社区居民对社区工作者的投诉，并进行核实。居民投诉属实的，应将投诉情况记入社区工作者工作档案。

（三）社区居民委员会对社区工作者所开展工作定期记录和总结，内容包括日常考勤、加值班、病事假、重点工作完成情况、服务对象评价情况、入户走访居民和为民办实事、办好事等方面情况，定期上报街道办事处、乡镇政府，记入社区工作者工作档案。

第十三条　街道办事处、乡镇政府成立由主管领导为组长的社区工作者考核评议领导小组，并指导各社区成立由居民代表、驻社区单位代表、街道（乡镇）职能科室等参加的考评委员会，对社区工作者进行年度考核评议。考评委员会一般由7—9人组成，设主任1人。

第十四条　年度考核按照下列程序进行：

（一）填写个人考核登记表。社区工作者本人按照岗位职责和有关要求，填写《北京市社区工作者考核登记表》（见附表1），撰写年度个人述职报告。

（二）组织居民满意度测评。考评委员会通过发放《北京市社区工作者满意度测评调查问卷》（见附表2），对社区工作者进行满意度测评。调查对象应当具有广泛性、代表性，除居民代表以外，还应包括驻社区单位代表、楼门院长和救助对象、老年人、失业人员、流动人口等服务对象代表。

（三）提出考核等次建议。考评委员会应以社区工作者满意度测评结果为主要依据，综合考虑日常考核情况和个人年度总结、受奖惩情况、被投诉情况，提出考核等次建议。居民满意率高于95%（含）以上的，可确定为优秀等次；居民满意率低于95%，高于70%（含）的，可确定为合格等次；居民满意率低于70%，高于60%（含）的，可确定为基本合格等次；居民满意率低于60%的，应确定为不合格等次。对于社区服务站专职工作人员的考核，还应将街道办事处、乡镇政府和社区党组织、社区居民委员会的评价意见作为重要依据，具体分值权重由区（县）主管部门根据实际确定。

（四）召开社区居民会议。考评委员会主持召开社区居民会议，按照《北京市居民会议规则》有关规定，对社区工作者进行民主评议，讨论决定社区工作者考核评议结果。

（五）公示、确认和备案。对拟定为优秀等次的社区工作者在社区居务公开栏内进行公示，接受居民群众监督。公示时间不得少于7天。考核等次确定后，应由考核对象在《北京市社区工作者考核登记表》上签字确认并存档。街道办事处、乡镇政府应将考核结果汇总报送区（县）民政局、社区居民委员会工作主管部门备案。

第十五条　社区工作者在日常工作和生活中见义勇为、有重大创新成果、在重大政治任务或重大突发事件中表现突出的，经街道（乡镇）考核评议领导小组提出，考评委员会确认，居民会议讨论同意，可以直接被确定为优秀等次。

第十六条　社区工作者对年度考核结果有异议的，可以向街道办事处、乡镇政府申请复核和申诉，由街道办事处、乡镇政府核查并给予答复。

第十七条　各区（县）民政局、社区居民委员会工作主管部门应及时对社区工作者考核情况进行汇总，并将社区工作者考核结果汇总表报市民政局备案。

第四章　考核结果的使用

第十八条　社区工作者日常考核结果，应当与社区工作者月奖金、年度奖金相挂钩。

第十九条　社区工作者年度考核结果，作为社区工作者续聘、奖惩、高校进修学习、推荐市级先进、干部选拔、公务员招录、事业单位招聘等方面的重要依据。

第二十条　年度考核结果的使用：

（一）社区工作者年度考核评定为优秀等次的，可优先培养发展为党员，推荐为各级党代会代表、人大代表、政协委员、劳动模范候选人，推荐参加市级先进个人评选；安排参加市、区民政部门组织的高校进修学习。

（二）社区工作者年度考核评定为合格等次，且本人自愿的，可以作为续签社区工作者服务协议的依据，并全额发放年度考核奖金。

（三）社区工作者年度考核被确定为基本合格等次的，对其诫勉谈话，限期改进，并酌情扣减年度考核奖金。

（四）社区服务站专职工作人员年度考核被确定为不合格等次的，应予以辞退，引导其另行择业；社区居民委员会成员年度考核被确定不合格等次的，不得享受年度考核奖金，连续两年被确定为不合格等次的，应责令其辞职，不辞职的应依法启动罢免程序。

第五章　相关事宜

第二十一条　经组织选派参加学习、培训、借调超过考核年度半年的社区工作者，根据学习、培训以及在社区工作表现确定等次。其学习、培训、借调的相关情况，由所在单位提供。非经组织选派，但经组织同意离职学习超过考核年度半年的，不进行年度考核。

第二十二条　病事假累计超过考核年度半年的社区工作者，不进行年度考核；累计超过考核年度三个月，不超过半年的社区工作者，不能确定为优秀等次。

事假当年累计超过 30 天（含）的社区工作者，扣减当年考核奖金。

第二十三条　社区工作者涉嫌违法违纪被立案调查尚未结案的，参加年度考核，不写评语、不定等次。结案后，不给予处分的，按规定补定等次。

第二十四条　因出国、生病住院等原因不能参加年度考核测评的社区工作者，需要提供相关证明材料，自本社区考核测评之日起三个月内完成补测工作，仍未完成补测的，考核结果按照不合格处理。

第二十五条　对在考核过程中有违法违纪行为的，依照有关规定予以严肃处理。

第六章　附　则

第二十六条　各区（县）民政局、人力资源和社会保障局、社区居民委员会工作主管部门应结合本地实际，制定社区工作者考核评议实施细则。

第二十七条　本规定由北京市民政局负责解释。

第二十八条　本规定自发布之日起施行。

中共黑龙江省委办公厅
黑龙江省人民政府办公厅
关于进一步加强全省农村社区建设的意见

（黑办发〔2012〕22号）

为深入贯彻落实党中央、国务院和省委、省政府关于加强农村社区建设的工作部署，根据我省农村经济社会发展实际，经省委、省政府同意，现就进一步加强全省农村社区建设提出如下意见。

一、加强全省农村社区建设具有重要意义

加强农村社区建设是深入贯彻落实科学发展观、推进社会主义新农村建设的重要内容和有效途径，是创新社会管理、维护农村社会稳定、构建社会主义和谐社会的重要举措。自2007年我省启动农村社区建设工作以来，全省农村公共管理与服务水平不断提升，取得了明显的成效。但就目前的发展状况看，我省城乡二元结构依然突出，农村社会事业和公共服务水平仍然较低，农村社会管理还不能适应新形势要求，必须进一步加大农村社区建设推进力度。实践证明，加强农村社区建设，有利于公共资源向农村基层延伸和集约利用，实现城乡基本公共服务均等化；有利于进一步完善村民自治机制，增强社会自治功能，最大限度地调动和发挥农民群众的积极性、主动性和创造性；有利于调动社会各方面力量、整合各种社会资源，促进农村政治文明、经济发展和社会进步，实现城乡经济社会一体化协调发展，对于促进全省经济社会实现更好更快更大发展具有十分重要的意义。

二、全省农村社区建设的总体要求

（一）基本内涵

开展农村社区建设是在党和政府领导下，依托村级组织，发挥农村居民的主体作用，整合社区内外资源，健全社区管理和服务体系，提高农村居民生产生活水平，建设管理有序、服务完善、文明祥和的农村社会生活共同体的过程。我省原则上实行“一村一社区”；为方便群众，按照就近就便的原则，村型过大或居住分散的村，也可以在自然屯、村民小组范围内开展社区建设活动；几个相邻的

建制村的村民住宅区相对集中的，也可以跨村开展社区建设活动。结合我省实际，将地方国有林场纳入农村社区建设范围。

（二）总体目标

通过完善农村基层管理体制、服务体系和运行机制，使农村社区基础设施完备、科学文化普及、社会保障体系完善、人居环境良好、社会生活平安、民主法制健全、民风文明祥和。2012 年全省 70% 的村启动农村社区建设；到“十二五”末，全省 100% 的村启动农村社区建设，50% 以上的村要建设成为农村社区基础建设达标社区，70% 的乡（镇）要建立起村委会组织领导、村民参与、社区成员自我管理、自我服务的村级社区综合服务中心，每年增加服务面积 500 平方米的农村示范社区 100 个。

（三）具体工作目标

通过积极努力，达到“十个一”工作目标，即有一个统筹兼顾、符合农村发展规律的农村社区建设发展规划，有一个深受群众拥戴、凝聚力强、战斗力强、廉洁自律的村级领导班子，有一个从实际出发、适应社区化服务和管理要求的综合性社区服务中心，有一揽子面向农村全体居民、以公共服务为主的服务项目，有一系列丰富多彩、群众喜闻乐见的文化体育活动，有一支专兼结合、有效承接政府公共服务的社区工作者队伍，有一整套健全完善、运行规范的农村社区化管理和服务制度，有一个充分整合周边服务资源并通过服务热线、网络实现信息资源对接共享的平台，有一个稳定的、自然增长合理的经费保障机制，有一批发育完善、功能齐备、运转灵活的社会民间组织和中介组织。

三、全省农村社区建设的重点任务

（一）加强农村社区基础建设

1. 加快农村社区服务中心建设。以“一厅”（公共服务大厅）、“二站”（便民服务站、卫生服务站）、“三室”（图书阅览室、多功能活动室、计划生育服务室）、“一广场”（室外活动广场）为载体，建设面积 300 平方米以上的村级社区服务中心和 1000 平方米以上的室外活动广场。要依托新农村星级村建设、村级组织“六位一体”活动场所建设、村屯规划建设、农村文化大院建设等，整合利用现有村办公（服务）用房、礼堂、校舍、仓库、厂房等设施，采取改建、扩建或新建等方式，在建制村中心位置或便于村民办事的地方建成集管理、服务、教育、活动等功能为一体的村级农村社区服务中心。

2. 明确农村社区服务中心的功能设置。村级社区服务中心内部一般应设有便民服务大厅、社区卫生服务站、便民服务站、计划生育服务室、“农村书屋”、多功能活动（会议）室、警务室、人民调解室、信息服务站等，充分发挥公共服务、民主议事、文体活动、公益事业、综合办公等基本功能。村级组织办公宣传的总使用面积不得超过社区服务中心总面积的20%。一般在农村社区服务中心设立敞开式便民服务大厅，为村民提供社会保障、社会救助、人口计生、就业培训、法律服务、事务代理等服务，上述服务窗口可以分别设立，也可以合并设立，实行“一口受理”，为村民提供“一站式”服务。

3. 加强农村公共设施建设。以改水、改路、改厕、改线为主要内容，按照小城镇建设和新农村建设标准，引导农户住宅向社区中心聚集，做到布局优化、道路硬化、村内绿化、路灯亮化、卫生洁化、河道净化、出行无障碍化，全面提升村级环境整治水平。进一步完善农村公路、村屯道路、电路、供水、邮政、通信、广播电视等网络建设。在农村社区主要街路设立标识牌，为村民安装门牌。设立永久性垃圾箱，建立垃圾处理场，成立专职保洁队伍，确定专人管理，提升农村社区区划地名和环境卫生管理与服务。探索建立农村社区环境养护机制，引导社区成员共同爱护、建设美好家园。进一步加强农村活动广场、体育设施、全民健身路径建设，丰富农村群众文体活动。

（二）大力发展农村社区服务

1. 构建农村社区服务体系。完善社区服务体系是深入推进农村社区建设的核心，要逐步构筑以提供政府公共产品的基本公共服务为基础，以市场化（经营性）的便民利民服务为依托，以自我服务、互助服务和志愿服务等公益性服务为补充的相互配套、相互衔接的农村社区服务体系。

2. 加强农村社区基本公共服务。通过加强农村社区基本公共服务，努力推动城乡基本公共服务均等化。加强卫生和计生服务，完善新型农村合作医疗制度，以政府购买服务的方式，免费为农村居民提供10类41项基本公共卫生服务和人口计生指导服务，提供安全价廉的医疗、预防、保健、康复、健康教育等服务和一般常见病、多发病、慢性病的诊疗服务。加强劳动就业服务，为农村富余劳动力提供免费的职业介绍、就业指导和培训，加强人力开发。加强社会保障、社会救助服务，积极开展农村居民社会养老保险工作，健全农村低保、五保供养、医疗救助、住房救助、法律援助等专项救助制度。推进流动人口服务和管理，对外来流动人员实行与户籍人口同宣传、同服务、同管理，为流动人口的生活与就业创造良好的环境和条件。加强社区安全服务，建立农村社区安全防范机制和防控网络，加强群防群治队伍建设，组织开展以联防队员为主体，专职和义务相结合的巡逻守望、看屯护院等活动。要大力加强以保安服务为主体的专职防范队伍建设，有条件的地方可在屯设立一名专职保安员。

3. 全面探索政务代理服务。创新农村基本公共服务供给方式，推动社会救助与保障、宅基地审批、人口计生、法律服务、劳动就业、事务代理等与村民生活密切相关的公共服务项目进入村级社区服务中心（便民服务大厅），实行公共服务全程代理和“一站式”办理。政务代理服务可采取乡（镇）村联动的方式：村级设立政务服务代理点，由村代理员负责代替村民办理各类事项；乡（镇）公共服务中心负责受理由村代理员代办的事项；村民直接到乡（镇）公共服务中心申请办理的，也可直接受理。需要到县（市、区）一级审批或办理的事项，再由乡（镇）代理员到县（市、区）去办理。村民在规定的办理时限内，不出村就能由代理员代办各类事项。将应由或可交由农村社区自治组织承担的公共事权逐步下放到农村社区，扩大政务代理范围，提高代理服务效率。

4. 完善农业生产保障性服务。健全农技推广、动植物疫病防控、农产品质量监管、土地流转、生产资料供应等服务机构，积极扶持发展农民专业合作组织，根据农业生产需要，为农民提供系列服务，开展经常性的专业技术信息服务，有效组织农业生产资料连锁店进乡村和农副产品进市场，方便群众生产。

5. 完善农村便民利民服务。鼓励和支持各类社会组织、企业和个人投资农村社区服务业，兴办村级便民服务社，实施“万村千乡市场”工程，继续推动日用消费品连锁店进乡村，同时探索一网多用，提供超市、家政、中介、维修、配送、保洁等各类便民利民服务，满足农村居民多样化、个性化消费需求。

6. 启动农村信息化服务。建立以农村社区家庭为基本单元、以个人信息为主的全员人口信息系统，为社区服务提供引导信息。各地要以村民需求为导向，按照统筹规划、实用高效的原则，通过热线电话、互联网网站、社区呼叫系统、有线电视网络、农村党员干部现代远程教育站点等形式，构建农村社区信息服务网络。积极开通便民服务热线，整合协调农村社区周边经营性服务资源，引导企业、个体经营户等加盟服务网络，推动服务热线和服务网络与村级服务平台对接，实现信息资源共享。

7. 开展农村社区公益性服务。广泛开展助老扶幼、扶残助残、拥军优属等互助性、志愿性服务，切实解决农村老年人、残疾人、优抚对象、低收入家庭、外出务工家庭存在的实际困难。要大力宣传志愿服务精神，普及志愿服务知识，鼓励和动员农村党员、驻村单位代表、外来人员代表、有一技之长的村民参加志愿服务。要大力培育各类公益性社会组织和志愿者队伍，发展各具特色的志愿者队伍。要规范农村志愿服务工作，建立健全招募、注册、培训、激励考核等志愿工作制度，促进农村志愿服务向专业化方向发展。

8. 加强农村生态环境保护服务。结合开展生态农业和农村循环经济、生态链建设，对农业副产品的合理综合利用，禁止秸秆焚烧，合理科学地使用农药、化肥。建立农村社区环保协管员，为农民提供有关产品生产咨询，帮助开展经常性的农业科技下乡活动。

9. 加强农村社区平安建设。做好农村社区刑释解教人员的帮教和服务管理工作，落实相关政策，为刑释解教人员融入社会创造条件；加强矛盾纠纷排查调处工作，落实分析研判机制，确保矛盾纠纷及时有效化解。

（三）切实加强农村社区文化建设

1. 实施农村社区文化服务工程。自2012年起，全省农村社区全面启动“文化促发展，社区共繁荣”社区文化服务工程，把文化建设作为农村社区管理服务的重要内容，通过广泛开展各类社区文化服务活动，把农村社区建成农村群众文化活动的阵地、传播社会主义核心价值理念的课堂、弘扬社会主义先进文化的平台，发挥文化建设对农村社区建设的引领作用，打造出一批文明社区、高尚社区和智能社区。力争用3年左右时间，把全省80%的农村社区建设成为富裕、民主、文明、高尚的和谐社区，逐步形成具有时代特征、符合地域特点、社会公众认同的龙江农村社区文化。

2. 加强农村社区文化阵地建设。结合文化室、“农村书屋”、文化大院创建工程，以农村社区服务中心为平台和载体，把文化、体育、广播、电影、电视、通信等设施引进农村社区，逐步建成方便农民群众读书、阅报、健身、开展文艺活动的场所，积极推进乡（镇）综合文化站和村级文化活动阵地建设，健全农村公共文化服务网络，积极培育农村各种文体组织和本土文化人才。

3. 组织开展丰富多彩的文化活动。发挥政府的引导作用，增加公共文化产品和服务的供给量，推进农村文化信息资源共享工程、广播影视村村通工程、农村电影放映工程，开展“送文化下乡”活动。深入挖掘农村社区文化资源，开展形式多样、内容丰富的社区文化体育活动，创作农民群众喜闻乐见的廉政文化作品，用社会主义先进文化占领农村文化阵地。

4. 深入开展群众性精神文明创建活动。开展文明户、文明集市、文化广场和公益之星、创业之星、文艺之星、孝老之星创评活功，大力普及社会主义核心价值体系。依托社区服务中心，在公共服务部门和商流企业开展优质规范化服务活动，推动形成文明健康向上的社会风尚。充分发挥村级综合文化活动室、农村电影放映和农家书屋作用，借助传统节日和民间文化资源开展形式多样的文化体育活动，丰富农民精神文化生活。美化社区环境，落实日常保洁制度和管理制度，推动农民养成健康的生活方式和行为习惯。整合城市、行业、单位的创建资源，充分发挥林场、油田、矿区、军队和旅游景区、工业园区、产业基地、龙头企业、交通枢纽的带动作用，加大城乡共建力度。就近就便开展送温暖献爱心志愿服务活动。

（四）健全完善与农村社区建设相适应的村级组织

1. 加强农村社区党组织建设。科学合理设置党组织，强化农村社区党组织领导班子建设，把农村社区党组织建设成为推动科学发展、带领农民致富、密切联系群众、维护农村稳定的坚强领导核心。积极开展创先争优和“三级联创”活动，农村社区基层党组织争创“五个好”、农村社区党员努力“五带头”，不断增强农村社区党组织的创造力、凝聚力和战斗力；切实加强农村社区党风廉政建设，不断健全完善社区惩治和预防腐败体系，探索社区党风廉政建设的新方式、新方法，创新组织形式，丰富工作内容，完善工作机制；探索建立社区纪检工作室，整合社区纪检力量，发挥职能作用。进一步扩大党内民主，积极推进农村社区党组织书记“两推一选”、公推直选等工作，推进农村社区党务公开，建立健全公开内容、公开形式、公开时限、公开程序的监督检查和考评制度。进一步明确农村社区党组织工作职责，健全选拔培养、设岗定责、教育培训、激励保障等工作机制。

2. 加强村民自治组织建设。开展农村社区建设实验的村，“村民委员会”名称可以更名为“社区村民委员会”。搞好社区村民委员会组织建设，健全人民调解、治安保卫、公共卫生、社会福利、人口计生等下属委员会。加强村民代表队伍、村务公开监督小组、村民民主理财小组等村民自治组织建设。

3. 加强农村社区群团组织、民间组织建设。在农村社区建立工会、共青团、妇联等组织，充分发挥农村社区群团组织联系村民的桥梁纽带作用，对外出务工人员做好培训、就业引导、维护合法权益等工作。提高农村社区群团组织负责人进“两委”的比例，配齐配强农村社区群团组织负责人。提高农村生产组织化程度，引导农民成立各类专业经济合作组织，为农民提供产供销等服务。培育和发展农村社区民间组织，引导农民在自愿的基础上建立老年人协会、残疾人协会、计划生育协会、红白理事会、文体活动队、社区志愿服务队等各类维权、服务、娱乐类社区民间组织和中介服务组织。

四、推进全省农村社区建设的保障措施

（一）加强对农村社区建设的领导

各地要把农村社区建设工作纳入党委、政府的中心工作，建立长期的绩效评估考核机制。要建立党委、政府领导，民政部门牵头，有关部门协同，村级组织主办，社会力量支持，村民广泛参与的农村社区建设运行机制。要保证农村社区建设工作机构必要的人员和经费，进一步完善社区建设领导小组成员定期例会、工作人员集中办公、成员单位年终报告工作等制度，确保各项工作顺利有序的开展。乡（镇）党委、政府要指导村级组织制定好农村社区建设规划。开展农村社区建设实验的村要在社区党组织的领导下，由社区党组织、村委会、群团组织负责农村社区建设的具体组织实施工作。各级新农村建设领导小组办公室要把农

村社区建设纳入社会主义新农村建设的重要内容，同部署、同推进。

（二）落实各部门的工作职责

各有关部门要在推进农村社区建设过程中加强协调、密切配合，各司其职、各负其责。民政部门要发挥牵头协调作用，制定落实农村社区建设的发展规划和政策措施，沟通协调各部门，抓好督促落实。组织部门要抓好村社区党建工作；纪检监察机关要抓好农村社区党风廉政建设，抓好廉政文化进社区工作，加大廉政教育力度，健全完善社区廉政制度体系，加强对社区党员干部的监督，严肃查处社区违法违纪问题；宣传部门和精神文明部门负责指导好农村社区精神文明建设和公民道德素质建设；发展改革部门要将农村社区服务建设纳入经济社会发展总体规划，指导社区服务规划项目建设；财政部门负责筹集农村社区建设必要的资金并将其纳入同级预算；住房和城乡建设部门负责指导农村社区服务用房、服务场地的规划建设；农业部门负责指导村级财务管理和财务公开，完善村级“一事一议”筹资筹劳制度，组织协调社会主义新农村建设；人力资源和社会保障部门要积极开发公益性岗位，做好农村就业指导与培训、农村劳动力转移、新型农民养老保险等社会保障工作；卫生部门负责农村社区卫生服务站点建设，搞好新型农村合作医疗；人口计生部门负责农村社区人口和计划生育工作，完善社区全员人口信息系统，规范人口计生公共服务；公安部门负责健全农村社区警务室，推进农村社区治安服务；司法行政部门负责农村社区法制宣传、法律援助、法律服务、人民调解，组织实施社区矫正；教育部门负责开展农村社区教育服务，组织开展农村成人社区教育培训，指导学生参加农村社区志愿服务和社会实践；文化部门负责农村社区文化设施建设，开展丰富多彩的社区文化活动；广播影视部门负责广播电视村村通、农村电影放映等重点文化惠民工程的推进落实，切实增强广播影视公共服务的能力和水平；新闻出版部门负责农村书屋建设；体育部门负责推进体育进农村社区，为社区提供健身设施和体育活动器材、场地，开展社区体育健身活动；环保部门负责农村社区环保宣传，培育社区环保志愿服务和环保协管员队伍，提高居民环保意识；国土资源部门负责农村社区建设用地管理；工业和信息化部门负责指导农村社区信息化建设，引导相关部门和企业逐步加大农村社区信息基础设施投入，建设统一的农村社区信息管理系统，依托综合信息服务站等载体，建立科学实用的农村信息化服务体系，培养专业化的信息员队伍，提高农民信息应用能力；工商、税务、金融部门负责农村社区服务优惠政策的落实，积极支持农村社区服务业发展；共青团、妇联和残联组织负责农村社区群团组织建设，维护青少年、妇女、儿童和残疾人的合法权益，开展各项社区志愿服务活动。

（三）建立多元化的投入机制

各级政府要将推进农村社区建设列入本地区经济社会发展规划，按照统筹城乡一体化、促进城乡公共服务均等化要求，加大对农村社区基础建设、公共服务和公益事业建设的投入力度。财政部门要根据社区建设需要，为农村公共服务设施建设、开展农村社区服务提供必要的资金支持。省级财政社区建设以奖代补资金要重点向农村社区建设倾斜。各有关部门要把新农村星级村建设、小城镇建设、村级组织活动场所建设、村卫生室建设、生态村工程、农村改水改厕工程、农村泥草房改造、农村文化大院建设等支农经费，与农村社区建设对接，形成齐抓共建的合力。提倡市（地）、县（市、区）党政部门和有关单位结对帮扶农村社区，积极投入相应的人力、物力、财力，推进农村社区建设。要进一步整合社会资源，挖掘社区潜力，积极采取补助、贴息、奖励、收费减免、购买服务等激励措施，鼓励社会力量投资兴办农村社区服务和公益事业，逐步建立起以各级政府、村级集体经济投入为主，企业投资、社会各界参与、慈善捐助为补充的农村社区建设多元投入机制。

（四）建立多层次的人才队伍

要积极建立以农村社区“两委”成员为主要组织者和参与者，以农民党团员、社区志愿者为骨干，以村民群众广泛参与为基础的农村社区建设人力资源支撑体系。要加大对农村基层干部和农民党员的培训力度，充分利用农村党员干部现代远程教育站点等各种涉农培训机构，广泛开展学历培训和实用技术技能培训，多渠道培训农村社区干部。要积极探索在农村社区建设中引入专业社会工作者的方法和途径，继续实施城乡社区专业化社工服务“百千万”工程，在全省选取一定数量的农村社区建设综合性社区工作服务实验基地，选聘一定数量的专业化社工进入农村社区，在工作基础较好的农村社区，定向培养职业型社工，从事养老、救助、教育、助残等方面服务工作。鼓励农村社区工作者参加国家社会工作师资格考试。研究探索设置社区社会工作岗位，吸纳社会工作人才到农村服务。贯彻实施“高校毕业生进村进社区工作”计划，鼓励大专院校和中等职业学校毕业生到农村工作，采取多种方式吸引社会各方面人才到农村社区从事管理、服务等工作。要进一步探索与完善公共服务代理、公开承诺、首问负责、坐班值班、村民评议、档案管理等工作制度，促进农村社区干部队伍规范化建设。要鼓励和支持机关、企事业单位人员、在校大学生等到农村社区开展挂职锻炼、蹲点、对口帮扶、社会实践、实习等活动，逐步提升农村社区服务和管理的专业化水平。

二〇一二年七月三十一日

江苏省人民政府办公厅
印发关于加快推进城乡社区信息化意见的通知

（苏政办发〔2012〕212号）

各市、县（市、区）人民政府，省各委办厅局，省各直属单位：

《关于加快推进城乡社区信息化的意见》已经省人民政府同意，现印发给你们，请结合实际认真组织实施。

江苏省人民政府办公厅

二〇一二年十二月十七日

关于加快推进城乡社区信息化的意见

为深入贯彻《中共江苏省委、江苏省人民政府关于加强新形势下城乡社区建设的意见》（苏发〔2011〕15号）、《中共江苏省委、江苏省人民政府关于进一步加强新时期民政工作的意见》（苏发〔2012〕14号）和《江苏省政府信息化服务管理办法》（省政府令第85号），充分发挥信息化在加强城乡社区建设和社会管理创新、推进民生幸福工程实施中的重要作用，促进社会和谐稳定发展，就加快推进全省城乡社区信息化提出如下意见。

一、充分认识加快推进城乡社区信息化的重要意义

社区信息化是以社区为基本单元，以社区居民需求为导向，充分运用信息技术，整合、开发和利用社区信息资源，促进信息共享和业务集成，提高社区管理和服务水平的过程。近年来，各地、各有关部门努力适应政府职能转变和社区工作需要，积极探索利用现代信息技术整合社区信息资源，加强基层社区管理和服务，形成了有特色的社区信息化管理服务模式和应用示范典型，在提高社区组织工作效率、沟通社情民意、提升社区公共服务效能、增强政府科学决策能力等方面发挥了重要作用。但在工作推进中还存在社区信息化缺乏统一规划，集约化建设与共享协同水平不高；一些地区和部门重视程度不够，社区信息化发展不平

衡；社区信息化人才队伍建设相对薄弱，信息化知识技能培训有待加强等问题。各地、各有关部门要从保障和改善民生、密切党群干群关系、发扬基层民主、维护社会稳定的高度出发，充分认识新形势下社区信息化工作的重要性和紧迫性，进一步明确目标、突出重点，创新思路、统筹推进，推动全省城乡社区信息化工作取得新突破，让全体居民群众分享信息化发展成果。

二、总体思路和主要目标

（一）总体思路

以服务居民为宗旨，以促进社区信息资源共享、业务协同为重点，以提高社区管理和服务效能为目标，坚持统筹协调、集约建设，政府主导、社会参与，应用导向、惠民优先，着力构建覆盖全省、统一规范的城乡社区综合管理和服务信息平台（以下简称社区综合信息平台），为建设管理有序、服务完善、文明祥和的社会生活共同体提供基础支撑。

（二）主要目标

到 2013 年，省级社区综合信息平台建成并投入运行；省辖市社区综合信息平台建设与应用覆盖 50% 以上的城乡社区；社区信息化工作体制和管理服务体系初步建立，社区信息资源共享和业务协同初步实现。到 2014 年，省辖市社区综合信息平台建设与应用覆盖 75% 以上的城乡社区；社区信息化工作体制和管理服务体系不断健全，社区信息资源跨部门共享和业务协同深入推进。到 2015 年，基本建成覆盖全省城乡社区，集行政管理、社区事务与便民服务为一体，纵向贯通省、市、县（市、区）、街道（乡镇）、社区的社区综合信息平台。社区信息化工作机制普遍建立，社区信息化管理和服务体系逐步完善。资源共享、业务协同、方便快捷、惠及全民的社区信息化工作格局基本形成。

三、重点任务

（一）加快建设统一规范的社区综合信息平台

依照江苏省地方标准《社区综合管理和服务信息平台共性技术规范》，以省辖市行政区域为主体，依托现有电子政务网络或其他网络资源，整合社区就业、社会保障、卫生、计划生育、文化、培训等公共服务信息资源，建设以社区综合数据库为支撑、集成社区各类业务的社区综合信息平台。社区综合信息平台门户应统一标识为“网上社区”，同时加注“——××市或县（市、区）××街道（乡镇）社区综合管理和服务信息平台”。

各地要按照统筹规划、集约建设、共建共享的原则，对部署在不同部门、分散孤立、用途单一的各类社区业务系统进行优化整合，在保证服务质量的前提下，向统一的社区综合信息平台对接或迁移。已建有社区综合信息平台的县（市、区），可先按照全省社区综合信息平台建设要求，统一平台门户标识，通过升级改造实现与市级平台的系统对接，逐步将县级平台基础设施向市级平台迁移。各地可围绕本地区社区信息化建设需要，依照《社区综合管理和服务信息平台共性技术规范》自主开发平台应用软件及相关业务功能模块，也可使用现有成熟的软件产品和省统一开发的软件产品。

（二）统筹条线部门社区业务系统建设

推动社区网络和信息资源整合，推进条线部门业务系统集约化建设，各条线部门向街道（乡镇）、社区延伸的业务信息系统，原则上不再直接延伸进入社区，所需数据由社区综合信息平台统一采集提供。已延伸到街道（乡镇）、社区的业务信息系统，应开放数据交换接口，支持与社区综合信息平台的信息共享。优化整合县（市、区）、街道（乡镇）、社区面向居民群众、驻区单位服务的内容和流程，及时为居民提供全方位、多层次的公共信息服务，逐步实现各条线部门社区业务“一站受理、一网协同”。

（三）规范社区信息资源的采集和使用

注重社区信息资源规划，完善数据采集标准规范，明确街道（乡镇）、社区和有关部门的信息采集责任，通过社区综合信息平台统一采集各类基础信息，实现基层公共基础数据“一次采集、多方共享”。各相关部门应依据职能，对统一采集的社区信息进行审核确认，对可由两个以上部门进行审核确认的社区信息，由省辖市信息化主管部门协调确定一个部门负责审核确认，其他相关部门进行数据比对、校验，数据出现不一致时由负责审核的部门予以核准。对无明确部门进行审核确认的社区信息，由省辖市信息化主管部门协调确定一个部门负责审核确认。各地可通过建设社区综合共享数据库对统一采集的社区信息进行管理，也可由社区信息的审核部门分别管理，通过交换实现共享应用。

（四）拓展社区信息化管理和服务功能

依托社区综合信息平台，加强对社区人口、重点人群、社区组织以及党建、民政、人力资源和社会保障、教育、文化、计划生育、卫生、公安、商业、住房和城乡建设、体育等社区事务的管理。充分利用社区综合信息平台促进基层政府、企业、社区组织和居民的交流互动，畅通社情民意反映渠道，加强基层民主监督，促进和谐社区建设。加强社区综合信息平台与省级相关部门业务系统的对接，促进省、市、县（市、区）、街道（乡镇）、社区居委会工作联动协同，提高社区管理工作效率。

坚持集中和分布相结合，加强多种网络接入手段间的结合和转换，深入推进基于“三网融合”的社区综合信息平台建设。通过建设和融合社区服务网站、

3G 应用平台、短信平台、数字电视平台、远程教育平台、网上图书馆、网上博物馆、电子阅览室、公共信息亭、信息服务自助终端等各类信息服务设施，实现社区信息化服务手段的跨网融合，进一步提升社区综合信息平台管理水平和服务功能。鼓励依托社区综合信息平台设立统一的社区服务热线，有条件的地区可建立社区服务呼叫中心，并加快建立社区老年人、残疾人呼叫保障系统，为居民提供“一网式”“一站式”在线服务。鼓励依托社区综合信息平台开展社区物业管理，发展社区电子商务。

（五）形成社区信息化建设合力

鼓励电信运营商、广电运营商和其他信息服务企业发挥资金、技术、人才等优势，投资建设社区综合信息平台、提供信息内容保障和运营维护管理服务。各地可通过分年度租赁使用信息设施、外包运营维护服务等多种方式，减少地方财政对社区综合信息平台建设的一次性投入，提高投资效益。鼓励各类面向社区服务的社会组织通过社区综合信息平台，提供家政、缴费、配送、教育、健康、娱乐、气象、旅游等信息服务，满足社区居民多样化需求。

四、保障措施

（一）加强组织领导

进一步完善社区信息化工作协调机制，不断健全社区信息化的政策措施、标准规范，加强分类指导。各地要建立由政府分管领导负责、各相关部门参与的协调推进机制，根据全省工作目标确定本地区社区综合信息平台建设时序进度，协调解决建设中的重大问题，推动本地区社区信息化有序发展。各级信息化主管部门要统筹推进本地区社区信息化工作，加强对社区综合信息平台建设的协调指导，推动跨部门信息资源共享和业务协同，组织开展目标任务评价考核。各级民政部门要牵头做好社区综合信息平台建设和运营维护管理，充分发挥平台的综合管理和服务功能。省通信管理部门要引导推动通信运营企业积极参与社区信息化建设。各级党建、人力资源和社会保障、教育、文化、计划生育、卫生、公安、商务、住房和城乡建设、体育、残联等部门要加强本系统参与地方社区信息化建设的推动和指导，认真履行社区信息审核和共享职能。各街道（乡镇）、社区要重点做好社区信息采集、登录、检索和应用，通过社区综合信息平台，开展社区综合管理，为社区居民群众生活提供优质高效服务。

（二）健全制度规范

加强全省统一的社区信息化技术规范、管理制度建设，为社区信息资源共享和业务协同提供保障。充分利用信息化手段完善社区工作评价机制，引导社区信息化工作健康发展。今后，各条线部门社区业务台账，凡能通过社区综合信息平台提供的，不再要求各街道（乡镇）、社区提供手写纸质台账。

（三）完善投入机制

各地要把社区信息化工作经费纳入财政预算，根据本地区社区综合信息平台建设时序进度落实建设资金，并加强经费的统一管理和集约使用。为鼓励、规范各地开展社区综合信息平台建设，省民政部门会同省信息化主管部门、财政部门，在省城乡社区建设项目引导资金中安排一定经费，通过“以奖代补”对城乡社区综合信息平台建设成效突出的试点地区和经济薄弱地区给予适当奖补。鼓励开发基于社区综合信息平台的应用软件，对符合条件的，从省级现代服务业（软件产业）发展专项引导资金中给予适当支持。鼓励和推广“企业建设、政府租用、运维外包”的社区综合信息平台建设模式，由通信运营企业投资建设并提供日常运维服务，由市或县级社区信息化建设部门统一租赁使用。鼓励其他社会力量参与社区信息化建设，引入市场机制，开展增值服务。

（四）完善社区信息设施

坚持集约化建设方向，加强光纤宽带有线接入网、下一代移动通信网、无线接入网、数字电视接入网等信息基础设施融合建设，积极推进社区信息基础设施共建共享，提高社区综合信息平台应用覆盖率。依托社区综合信息平台，积极探索开展智能小区、平安小区、数字家庭、虚拟养老院等社区信息设施建设。普及推广社区公共信息服务终端，为居民群众提供便捷服务。

（五）保障信息安全

加强社区综合信息平台等级保护、风险评估和日常安全运营维护管理，综合运用各类信息安全技术措施保障网络、应用与数据安全，加强网络安全隔离、建立健全数据安全交换策略和应急响应体系，切实做好社区综合数据库安全防护和个人信息保护工作。

（六）开展宣传培训

加强对街道（乡镇）干部、社区居委会工作人员信息化知识技能培训，提高操作能力和应用水平。面向社区居民群众，广泛开展宣传教育，普及社区信息化知识，提高居民的信息运用能力。充分发挥大学生“村官”、社区志愿者在社区信息化普及应用中的作用，鼓励在校学生和社区居民参与社区信息化志愿服务工作。

浙江省民政厅　浙江省统计局关于印发浙江省城乡社区服务业统计监测方案的通知

（浙民基〔2012〕23号）

各市、县（市、区）民政局，统计局：

为贯彻落实《浙江省城乡社区服务业“十二五”发展规划》（浙政发〔2011〕47号），做好城乡社区服务业统计工作，我们制定了《浙江省城乡社区服务业统计监测方案》。现印发给你们，请遵照执行。

二〇一二年二月二十日

浙江省城乡社区服务业统计监测方案

为全面准确反映我省社区服务业发展情况，切实抓好《浙江省城乡社区服务业“十二五”发展规划》（浙政发〔2011〕47号）的实施，扎实推进城乡社区服务业发展，结合我省实际，制定本方案。

一、目的意义和基本原则

（一）目的意义

为及时、准确地掌握城乡社区服务业各项工作特别是重点服务行业的进展，有针对性地开展分析评估，提出相应的政策建议，采取有效工作举措，保障社区服务业“十二五”规划中的具体任务全面落实。

（二）基本原则

一是合理界定统计范围原则；二是坚持充分利用已有的统计资料，减轻基层负担的原则；三是充分利用现行工作机制，发挥有关部门积极性的原则。

二、统计对象和范围

（一）统计对象

根据《浙江省城乡社区服务业“十二五”发展规划》，社区服务业界定为：

在政府主导和扶持下，为满足城乡社区成员的多种需求，以社区为依托，动员各种社会力量参与社区服务的社会事业和新兴产业。社区服务业的统计对象是上述范围内的法人单位、产业活动单位和个体经营户。

（二）行业范围

根据国民经济行业分类（GB/T 4754—2011）目录，社区服务业覆盖3个大类（公共服务、商业服务、志愿互助服务）、91个小类（详见附件）。

三、统计内容

（一）主要任务

到2015年，社区服务业增加值超过2200亿元，从业人员总数达到440万人。实现社区便民服务信息平台、乡镇（街道）社区服务中心、村（居）社区服务中心全覆盖。市县建有以服务热线为标志的便民服务信息平台。乡镇（街道）建有综合性社区服务中心。城市社区用房满足工作服务要求，村级社区服务中心达到15000个以上。

（二）主要统计指标

1. 社区服务业总体发展情况

（1）社区服务业增加值、结构（公共服务、商业服务所占比例）

（2）从业人员总数、结构（公共服务、商业服务所占比例）

2. 社区基础设施和工作人员情况

（1）全省行政村个数，城市社区居民委员会、居民委员会个数

（2）乡镇（街道）社区服务中心个数，总建筑面积

（3）村级社区服务中心个数，总建筑面积

（4）城市社区工作服务用房总面积

（5）农村社区专职工作者人数，性别、年龄、学历结构，人均年收入

（6）城市社区专职工作者人数，性别、年龄、学历结构，人均年收入

（7）社区工作者中社会工作师、助理社会工作师人数

（8）接受培训的社区工作者人数

（9）社区便民信息服务平台个数、工作人员数与话务量

（10）社区商业门店（网点）个数

（11）社区公益性岗位就业人数（其中在公益性岗位就业的社区残疾人工作专职委员人数）

（12）社区注册志愿者人数，志愿组织个数，开展志愿活动次数、时间和创造的产值

3. 社区主要公共服务发展情况

（1）社区老年配餐点个数、营业额、餐位数

（2）社区卫生服务站（室）个数

（3）社区警务站（室）个数，社区民警配备数

（4）社区残疾人康复站（室）个数，康复医生（指导员）和康复协调员配备数

（5）社区学前教育场所个数（其中残疾儿童康复教育机构个数），其他社区教育场所（社区学院、市民学校）个数，教职工人数、学生或培训人员数

（6）社区社会组织个数、参加人数

4. 重点服务行业发展情况

（1）乡镇（街道）养老服务中心个数，残疾人庇护中心个数，城乡社区居家养老服务站（社区养老照料中心、农村星光老年之家）个数、床位数、营业额

（2）物业管理和社区准物业的营业额、从业人员数

（3）家庭服务的营业额、从业人员数

（4）社区绿色回收网点个数

5. 经费保障情况

（1）农村社区工作经费（含乡镇社区服务中心、村级社区服务中心投资额），其中政府财政支出数

（2）城市社区工作经费（含街道社区服务中心投资额），其中政府财政支出数

（3）省级福利彩票公益金资助社区各类社会福利和公益事业项目的支出额与个数

（4）社区卫生、文化方面的政府财政支出数

四、资料来源

社区服务业的资料收集立足于现行统计制度，采用全面调查、抽样调查及对现有资料再加工相结合的统计方法。社区服务业的资料收集和整理工作由省民政厅基层政权和社区建设处组织开展。

（一）在经济普查年份，从经济普查数据库中提取和整理社区服务业数据。

（二）在非经济普查年份，从多种渠道收集、整理数据。

1. 从省民政厅统计年报资料中收集属于社区基础设施和工作人员情况相关指标。

2. 从省统计局年报资料中收集属于社区服务业的限额以上法人单位的财务状况数据和限额以下单位的相关指标。并对其中含有部分社区服务业的行业数据

按最近一次普查结果的系数进行推算。

（三）每年从有关部门（包括卫生、公安、教育等部门）的年报资料中收集社区服务业的业务量指标、从业人员指标和补充指标等。

五、增加值核算

（一）社区服务业增加值的核算在国家统计局制定的《经济普查年度 GDP 核算方案》和《非经济普查年度 GDP 核算方案》的框架内进行。

（二）在经济普查年份，社区服务业增加值以统计对象的单个数据为基础，以收入法为主进行核算。在非经济普查年份，以根据本方案收集的行业中小类数据为基础，采用收入法和比例推算相结合的方式进行核算。省统计局负责对全省社区服务业增加值进行核算。

六、责任部门

各部门的职责分工如下：

省统计局：社区服务业相关基础数据提供及增加值核算。

省人力社保厅：社区家庭服务。

省文化厅：社区文化。

省公安厅：社区警务。

省教育厅：社区教育。

省卫生厅：社区卫生和康复服务。

省商务厅：社区再生资源回收。

省残联：社区残疾人康复。

省民政厅：社区建设和社区养老服务业，调查数据的汇总、整理、评估。

七、统计成果

每年由省民政厅、省统计局联合发布上一年度城乡社区服务业发展报告，介绍上一年度城乡社区服务业发展成效，提出社区服务业发展水平的基本判断，分析工作中的薄弱环节，提出对策建议。发展报告主要利用社区服务业的统计数据来完成，同时对各地社区管理服务中的创新做法进行描述。

八、工作举措

省城乡社区建设领导小组办公室（省民政厅）切实履行工作职责，积极发挥综合协调、督促指导的职能；各成员单位密切配合，通力协作，共同推动我省城乡社区服务业发展各项工作有效落实。

（一）建立联络员会议制度，定期召开各部门联络员会议，及时汇总、通报、研究有关情况。

（二）2012 年第一季度发布统计指标体系，下发统计表格，便于社区开展统计。

附件：社区服务业行业统计范围界定标准（略）

浙江省发展和改革委员会　浙江省民政厅关于印发浙江省城乡社区发展“十二五”规划的通知

（浙发改规划〔2012〕661号）

各市、县（市、区）人民政府，省级有关单位：

《浙江省城乡社区发展“十二五”规划》是列入省级“十二五”规划编制体系目录的专项规划，现印发给你们，请结合实际，认真组织实施。规划项目的实施要严格按照投资项目和资金管理的有关规定办理。

二〇一二年六月二十一日

浙江省城乡社区发展“十二五”规划

社区是聚居在一定地域范围内的人们所组成的社会生活共同体，是基层社会管理与公共服务的基本单元和依托。本规划中的社区包括本省行政区域内的城市社区和农村社区。城市社区是指城镇居民委员会辖区；农村社区是指村级社区服务中心的功能覆盖区域。

为了进一步促进社区发展和建设，根据《浙江省国民经济和社会发展第十二个五年规划纲要》、《关于加强和改进城市社区居民委员会建设工作的意见》（中办发〔2010〕27号）、《关于推进和谐社区建设的意见》（浙委〔2007〕64号）、《关于推进农村社区建设的意见》（浙委〔2008〕106号）、《中共浙江省委关于加强和创新社会管理的决定》，编制本规划。

本规划范围为全省城市社区、农村社区，期限为2011—2015年，展望到2020年。

一、规划背景与发展基础

（一）发展现状

浙江在我国社区组织创建和发展历史中具有特殊地位。1949年10月下旬，新中国首个城市居民委员会即诞生于杭州市上城区上羊市街，开创了社区居民自治、民主管理公共事务的先河。2009 年，“中国社区建设展示中心”在杭州建成并对外开放，凸显了浙江在我国社区建设与发展中的重要地位。

“十一五”以来，全省社区改革与发展取得积极进展。

社区发展与城市化和新农村建设进程基本同步。到 2010 年底，全省共设立城市街道办事处 341 个，城市社区 3056 个，平均每个社区居住人口约 1 万人。从区域布局看，杭州、宁波、嘉兴、温州、金华拥有城市社区数分列前 5 位，基本与区域城市化进程相一致。新农村建设进程的加快，推动了农村社区服务的发展，到 2010 年底，全省已有乡镇社区服务中心 764 个，占乡镇总数的 65. 2%；全省行政村总数为 29632 个，其中已建成村级社区服务中心 12061 个，服务范围覆盖了 60. 3% 的行政村。

社区自治功能逐步健全。到“十一五”期末，全省社区居（村）民委员会在本辖区中组织引导居民依法进行自我管理、自我教育、自我服务、自我监督的职能作用渐趋健全。城市社区居民委员会直接选举和居务公开、民主管理进一步推进，村民委员会依法有序进行了直接选举，村务监督委员会普遍建立。

社区公共服务和互助服务功能不断强化。各地不断强化社区公共服务职能，重点为社区居民提供社会保障、救助与养老、社会福利、就业再就业、公共文化、基本医疗和公共安全服务，社区服务体系初步形成，公共服务设施显著改善。社区自助互助服务向儿童和老年人照顾、残疾人照管、低收入人群帮扶、居住环境改善、民间文化体育等领域拓展，社区商业服务坚持便利化原则，社区服务网点由“十一五”初期的 5 万个增加到 12. 3 万个，初步满足了不同人群就近就便服务的需求。

社区管理体制和运行机制不断创新发展。政府与社区（村）建立指导、支持关系，政府对承担基本公共服务任务的人员、机构给予拨款支持，政府拨款、驻社区单位赞助及其他自筹方式相结合的筹资机制初步形成。以专职为主、专兼职相结合的社区工作者队伍初步建立，全省专职城市社区工作者达 2. 14 万名。全省社区志愿服务组织达 1. 33 万个，注册志愿人员 95. 78 万人，约占社区常住人口的 7%，年开展志愿服务活动在 7. 1 万场次以上。农村地区志愿服务主要由青年组织、老年协会等组织成员实施。社区的利益协调、诉求表达、矛盾调处、权益保障四项机制逐步形成。

与浙江工业化、城市化和市场化快速进程相比，全省社区发展还存在不少矛盾和问题。主要有：城乡社区布局调整滞后于城市化、新农村建设进程；社区组织的基层管理与服务能力不足；社区发展的城乡差异和地区差异比较大，先进技术和管理手段应用不广；社区服务的供需矛盾依然突出，流动人口和一些特殊人群的管理与服务需求还得不到满足；一些农村社区离基本公共服务均等化的要求还有明显距离；社区社会组织发育发展滞后，社区志愿服务供给明显不足。

（二）发展条件

——党委政府日益重视社区建设和发展。“十一五”以来，省委、省政府先后出台了《关于推进和谐社区建设的意见》和《关于推进农村社区建设的意见》，对城乡社区建设日益重视。省委《关于制定浙江省国民经济和社会发展第十二个五年规划的建议》、《关于加强和创新社会管理的决定》以及《浙江省国民经济和社会发展第十二个五年规划纲要》中，明确提出了要强化城乡社区建设的要求。社区发展具有更好的政治环境和政策条件。

——社区发展的财政保障能力持续增强。全省注重建设公共财政体制，建立健全省级财政转移支付制度，坚持把解决民生问题摆在首要位置，用于民生的财政支出增加较快，民生支出占地方新增财政支出比重超过三分之二。“十二五”时期，全省经济实力不断壮大，各级财政能力将持续不断增强，公共财政体制不断健全。社区发展具有必要的物质基础。

——全社会更加重视和支持社区发展。政府履行社会管理和公共服务职能，形成工作重心下沉到基层和社区的局面，建立引导社区组织和社区社会组织参与及合作的机制。越来越多的人正从“单位人”变为“社区人”，社区居民参与社区治理的要求日益提高，社会各界人士对社区发展的关注、重视和支持力度日益增强。社区发展具有十分有利的社会氛围。

二、总体思路和目标

（一）指导思想

坚持以邓小平理论、“三个代表”重要思想为指导，以科学发展观为统领，以推进居民自治、提高城乡居民生活品质、构建社会主义和谐社会为目标，以发展社区服务为重点，以加强社区信息化为手段，着力健全社区管理和服务体制，着力统筹城乡社区发展，着力整合各种社区发展资源，着力提高社区发展水平，把全省社区建设成为管理有序、服务完善、文明祥和的社会生活共同体。

（二）总体目标

到2015年，全省社区发展的总体水平居于全国各省、自治区前列，城乡社区统筹协调发展的格局基本形成，政府依法行政和居民依法自治良性互动的格局基本确立，社区布局不断优化，居民自治、管理有序、服务完善、治安良好、环境优美的社区建设目标基本实现。

——城市社区空间布局与规模更加合理。按照“十二五”期末全省城市化率预计水平，城市社区数预计发展到 3300 个左右；农村社区规划建设 17000 个以上，管理服务功能覆盖全部行政村。杭州、宁波、温州都市圈和浙中城市群 4 个城市圈/（群）按 2500 户左右家庭的规模设置社区，其他区域按照 1500 户至 2500 户家庭规模调整设置社区。

——农村社区的规划与建设稳步推进。“十二五”期末，农村社区服务中心总数超过 17000 个，管理服务功能覆盖全部行政村。结合县市域村庄布局规划修订，合理调整农村社区布局，在充分论证、尊重农民意愿，维护村民合法权利的基础上，规划建设一批农村社区。

——社区公共服务功能大大增强。社区基本公共服务的制度、政策不断健全，公共服务水平大幅提高。城乡社区的就业和社会保险、医疗保健、居家养老、文化娱乐、社会救助、生活服务、法律服务、计划生育健康等综合服务功能明显提升。社区服务业和新就业人员显著增长。

——社区安全防范网络普遍建立。矛盾纠纷排查和化解机制进一步健全，流动人口服务和管理规范有序，艾滋病患者、刑释解教人员等重点群体管理与服务工作体系全面建立，参与基层社会综合治理的各类社区社会组织发展良好。到 2015 年，城市“平安社区”达标率达到 90% 以上，农村社区达到 70% 以上。

——社区发展的物质和人才保障更加有力。各级财政对社区发展的投入力度不断加大，社区发展经费的筹资渠道进一步拓宽。社区基础设施大大改善；全省街道（乡镇）和社区（村）服务中心普遍建立，实现街道（乡镇）社区服务中心和农村社区管理服务功能的全覆盖；以市县为单位的社区便民服务信息平台基本建立。社区专职工作者和志愿者队伍显著扩大。

三、主要任务

（一）提高城市社区建设的标准化和规范化水平

加强社区居民委员会人员配备。社区居民委员会成员按 5—9 人的标准加强配备，设主任一名，副主任一名，委员若干名，依法通过民主选举产生。社区的专职工作者按不少于 5 人的标准配备，服务人口在 2000 户以上或地域面积较大的社区，适当增加专职工作人员。

实现社区工作服务用房达标。城市已建成社区的社区工作服务用房按规定标准，通过新建、购买、置换、调剂等方式全面落实，实现达标率 100%。新建社区和旧城区改建社区，要确保社区工作服务用房与小区建设和旧城改造同步规划、同步设计、同步检查验收、同步投入使用。

保障社区管理和基本公共服务运行。社区设立社区居民委员会并承担基本公共服务任务的，其日常运行经费、专职人员基本报酬按规定标准依法纳入地方财政预算或统筹相关资金安排。政府有关部门委托社区办理的事项，按规定标准由专项经费给予补助。

（二）实现农村社区服务中心功能全覆盖

根据村镇规划要求，采取村集体提供建设用地、县以上各级政府适当资助、社会支持等综合建设方式，新建（改建）5000个以上村级社区服务中心，承担农村社区基本公共服务、居民公共活动和公共事务处理等功能。到2015年，全省每个村级社区服务中心按不少于1人的标准配备专职社工，承担社区内居民的基本公共服务任务。其他设在村级社区服务中心的公共服务基层组织按规定配备相关人员。

村级社区服务中心的日常运行经费、专职社工基本报酬主要由村集体组织承担，乡镇（街道）政府给予适当补助。

（三）强化社区公共服务功能

1. 切实履行社区基本公共服务职责

根据城乡社区的基本公共服务标准，提升社区的公共服务功能。加大与居民利益有关的社会治安、社区矫正、公共卫生、计划生育、优抚救济、劳动就业、社会保障、社会救助、文化体育以及权益保障、生态环境保护等社区公共服务供给力度，推动政府社会管理和公共服务覆盖到社区。养老服务机构基本实现街道（乡镇）全覆盖，居家养老服务网点实现城市社区和中心村全覆盖。鼓励和支持现代社区公共服务项目向农村延伸，推进基本公共服务均等化。

2. 提升社区医疗卫生服务水平

完善社区卫生服务网络。健全城市社区卫生服务中心、服务站管理体系。提升乡镇社区卫生服务中心（卫生院）标准化水平，合力推进农村社区（村）卫生服务机构建设，构建“20分钟医疗服务圈”，实现农村卫生服务全覆盖。逐步建立社区首诊与双向转诊制度，加快推行社区责任医生制度，形成小病在社区、大病到医院、康复回社区的医疗服务格局。社区门诊就诊率达到60%以上，主要慢性病社区规范管理率达到60%。

提高社区卫生服务水平。全面实施基本和重大公共卫生服务项目，逐步提高社区公共卫生服务水平。形成以社区为依托的流动人口卫生服务体系，改善流动人口基本公共卫生服务。建立县级医疗卫生机构和社区卫生服务机构之间的协作机制，培养和充实全科医生队伍，提高社区卫生服务机构的能力和水平。90%以上的城乡居民拥有标准化的电子健康档案。

3. 丰富社区群众性文体活动

完善社区公共文化服务体系。以县（市、区）为单位，重点改善一批社区文体活动设施，推动社区文化体育事业发展。推进乡镇、村（社区）文化活动场所建设和广播电视“村村通”工程，实现每个行政村建有文化活动场所。推进“广电低保工程”，支持城乡低保家庭免费收看有线（数字）电视。依托市、县图书馆，加强乡镇图书分馆（站）设置，到2015年农村公共图书服务体系覆盖率达到50%以上。

培育各具特色的社区文化。培育发展各种文体组织，大力支持社区居民自办文化，开展多种多样的文化培训活动。结合区域文化特色，注重保护社区文化的多样性，依托民族民间文化资源，挖掘社区自然人文资源，通过举办传统节庆、民间艺术、文体竞赛等活动，培育各具特色的社区文化。增强基层文化的造血功能，加强对社区物质和非物质文化遗产的保护。培育发展一批文化示范社区（村）。

4. 推进社区教育发展

实施教育行动计划。实施城乡社区教育行动计划，努力实现社区教育的普及发展。加快形成具有地方特色、开放共享、便民惠民的社区教育服务体系，奠定人人皆学、处处可学、时时能学的学习型社会坚实基础。

加强教育网络建设。完善社区教育网络体系，杭州、宁波两市70%以上的社区建立非学历教育机构，其他设区市建立非学历教育机构的社区达到40%以上。推进社区学院建设，提高社区学院（开放型大学）的知名度和吸引力。全省60%以上的中心镇建立社区非学历教育机构。城市（镇）幼儿教育的社区覆盖面达到100%，农村地区幼儿教育覆盖面显著扩大。全国和省两级社区教育实验区内幼儿园、中小学校、中等职业学校、成人教育培训机构等开放率达到50%以上。

5. 改善社区人居环境

建设生态社区。按照人居环境评价体系标准，积极推进生态型社区建设，坚持不懈地改善人居环境。加强社区自然生态环境保护，大力实施社区节能、节水和低碳消费行动计划。积极推进城镇绿色社区创建，组织居民参与社区绿化、美化工程及小区改造工程的规划和建设，保护公园、花园绿地，拓展社区绿化休闲空间和绿化景点，积极鼓励驻社区单位参与绿化美化活动，营造爱绿、护绿、造绿的氛围。

加强社区环境综合整治。完善社区环境保护管理制度，积极实施污水处理、垃圾分类处理、噪声控制、光污染防治等行动计划，着力整治社区乱搭乱建、乱停车、乱发小广告等行为，维护社区环境整洁有序。深入推进村庄环境综合整治，农村安全饮用水覆盖率达到95%，农村无害化卫生厕所普及率达到90%以上。

6. 规范社区管理

健全社区安全防范网络。深化城乡社区警务建设，加强社区综治、物业保安和群防群治队伍建设，构筑人防、物防、技防相结合的社区安全防范机制和防控网络。加强社区居民委员会、业主委员会、物业管理公司和社区社会组织的合作，协助加强对小区消防、交通、治安的教育和管理。

积极参与矛盾纠纷化解。建立健全社区民间调解组织，健全人民调解、行政调解、司法调解三位一体的“大调解”工作体系。探索建立社区信访工作机制。继续推进社区“网格化管理、组团式服务”，协助加强对重点人群的教育、服务和管理。参与和协助社区突发事件及灾害事故预防和处置。

依法实施流动人口服务管理。规范流动人口居住登记、计划生育义务、义务兵役监督、社会保险关系转移接续、社区选举登记等管理。鼓励流动人口参与社区服务管理，保障流动人口参与社区自治和均等享受基本公共服务的权利，尊重和保护流动人口的文化习俗，促进流动人口同当地居民和睦相处、互助互益。

（四）拓展社区自助与便民服务

促进社区居民的自我服务。积极培育社区老年人协会、残疾人协会、文娱体育团体、公益互助组织等社会团体，举办社区幼儿园、托老敬老院所等。引导社区社会组织坚持和维护公益性，促进社区居民不断提升自我服务的能力和水平。鼓励支持建立社区消费合作社、慈善商店、日间照料、法律和心理援助等互助机构。通过建立“爱心银行”、“服务储蓄”等机制，鼓励居民参与社区各种互助互益活动。

鼓励开展社区各类便民服务。建立各种社区便民服务平台，为社区居民提供便捷高效、质优价廉的商业服务和咨询服务。结合城市建设规划，发展一批楼宇商店、网店、24小时便民连锁店等商业服务网点，完善家政、餐饮、修理、废旧物资回收等便民服务网点建设。积极推进社区物业服务，到2015年，新建住宅小区普遍推行专业化物业服务，其他住宅小区实施专业物业服务的达到80%以上。

（五）加快社区服务设施建设

实现社区服务中心设施全覆盖。新建600个街道（乡镇）社区服务中心，实现每一街道（乡镇）均建有社区服务中心，逐步完善配套设施。培育50个左右示范性社区服务中心。村级社区服务中心的功能覆盖全部行政村。依法实施“养老设施纳入小区配套”建设计划。

推进社区管理服务信息平台建设。以县、市为单位，新建60个综合性社区便民服务信息平台，承担各类事务咨询与生活求助服务，实现信息化与社区服务的融合。加快整合各部门数据库，实现社区信息资源共享；推进各类短信平台、投诉咨询热线、便民服务热线等的功能整合。创新社区信息服务模式，推进城市社区服务热线向农村延伸覆盖。

（六）建立健全社区组织体系

扩大社区居民委员会直接选举比重。依法推进“自荐海选”等直接选举的做法，城市社区居民委员会直选率达到50%以上。鼓励和支持非本地户籍居民参加居住地社区居民委员会选举，鼓励所有居民参与社区居民自治，增强社会生活共同体意识，促进社区居民委员会组织建设、自治能力建设。

加快区域薄弱环节社区组织体系建设。积极推进城乡结合部、“城中村”、独立工矿区、新建住宅区、流动人口聚居地的社区居民委员会建设，到2015年实现社区居民委员会组织全覆盖。农村新建小区居住人口达到社区设置基本标准的，成立社区居民委员会或设立社区管理委员会，负责农村新建小区的日常管理与服务。

规范社区专业服务机构设置和运行。辖区人口较多、管理和服务任务较重的社区居民委员会，建立社区服务站（社区工作站、社区社会事务站）等专业服务机构，强化社区服务的执行能力。社区专业服务机构在社区居民委员会统一领导和管理下开展服务。大力培育社区社会组织，引导社区社会组织积极履行公益创业、互助共济、志愿服务等职责。

（七）着力健全社区治理机制

完善社区居民自治机制。推进以居民会议、议事协商、民主听证为主要形式的民主决策实践，以自我管理、自我教育、自我服务为主要目的的民主管理实践，以居务公开、民主评议为主要内容的民主监督实践，推动社区居民自治制度化、规范化。通过居民议事日、社区联席会议、网上论坛、民情恳谈、社区对话等有效形式，切实保障社区居民的知情权、参与权、监督权。促进社区共建理事会、和谐促进会等新型社区治理组织建设，充分发挥其处理社区事务的作用。有条件的社区加快建立社区法律顾问制度。

畅通社情民意表达渠道。建立社区民情的收集、研判和反馈机制。充分发挥社区各级人大代表、政协委员和社区居民（村民）代表的影响和作用，探索建立人大代表和政协委员定期接待社区居民的制度，及时倾听和反映居民意见要求。积极推进街道办事处和乡镇政府职能转变，减少政府部门对社区的行政干预。发挥街道办事处对社区发展的指导和服务职能，推动管理重心下移。

发挥物业公司与业主委员会的作用。建立健全社区居民委员会、业主委员会和物业服务机构协调机制。建立业主自治与居民自治的有效衔接机制，促进居民委员会、业主委员会和物业管理公司之间的互通互动、互助协作，提升业主委员会的管理功能和承担责任的能力。积极推进社区资源共享，鼓励和支持驻社区单位的活动设施向社区居民开放。

四、保障措施

（一）进一步加强组织领导

各级党委政府把推动社区发展的工作纳入重要议事日程，纳入政府履行社会管理和公共服务职能的重要内容。省城乡社区建设领导小组定期研究社区发展工作。县（市、区）党委、政府主要负责人认真履行第一责任人的职责，乡镇（街道办事处）党（工）委、政府主要负责人履行好直接责任人的职责；市、县（市、区）领导干部建立社区居民委员会建设联系点，将社区居民委员会建设和社区发展工作成效，纳入市、县（市、区）党委和政府工作目标管理和目标考核的重要内容。

（二）加大社区工作者队伍建设的力度

鼓励杰出青年、高校毕业生、复转军人等参与社区居民委员会选举，不断改善成员结构。加强专职社区工作者配备，实行公开考试招录制度。开展各类专业培训工作，提高社区工作者的职业化和专业化水平。完善城市社区专职社工的薪酬和社会保险制度，妥善解决农村社区专职社工的基本薪酬和基本社会保障问题，确保社区专职社工的收入和福利不低于同类型组织从业人员的收入和福利水平。积极培育和发展社区志愿者组织，到 2015 年注册登记的社区志愿者团体增加 30% 以上。健全社区志愿者注册制度，注册社区志愿者占常住人口的 10% 以上。通过建立社区志愿服务档案制度、优秀志愿者表彰制度、志愿服务项目申报及津补贴制度等方式，强化社区志愿服务激励机制，鼓励居民就近参加志愿服务。

（三）加快建立社区多元经费保障机制

建立健全政府投入和社会投入相结合的基层经费保障机制，确保基层社会管理和服务有人干事、有钱办事，多渠道筹集社区建设经费，吸引各类资金投入到社区发展中来，建立并完善社区发展多元经费投入机制。对于从事社区服务活动的社会组织和创业型企业，在区别认定后，按规定减免行政事业性收费，符合国家有关规定的，享受免税、减税等优惠政策。社区兴办公益事业所需费用，按照自愿原则，可以向社区居民或受益单位筹集。政府职能部门委托社区办理的事项，要按照“权随责走、费随事转”的原则，采取政府购买公共服务等方式提供经费。加大对财政困难地区转移支付的力度。省级福利彩票公益金要加大对社区建设的投入。

（四）加强对社区发展的评估与指导

围绕社区发展的组织机构、服务设施、治理机制、队伍建设、信息化程度、服务管理能力等方面的发展目标，研究制定社区发展的评估标准体系，发挥评估标准对社区各项工作的导向作用。建立规划实施进展情况的监测评估机制，采取委托或招标方式，由专业调查、评估机构承担调研、分析和评估任务。鼓励非营利性的专业机构协助政府职能部门、接受政府委托，实施对社区发展的研究、评估和指导工作。

安徽省人民政府办公厅
关于印发安徽省社区服务体系建设规划
（2011—2015年）的通知

（皖政办发〔2012〕48号）

各市、县人民政府，省政府各部门、各直属机构：

经省政府同意，现将《安徽省社区服务体系建设规划（2011—2015年）》印发给你们，请结合实际，认真组织实施。

安徽省人民政府办公厅

二〇一二年六月十四日

安徽省社区服务体系建设规划（2011—2015年）

为加强和创新社会管理，强化社区自治和服务功能，保障和改善民生，促进社会和谐稳定，依据国务院办公厅印发的《社区服务体系建设规划（2011—2015年）》和《安徽省国民经济和社会发展第十二个五年规划纲要》、《安徽省“十二五”民政事业发展规划》，结合全省社区建设实际，制定本规划。

一、现状和形势

（一）发展现状

“十一五”期间，各地认真贯彻落实省委、省政府《关于加强和谐社区建设的意见》（皖发〔2007〕6号）、《关于加强和改进新形势下城乡社区服务工作的意见》（皖发〔2010〕5号），社区服务体系建设取得显著成效。

1. 社区领导体制和工作机制不断完善。全省2408个社区普遍健全社区党组织、居民代表大会、议事委员会等社区组织，成立计划生育、社会保联、综合治理、民事调解等专门委员会及社区中介组织，加强居民组长、片长、楼（院）长配备与管理，构筑起以社区党组织为核心的多层次、全方位的社区领导体制和工作机制。2000年以来，省委、省政府每三年召开一次全省会议，并出台相关文件，有力地促进了全省社区服务建设水平的提高。

2. 社区自治功能逐步提升。2009 年，全省首次实行社区居委会统一换届。各地依据《中华人民共和国城市居民委员会组织法》和《安徽省实施〈中华人民共和国城市居民委员会组织法〉办法》，以民主选举为主要内容，选举产生新一届社区居委会组织机构，形成党委政府高度重视、居民群众积极参与、有关部门齐抓共管的良好局面。全省社居委直接选举覆盖面达 62.4%，居全国前列。

3. 社区基础设施建设取得突破性进展。以“四有”建设为重点，全省社区基础设施建设得到有效改善，约有 60% 的社区实现“队伍优秀、设施优良、服务优质、环境优美”的标准。共建成区（县、市）级社区服务中心 60 个，街道（镇）社区服务中心 383 个，社区服务站 2301 个，服务设施 7000 多个。

4. 社区服务体系日益健全。各地以服务居民为目标，着力打造 15 分钟生活服务圈的社区公共服务、市场化服务和义务服务的三大服务体系，有效开展社区公共卫生、文化、环境、治安、就业和保障等服务项目，社区居民就近看病、文化娱乐、休闲健身、社会治安、就业等需求得到进一步满足，社区居民生活质量明显提高。

5. 社区工作者队伍不断壮大。全省共有社区居委会成员 1.45 万人。许多地方面向社会公开招聘了一批具备专业知识的人才进入社区干部队伍，并在心理咨询、法律援助、社区矫正、社区禁毒等领域发挥着重要作用。社区志愿者组织达到 1300 多个，注册人数 66 万人，参加社区志愿服务活动的人数累计达到 80 多万人次，社区志愿者成为推动和谐社区建设的重要力量。

6. 和谐社区创建活动深入开展。以示范引领为主要内容，和谐社区创建活动全面展开。各地广泛开展富有特色的和谐社区建设示范单位创建活动，办了许多深受群众欢迎的好事实事，解决了诸多群众关注的难点问题。各级党委政府对社区服务的重视程度越来越高，社区居民对社区服务的认同感和归属感越来越强。

但就总体情况而言，全省社区服务体系建设仍然处于初级阶段，与国家要求、居民需求以及与发达省份相比，还存在较大的差距。一是社区服务设施总量供给不足，全省有 20% 的社区工作用房未达到规定标准，影响社区功能的发挥。二是社区服务项目较少，服务水平不高，供给方式单一，不能满足居民个性化需求。三是社区服务人才短缺，素质偏低，结构亟待优化，人才队伍的职业化、专业化建设有待进一步加强。四是社区服务信息化程度不高，部门信息系统建设相互割裂，制约了社区工作效率的提高。

（二）面临形势

“十二五”时期，随着全省工业化、城镇化、信息化、市场化互动发展，城乡基层社会正在发生深刻变化，社区服务体系建设面临难得机遇和重大挑战。一方面，随着国家中部崛起战略的实施，安徽凭借资源禀赋和区位优势，综合实力不断提高，财政保障能力逐步增强，基本公共服务体系逐步完善，各级党委政府创新社会管理，为社区服务体系建设提供了有利条件。另一方面，随着社会转型、企业转制和政府职能转变，越来越多的“单位人”转化为“社会人”，社区承担了越来越多的政府社会管理和公共服务职能，社区居民的服务需求愈加多样化、个性化，社区的“兜底”功能日趋明显，加强社区服务体系建设迫在眉睫。

二、指导思想、基本原则和发展目标

（一）指导思想

以邓小平理论和“三个代表”重要思想为指导，深入贯彻落实科学发展观，立足省情，加快发展，逐步建立面向全体社区居民，主体多元、设施配套、功能完善、内容丰富、队伍健全、机制合理的社区服务体系，把城乡社区建设成为管理有序、服务完善、文明祥和的社会生活共同体，不断满足城乡居民日益增长的社区服务需求。

（二）基本原则

——以人为本，服务居民。以社区居民需求为导向、广泛参与为动力、绝大多数居民满意为标准，统筹城乡，实现服务覆盖社区全体居民，真正把社区服务体系建设成为服务居民、造福居民的民心工程。

——政府主导，社会参与。以保障社区服务的公益性和便民利民特性为核心，充分发挥各级政府在规划制定、政策引导、资金投入、监督管理等方面的主导作用，着力培育和发展各类公益性、服务性、互助性的社会组织，鼓励、支持和引导社会力量参与社区服务，不断完善民主决策机制、拓展社会投入机制、健全社会监督机制，发挥多元主体在社区服务体系建设中的作用。

——资源整合，共建共享。统筹整合与社区服务设施建设有关的资金、项目和资源，科学配置，避免重复建设，降低社会成本。充分调动机关、团体、学校、企事业单位、社会组织等参与社区服务的积极性，建立健全科学高效的社区服务运行管理体制和共驻共建机制，发挥综合效益，增强服务功能，努力实现社区服务体系的规范化。

——因地制宜，分类指导。按照全面谋划、科学布局、注重长远、整体推进的根本要求，区别城市与农村、较发达与欠发达等不同情况，从社区居民实际需要出发，确定和突出社区服务体系建设重点，区分不同规模、不同类型的社区，以及不同种类社区服务，实施分类指导。

（三）发展目标

按照加强和创新社会管理的总体要求，进一步健全新型社区管理和服务体制。到2015年，100%的城市社区建立社区服务站，80%以上的街道建立社区服务中心，80%的城区建立社区服务信息网络平台，80%的乡镇建立社区综合服务中心，初步建立起与社会主义市场经济体制相适应、覆盖城乡社区全体成员、服务功能完善、服务质量和管理水平较高的社区服务体系。

——社区服务设施配套完善。力争“十二五”期末，社区服务设施综合覆盖率达到90%，每百户居民拥有的社区服务设施面积不低于20平方米，90%的社区基本实现社区居民住有所居、学有所教、老有所养、残有所助、孤有所抚、病有所医、难有所帮。

——社区服务内容不断优化。扩大社区公共服务覆盖范围，形成群众互助和志愿服务制度化，推动社区专业服务和商业服务规范便利，使公共服务、志愿服务、便民利民服务有效衔接。力争“十二五”期末，实现基本公共服务项目覆盖到所有城乡社区。

——社区服务队伍日益壮大。拓宽来源渠道，促进社区服务人员专业化、职业化水平进一步提高。力争每个社区至少配备一名大学生或社会工作专业人员，80%以上的社区党员和30%以上的社区居民参与社区志愿服务活动，基本形成一支专业素质较高、服务能力较强、社区居民满意的社区服务队伍。

——社区服务运行机制日趋完善。优化社区服务发展的制度环境，健全城乡社区组织，理顺社区内外权责关系，完善与政府部门间的协调机制、政府与社区间的协作机制、社区组织之间的互动机制。力争到“十二五”末，80%以上的社区居民委员会实行直接选举，每个社区拥有5个以上的社区社会组织，80%以上的驻区单位与社区签订共驻共建协议。基本建立起多方参与、优势互补、利益协调、规范有序的社区服务运行机制。

三、重点任务

（一）健全和发展多层次多样化社区服务新格局

以社区综合服务设施和专业服务机构为依托，面向全体社区居民，开展劳动就业、救助服务、养老服务、医疗卫生、计划生育、文体教育、社区安全、法制宣传、法律援助、人民调解、邮政服务、科普宣传、流动人口服务管理等公共服务项目，确保满足优抚对象、低收入群体、未成年人、老年人、残疾人等社会群体的服务需求。开展社区矫正和刑释解教人员安置帮教工作。加强和改进流动人口管理和服务。形成党委统一领导、基层政府主导、社区组织协助、社会力量参与的社区公共服务新格局。

积极培育多层次的社区志愿服务组织，广泛动员共产党员、共青团员、公务员、专业技术人员、教师、青少年学生以及身体健康的离退休人员加入志愿服务队伍。积极培育和引导社会组织开展社区志愿服务活动，发挥社会组织的独特优势。推进社区志愿服务活动制度化，建立健全社区志愿服务注册制度、培训制度和激励机制，不断创新服务形式，提高服务水平。积极开展“你我互相帮、邻里一家人、楼院一家亲”互助活动，倡导并组织社区居民和驻区单位开展社会捐赠、互帮互助、承诺服务。形成党委政府倡导、社区组织扶持、各界力量广泛参与的社区志愿服务新格局。

推动社会力量通过连锁经营等方式，兴办城乡社区购物、餐饮、家政、洗衣、维修、再生资源回收、中介等家庭服务业，发展新型服务业态，树立服务品牌，完善社区便民利民服务网络。鼓励邮政、金融、电信、供销、燃气、自来水、电力、产品质量监督等公用事业服务单位在社区增设网点，满足居民多样化生活需求。对开办商业性社区服务项目的，有关部门依法简化审批手续。对社区商业中的微利行业，有关部门给予政策扶持。对下岗失业人员和个体、民营企业兴办的社区商业服务实体，各金融机构按照有关规定给予信贷资金和融资担保方面的支持。形成党委领导、政府扶持、社会主办、社区协助的社区商业服务新格局。

（二）继续加强社区基础设施建设

以政府投资为主，鼓励社会力量参与，继续加强现有区（县、市）和街道（镇）社区服务中心和社区服务站建设。要打破传统观念，突破行政区域的界限，以服务半径为坐标，合理确定社区服务设施的数量、选址布局、建设方式、功能划分。逐年填补区（县、市）级社区服务中心的空白，确保区（县、市）级社区服务中心和街道社区服务中心的建筑面积分别在1000平方米和800平方米以上。充分利用社区已有设施，提高街道社区服务中心、社区服务站以及相邻社区服务设施之间的共享程度，每个社区建设一个综合性、多功能的社区服务站，每个街道至少拥有一个综合性的社区服务中心。

充分开发和完善社区服务功能。组织居民开展民主议事、纠纷调解、公益慈善、邻里互助、志愿服务等活动。推进基层为民服务全程代理制度，积极为社区居民代办代理公共服务事项，保障各项公共服务覆盖到社区全体居民。为社区居民提供文体教育、健康休闲、养老抚幼、困难帮扶、信息邮政、家庭服务等便民利民服务。加强基层基础信息的采集工作，充分反映居民诉求。

（三）继续加强社区服务人才队伍建设

坚持培养和选聘相结合，加大政策扶持力度，建设一支以社区党组织和社区自治组织成员为骨干、社区专职工作人员为重点、社区志愿者为补充的社区服务人才队伍。

推进社区服务人才队伍专业化、职业化。有计划地在高等院校培养和招录城乡社区专业服务人才。充实壮大社区居民委员会干部队伍，逐步扩大社区党组织领导班子和社区居民委员会直接选举范围。扩大社区服务人员的来源渠道，鼓励大中专毕业生、复转军人、社会工作者等社会优秀人才到社区工作，优化社区服务人才结构，鼓励下岗再就业者积极投身社区服务业，解决社会就业压力。

加强社区服务岗位职业培训，提高从业人员的服务意识、竞争意识以及职业道德和业务水平。推行社区服务资格证书制度和持证上岗制度，建立社区服务职业资格标准体系，提高从业人员的职业素质。建立健全人才激励制度，依照相关法律政策规定，保证社区工作人员生活补贴、工资、社会保险等福利待遇不低于上年当地社会平均工资水平，建立和完善福利待遇正常增长机制。关心社区服务人才的成长进步，探索建立培养发展党员、招录公务员、选拔基层干部等制度渠道，健全社区服务人才正常流动机制。

（四）继续理清社区服务权责关系

积极开展以市为单位建立社区公共服务事项准入制度试点。凡城区、街道层面能办理的社会管理和公共服务事项不再向社区延伸；凡属于基层政府及其职能部门、街道办事处职责范围内的事项不得转嫁给社区组织；凡依法应由社区组织协助的事项应当为社区组织提供必要的经费和工作条件；凡委托给社区组织办理的有关服务事项，应当实行“权随责走、费随事转”。

积极推进社区公共服务的“一站式”服务机制，整合政府各部门在城乡基层的办事机构，减少管理层次，合并相近或相同的服务项目，整合服务资源，优化人员结构，精简服务流程，增强服务效能。

四、重点工程

（一）社区服务设施建设工程

实施城市社区提升计划。全省13%城市社区达到精品社区标准，40%城市社区达到示范社区标准，30%城市社区达到标准化社区标准。

实施幸福家园计划。积极推进社区公共精神卫生干预工作，在2011年100个社区试点的基础上，以后每年递增100个社区，通过招募人员、培训、筛查、矫正、治疗等手段，帮助有精神障碍的社区居民开展体疗、药疗、娱疗、康疗活动，解除痛苦，不断提升社区居民的幸福指数。

（二）人才队伍建设工程

以社区服务人才职业化、专业化发展方向为指引，不断强化社区服务人员的教育和培训，健全科学的人才评估体制机制，推动实施社区志愿者注册登记制度。

落实“一社区一名大学生”政策，支持社区服务人员参加各种职业资格考试和学历教育，系统培训社区服务人员，每名社区服务人员至少培训一次。依托高等院校、职业学校、科研机构、各类培训机构，开展社区服务人才培训。开发应用社区志愿者注册登记系统，注册社区志愿者达到本地区居民总数10%以上，每个社区拥有5支以上志愿者服务队伍。

（三）信息化建设工程

推动居民、家庭、社会组织、社区活动档案电子化，实现社区服务队伍、服务人员、服务对象信息数字化，改进信息技术装备条件及社区服务设施网络环境，并使其逐步规范化、标准化，实现信息服务系统的互联互通共享。已开展社区信息化的地方，要进行优化整合，在保证服务质量的前提下，逐步向集约化社区服务信息网络平台迁移。规范社区信息的采集和应用，拓展和整合社区信息化服务渠道，强化社区服务信息网络平台与其他地方各类业务系统的协同功能。

依托政府门户网站、市民电子邮件系统、有线电视网络、电话系统等，推动社区网络和信息资源整合，鼓励建立覆盖区（市）或更大范围的社区综合信息管理和服务平台，实现数据采集、发布、共享和管理的集成化。推进各级政府电子政务、网上办事和社会公共服务进入社区，逐步实现行政管理、社会事务、便民服务等社区管理服务一体化，逐步健全新型社区管理和服务模式。推动各地逐步统一社区信息服务电话号码，建立社区老年人、残疾人呼叫保障系统，推进社区公益性信息服务设施建设，实现社区服务联动机制。积极引导企业参与社区服务信息系统和信息资源的开发。

（四）家庭服务业拓展工程

重点发展社区居民购买、餐饮、维修、慈善、美发洗衣、家庭照料、物流配送和废旧资源回收等服务，鼓励有实力的企业运用连锁经营的方式到社区设立超市、便利店、标准化菜店等便民利民网点，鼓励邮政、金融、电信、供销、燃气、自来水、电力等公用事业单位在社区设点服务，满足居民多样化生活需要。加快社区老年日间照料服务中心建设，大力发展社区居家养老服务，为老年人特别是空巢老人、留守老人、高龄老人以及生活贫困老人提供安全守护、餐饮配送、医疗保健、心理慰藉等服务项目，提高为老服务水平和老年人生活质量。

五、保障措施

（一）加强社区服务法规制度建设

修订《安徽省实施〈中华人民共和国城市居民委员会组织法〉办法》，研究制定社区服务标准体系及管理办法、社区公共服务目录及准入制度、社区服务居民满意度测评体系、社区社会组织培育等方面的法规制度，强化政策之间的协调整合，形成较为完善的具有安徽地方特色的社区服务法规、制度和标准体系。

（二）加大社区服务体系建设资金投入

拓宽社区服务体系建设资金来源渠道，鼓励企事业单位、社会团体、个人和外资以多种形式捐赠或兴办社区服务事业，建立多元化投入机制。继续加大福利彩票、体育彩票公益金用于社区服务项目和社区体育设施建设的投入力度。积极争取中央专项投资项目支持。按有关规定，区分不同情况，采取社区居民自筹、社区经济收入、委托办理服务事项的单位划转、财政补助等方式解决社区服务设施建设与维护经费、社区服务人员报酬、社区服务工作经费、社区服务信息化建设经费等。

（三）完善社区服务扶持政策

将社区服务体系建设纳入地方经济和社会发展规划，对社区公共服务设施建设用地，按照法律、法规和规章可以采取划拨方式供地的，各级政府要切实予以保证；对于一般性社区服务设施建设用地，应当采用有偿方式供地的，可以在地价上适当给予优惠；对闲置的公办学校、宾馆、培训中心、福利设施、办公用房等，优先用于兴办社区服务事业。积极研究制定社区服务工作在税收、公用事业收费、物业管理费、用工保险、工商和社会组织登记等方面的优惠政策，鼓励发展社区服务业。

（四）健全领导体制和工作机制

建立省推进社区服务体系建设联席会议制度，制定和分解各项目标任务，落实具体实施方案，明确各部门任务分工，统筹协调社区服务体系建设中的重大问题和事项，研究布置重点工作，形成推动社区服务发展的合力。加强督促检查，健全社区服务体系建设绩效评估体系，将社区建设成效纳入各级党委政府部门工作目标考核，考核结果作为领导班子和领导干部综合考核评价的重要内容。

安徽省民政厅
关于印发《安徽省城乡社区标准化建设指导意见（试行）》的通知

（民基字〔2012〕254 号）

各市民政局，广德、宿松县民政局：

为深入贯彻落实党的十八大精神，努力提高我省城乡社区建设规范化、科学化水平，现将《安徽省城乡社区标准化建设指导意见（试行）》印发给你们，请结合实际贯彻执行。

二〇一二年十一月三十日

安徽省城乡社区标准化建设指导意见（试行）

为推进城乡社区规范化建设，提高城乡和谐社区建设整体水平，根据《中共安徽省委、安徽省人民政府关于加强和改进新形势下城乡社区服务工作的意见》（皖发〔2010〕5 号）、《中共安徽省委办公厅、安徽省人民政府办公厅关于进一步加强新形势下城市社区居民委员会建设工作的意见》（皖办发〔2011〕11 号）精神，特制定如下标准。

一、城市社区建设标准

（一）标准社区

1. 规模设置一般在 1 万人 3000 户左右。

2. 社区用房面积在 400 平方米以上，相对独立于居民楼之间的适中位置，一般不高于三层楼。并拥有室外活动场所 500 平方米以上，有健身器材，环境整洁优美。

3. 社区用房使用合理。办公用房不得超过社区用房总面积 10%；一般设有一站式服务大厅、娱乐活动室、图书阅览室、警务室、计生服务室、多功能活动室（会议室），室外设有居务公开栏、宣传栏。

4. 社区居委会门外悬挂该社区党组织和社区居委会两块牌子，大门上方悬挂国家统一的“中国社区”标识。

5. 社区工作人员总数一般按 1 人/300 户配备，其中获得社会工作专业人才资格证书的人员占辖区人口的万分之一以上；“两委”成员必须选举产生，大专以上文凭应达 20%；各类专管员由社区统一管理；社区工作人员参加区以上机关组织的培训每年不得少于 20 学时。

6. 社区工作人员的工资基本达到当地社会平均工资水平，并办理了养老、失业、医疗、工伤、生育等社会保险。

7. 社区每年工作经费在 5 万元以上，并建立自然增长机制；政府部门、企事业单位和社会团体交给社区各项工作应严格按照“费随事转”的原则支付相应的工作经费。

8. 社区居委会应选举产生并健全下属的人民调解、治安保卫、公共卫生、计划生育、群众文化等各类社区专业委员会和监督委员会。选齐配强居民小组长、楼栋长和各类社区社会组织，基本形成在社区党组织领导下的社区居民委员会及其下属的委员会、居民小组、楼院门栋的上下贯通、左右联动的社区组织体系。

9. 社区的各项规章制度健全，自治功能完善、内部管理规范，实现服务流程程序化；实行政务、事务、财务、服务“四公开”制度，保障居民的知情权和监督权得到实现。

10. 社区工作人员岗位职责明确，责任落实，实行 AB 岗、错时上下班、全日值班、节假日轮休等制度。

11. 社区财产、档案、印章管理规范。

12. 开展志愿者注册制度，注册登记率达辖区居民的 10% 以上。年开展活动不少于两次。

13. 建立健全社区党组织、居民委员会、业务委员会和物业服务企业的协调机制，切实履行对物业服务企业的指导、监督，及时协调解决服务纠纷，维护各方权益不受侵害。

14. 建立社区居民基本信息库。会议有记录、工作有记载、活动有图片（影像）。

15. 每年至少开展两次以上居民对社区公共服务、商业服务、自我服务和社区工作满意度的测评，满意度须达 60% 以上。居民群众对公共事务、社区公益活动参与率达 60% 以上。

（二）示范社区

在达到标准社区的基础上还应达到以下标准：

16. 社区用房面积达600平方米以上，并拥有800平方米以上的室外活动场所。硬件设施齐全，网格化管理完善，居民多层次、多样化需求基本得以满足。一年开展健康、心理或道德讲座等活动不少于三次。

17. 社区工作人员中大专以上文化在30%以上，获得社会工作专业人才资格证书的在万分之二以上；60%的人员会使用电脑。

18. 社区社会组织达5个以上，志愿者年开展活动不少于三次。

19. 社区服务活动特色明显，15分钟商业、生活、文体娱乐服务圈基本形成。以居民生活方式健康科学、文明向上的文化活动每年开展三次以上。

20. 社区每年工作经费10万元以上，主要用于开展社区各种便民利民服务活动。

21. 居民对社区服务、居民自治等社区工作的满意度达70%以上。居民群众对社区公共事务、公益活动参与率达70%以上。

（三）精品社区

在达到示范社区的基础上还应达到以下标准：

22. 社区用房面积达1000平方米以上，并拥有1000平方米以上的居民室外活动场所。服务设施健全，有集管理与服务为一体的社区信息化网络平台。

23. 社区工作人员大中专以上学历达40%以上。获社会工作专业人才资格证书的占辖区人口万分之三以上，人人会使用电脑。

24. 社区社会组织达到10个以上，志愿者管理注册率达15%，年开展活动不少于四次。

25. 社区每年工作经费15万元以上，主要用于开展社区各种便民利民服务活动。

26. 建有能满足社区老年人需求的日间照料室、聊天室和小学生的“四点半”学校等，积极开展具有两个“品牌”以上的特色服务活动，努力提升居民的幸福指数。

27. 居民对社区服务、居民自治等社区工作的满意度达80%以上。居民群众对社区公共事务和公益事业参与率达80%以上。

二、农村社区建设标准

28. 原则上实行一村一社区设置，人口较多、居住分散的村也可实行一村多社区设置。

29. 社区用房面积在300平方米以上，应设有一站式服务大厅、图书阅览室、多功能活动室等，并拥有室外活动场所和村务公开栏。

30. 村委会门外悬挂村党组织和村委会两块牌子，大门上方悬挂“中国社区”标识。

31. 村委会应选举产生并健全下属的人民调解、治安保卫、公共卫生、计划生育、群众文化等各类社区专业委员会。选齐配强村民小组长，形成社区党组织领导下的村委会及其下属的委员会、村民小组的社区组织体系。

32. 社区的各项规章制度健全，自治功能完善、内部管理规范，实现服务流程程序化。

33. 建立村民会议、村民代表会议和村务公开民主管理等制度。健全村务监督机构，实行“四议两公开”民主决策制度。

34. 社区工作人员岗位职责明确，责任落实，实行 AB 岗、错时上下班、全日值班、节假日轮休等制度。

35. 制定切实可行的发展规划和年度实施计划，建立岗位考核、民主评议、补贴待遇、教育培训等制度。

36. 制定村民公约，健全自我管理、自我教育、自我服务制度。建立村干部离任审计、责任追究制度。

37. 开展社区志愿者活动，培育和组建农村志愿者队伍，有效组织开展各类活动，每年开展活动不少于三次。

38. 建立社区档案管理制度，做到规范管理、使用方便、保管安全。

39. 社区工作人员一般由村“两委”兼任，“两委”成员须选举产生，文化程度应达初中以上。

40. 社区工作人员的补贴达到当地农村劳动力收入水平。

41. 社区工作有专项工作经费。政府部门、企事业单位和社会团体交办的各项工作应严格按照“费随事转”的原则支付相应的工作经费。

42. 村民对社区服务的满意度达 60% 以上，村民对公共事务和社区公益活动参与率达 60% 。

江西省城乡社区建设工作领导小组关于印发江西省城乡社区建设“十二五”规划的通知

（赣社建发〔2012〕1号）

各市、县（区）城乡社区建设工作领导小组，省城乡社区建设工作领导小组成员单位：

为贯彻落实国务院办公厅印发的《社区服务体系建设规划（2011—2015年）》和《江西省国民经济和社会发展第十二个五年规划纲要》，加快推进全省城乡社区建设，现制定《江西省城乡社区建设“十二五”规划》，并印发给你们，请结合实际认真贯彻执行。

二〇一二年六月六日

江西省城乡社区建设“十二五”规划

为适应加强和创新社会管理需要，推进全省城乡社区建设深入发展，根据国务院印发的《社区服务体系建设规划（2011—2015）》，民政部、国家发展和改革委员会印发的《民政事业发展第十二个五年规划》、《江西省国民经济和社会发展第十二个五年规划纲要》、《省委办公厅省政府办公厅关于进一步加强城市社区居民委员会建设工作的意见》和《江西省民政事业发展“十二五”规划》，制定本规划。

一、发展基础

“十一五”期间，在省委、省政府的正确领导下，各地积极贯彻落实国务院《关于加强和改进社区服务工作的意见》和《江西省城乡社区建设“十一五”规划》，加强组织领导，强化工作举措，积极创新实践，统筹推进城乡社区建设，取得了显著成效。一是城乡社区统筹发展格局初步形成。城市社区建设深入推进，全省5个城区、5个街道和15个社区被命名为全国和谐社区建设示范单位，发挥了示范作用，产生了深远影响。农村社区建设蓬勃发展，探索形成了“中心+村落”的农村村落社区建设模式，荣获了“全国首届村务公开民主管理制度创新奖”和第四届“全国地方政府制度创新奖”入围奖，全省2个县（区）被命名为全国农村社区建设实验全覆盖示范县（区）；132个农村社区被命名为“全省精品农村社区”。城乡社区对接互动活动有效实施，城市社区示范效应向农村扩散，服务模式向农村延伸，服务内容向农村传播，城乡社区建设统筹发展格局初步形成。二是城乡社区组织体系不断完善。全省3075个城市社区的党组织和自治组织组建率达到100%。社区干部结构更趋合理，城市社区居委会成员中，具有大专以上学历的占45.6%；社区干部培训、考核、选拔逐步规范；社区干部待遇逐步提高，与“十五”期末相比，全省社区干部月收入平均增加了350元，部分地区社区干部的养老、医疗、工伤保险等得到解决；社区民间组织逐步壮大，全省城市社区服务志愿者组织达1.3万余个，社区服务志愿者达32万人。农村社区下属的社区建设理事会、村民理事会等各种理事会及社区公益事业、纠纷调解、农业生产、卫生监督等服务站普遍建立，农村社区组织体系基本形成。三是城乡社区基础设施明显改善。“十一五”期间，全省累计投入社区建设资金5.5亿元，全省新增社区办公用房17万平方米，比2005年增长近50%。截至2010年底，全省90%的社区居委会解决了办公用房，在城区、街道和社区三个层面建立了社区服务中心、社区服务站和各种专项社区服务设施4880个、城镇便民利民服务网点12.5万多个；建成社区卫生服务中心158个、社区卫生服务站425个、城乡社区康复站2156个、社区文化中心（室）616个、社区图书室1439个、社区人力资源和社会保障工作机构1347个、社区警务室（站）1708个、社区体育设施面积21万多平方米。建成农村社区服务中心5058个，平均建筑面积390平方米，棋牌室、图书室、体育健身等场所和设施逐步完善。四是城乡社区服务水平逐步提高。全省区、街、居三级社区服务网络基本形成，实现了服务组织网络化、服务对象社会化、服务内容多样化，涵盖了居民日常生活的方方面面。“江西社区网”正式开通运行，部分城区开设了社区服务热线，打造了便捷化综合社区服务平台。依托集办公、文化体育、科普宣传、治安保卫、计划生育、医疗保健、养老服务以及生产生活物资供应等为一体的农村社区服务中心，引进城市社区服务模式，大力提升了农村社区服务水平。五是城乡社区管理制度逐步健全。城乡社区普遍建立了居（村）民代表会议、议事协商委员会、听证会、协调会、评议会等民主制度，制定了社区自治章程、干部工作准则、居（村）委会工作职责、居（村）委会财务管理办法等规章制度，完善村委员“海选”程序，扩大社区居委会直接选举和村委会“自荐直选”比例，实行居（村）务、事务、财务公开，接受群众监督。

“十一五”期间我省城乡社区建设取得了较大发展，但也存在一些问题：一是政府部门、街道办事处与社区居委会职责不清、关系不顺的问题还客观存在，二是部分社区办公用房和活动场所等基础设施建设没有达到规定的标准，三是社区工作经费和社区干部生活补贴标准偏低，四是社区服务体系建设尚未健全，五是社区社会组织培育和发展不够，六是农村社区建设水平还较低。

二、总体目标

“十二五”时期是我省建设鄱阳湖生态经济区、构建社会主义和谐社会、全面建设小康社会的关键时期。随着改革开放的深入推进，越来越多的“单位人”转变为“社区人”，大量外来务工人员涌入社区，社区日益成为各种利益关系的“交汇点”、各种社会矛盾的“聚焦点”。推进城乡社区建设是加强和创新社会管理、密切党群干群关系、维护社会稳定的基础工程。各地要认清新形势新任务新要求，与时俱进，积极探索，创新发展，加快建立“党委领导、政府主导、社会协同、公众参与”的城乡社区管理格局，努力推动全省城乡社区建设上新台阶。

（一）指导思想

以邓小平理论和“三个代表”重要思想为指导，深入贯彻落实科学发展观，按照中央加强和创新社会管理的部署，牢牢把握最大限度激发社会活力、最大限度增加和谐因素、最大限度减少不和谐因素的总要求，紧紧围绕建设富裕和谐秀美江西的奋斗目标，着力推进社区管理理念、体制、机制、制度、方法创新，完善社区管理体制机制，健全社区服务体系，深化居民民主自治，强化社区队伍建设，切实改善人居环境，大力繁荣社区文化，加快把全省城乡社区建设成为“管理有序、服务完善、文明祥和”的社会生活共同体，为全面建成小康社会奠定坚实基础。

（二）基本原则

1. 党政主导，协同推进。坚持党委领导、政府负责，强化部门职能，加强社会协同，扩大公众参与，完善工作机制，着力形成全社会共同推进城乡社区建设的整体合力。

2. 以人为本，服务为先。坚持围绕科学发展主题，把创新基层社会管理与居民群众意愿和需要紧密结合起来，寓管理于服务之中，以强化服务提高管理实效，充分激发社会活力，全面提高基层社会服务管理科学化水平，满足城乡居民过上美好生活的新期待。

3. 深化自治，扩大民主。坚持党的领导、居民自治和依法办事有机统一，深入推进以“四个民主”为主要内容的基层民主自治，不断增强城乡居民民主自治意识，促进基层民主政治建设。

4. 城乡一体，区域统筹。坚持以城带乡加快农村社区建设发展步伐，推进城乡一体化发展。坚持区域统筹，促进城乡互动、协调发展。加强分类指导，分层推进，形成不同特色和发展优势。

5. 创新推动，丰富内涵。坚持“自治、互助、共建、分享”的发展理念，积极探索社区建设新型模式，优化布局，整合资源，完善功能，丰富内涵，强化政策举措，推动共驻共建共享，实现发展成果普惠城乡社区全体居民。

（三）总体目标

“十二五”时期，全省城乡社区建设要以建设和谐社区为目标，以服务群众为重点，以居民自治为方向，以强化功能为核心，以体制创新为关键，不断深化城乡基层民主，切实加强群众自治组织建设，加快推进城乡社区建设，努力实现村（社区）管理体制更加健全，群众自治更加深入，社区服务体系更加完善，社区文化生活更加丰富，社区工作者素质更加优良，城乡基层社会更加稳定，全社会关心、支持城乡社区建设工作的良好氛围进一步形成。力争到2015年，全省创建5个全国和谐社区建设示范城区（县级市）和10个全国农村社区建设实验全覆盖示范县（市、区），创建50个省级和谐社区建设示范街道、100个省级和谐社区建设示范社区和600个全省精品农村社区，创建1000个以上设区市级和谐社区建设示范社区；城市社区服务设施覆盖率达90%以上，农村村级社区服务设施覆盖率达50%以上；城市社区注册志愿者达到居民人口总数的10%以上。

三、主要任务

围绕上述指导思想、基本原则和总体目标，“十二五”时期，坚持以完善自治促和谐，以优化管理促发展，以强化服务促提升，以健全机制促成效，努力实现全省城乡社区建设又好又快发展。

（一）完善基层群众自治体系

适应城乡社会结构、利益格局的调整变化，以《村民委员会组织法》和《居民委员会组织法》为依据，加强村（居）委会建设，深入推进民主选举、民主决策、民主管理、民主监督，进一步健全基层党组织领导下的充满活力的基层群众自治体系，保障城乡居民的民主政治权利。

1. 完善民主选举制度。健全村委会直接选举方式，扩大社区居委会直接选举的覆盖面，探索建立人户分离居民和流动人口在居住地参加选举的办法，建立农村进城务工人员融入城镇社区、参与城镇基层民主管理的制度。到2015年，全省城市社区居委会直接选举比例达80%以上，农村村委会“自荐直选”比例达到10%以上。

2. 完善民主决策制度。完善村（居）民会议和村（居）民代表会议制度，规范议事程序和议事规则。健全村（社区）党组织领导下的“两委”联席会和议事协商会制度，在农村大力推行“四议两公开”工作法，对涉及村（居）民切身利益的重大事情和重要公共事务进行议事协商、民主听证，不断提高民主决策水平。

3. 完善民主管理制度。进一步健全村（社区）党组织领导的充满活力的村（居）民自治机制，指导城乡社区组织居民依法制定自治章程、村规民约、居民公约，深入开展以自我管理、自我教育、自我服务为主要目的的民主管理实践，切实保障居民民主管理权利，不断提高村（居）民自治水平。

4. 完善民主监督制度。完善村（居）务公开制度，把村（居）民群众关心的大事和涉及群众切身利益的事情及时公之于众，接受村（居）民群众监督。组织村（居）民开展对与其日常生活紧密相关的公共服务工作的监督评议活动，切实提高城乡居民满意度。

（二）推进社区服务管理体制创新

把创新社区服务管理机制作为加强和创新社会管理的重要内容，着力破解制约社区建设发展的体制机制障碍，推进社区服务管理体制改革，推动社会管理重心向社区下移，充分发挥城乡社区在加强社会管理中的重要作用，努力实现政府行政管理与村（居）民自我管理的有效衔接，政府依法行政和社区依法自治的良性互动。

1. 深化城市街居体制改革。探索建立市、区、街、居、楼栋、社区志愿者“六级网络”的街居治理新机制，在最基层形成以社区党组织为核心、居委会为基础、楼院管委会为依托的新型社区治理结构。逐步理顺社区居民自治组织与基层政府及其职能部门的关系，明确各自的职能、权力和责任，做到各司其职，各负其责。处理好社区居委会与物业管理部门、业主委员会、各种社区服务组织及驻区单位的关系，指导和引导驻区单位、物业管理机构和社区民间组织积极参与社区事务管理。

2. 推进城乡社区网格化管理。在城市，采取精确定位的方式，将社区划分为若干管理网格，分层级配备管理人员，实行网格化、标准化、精细化管理和服务。在农村，以村落社区或村民小组为单位，实行区域性分块管理和服务，把社区管理各项任务和工作措施落实到城乡基层。

3. 探索农村社区建设新模式。把农村社区建设与新农村建设有机结合起来，深入推进包含村落社区建设在内的农村社区建设，实现“由点到面、增量发展”的目标。同时，积极引入城市社区建设理念，充分发挥政府职能部门和村级组织推进农村社区建设的作用，整合公共资源，不断探索农村社区建设的新模式，实现城乡社区的“无缝隙”管理。

4. 推行“开放式办公、一站式服务”。按照“最方便的空间留给居民办事、最宽敞的空间让给居民活动、最适当的空间作为社区办公”的要求，全面推行城乡社区工作人员集中办公、居民服务事项集中办理，充分发挥社区基础平台的最大效能。

（三）强化基础设施和功能布局

坚持从实际出发，适应群众需要、发展需要、管理需要，结合城市总体规划和新农村建设规划，加强社区基础设施建设，优化城乡社区布局，强化社区功能，推进城乡社区建设规范化、标准化，着力打造基层社会管理服务基础平台。

1. 优化城乡社区布局。按照便于管理、便于服务、便于居民自治的原则，进一步优化社区居委会和村委会设置，原则上一个居（村）委会设置一个社区，城市社区一般为2000—3000户、城镇社区1000—2000户、农村社区100—1000户，对规模偏大或偏小的社区逐步进行调整，进一步优化社区管理和服务半径，初步构建横向到边、纵向到底的社区服务管理网络。

2. 加强社区服务基础设施建设。力争到“十二五”期末，全省每个市辖区建有1500平方米以上的社区服务中心；每个县城镇和街道建有600平方米以上的社区服务中心；每个社区居委会建有300平方米以上的综合办公和服务设施，另建有适当的室外活动场所，并配置电脑、电话等相应的办公和服务设备；农村村落社区办公和服务用房得到妥善解决。

3. 合理设置社区服务项目。按照城市社区“7+X”、农村社区“10+X”设置为民服务项目。城市社区“7+X”为：在具备就业创业、民政社保、养老助残、医疗卫生、人口计生、文体教育、治安法律等七项基本服务前提下根据居民需求拓展X服务项目；农村社区“10+X”为：在具备城市社区七项基本服务基础上，增加农技推广、动植物防疫、为农代理三项基本服务，另根据居民群众需求拓展X服务项目。

（四）构建社区综合服务体系

充分发挥行政力量、志愿互助力量、市场力量的作用，以满足群众多样化需求为目标，努力构建服务内容丰富、服务主体多元、服务形式多样的社区综合服务体系。

1. 不断完善社区服务项目。整合政府部门的行政资源，完善“八大服务”：完善社区救助服务，让困难群众享有基本的医疗、教育、住房、养老、助残和生活供养等服务保障；完善社区就业和社会保障服务，着力解决群众就业困难尤其是“零就业家庭”的就业问题，方便社区居民和外来人员参加养老、医疗等社会保险；完善社区卫生服务，实现小病不出社区、大病社区推荐就医；完善社区人口计生服务，开展政策咨询和避孕节育、生殖保健、优生优育等指导，免费发放避孕药具、让外来人员充分融入当地社区；完善社区养老服务，提供居家养老服务和社区机构养老服务，实现老有所养；完善社区文化、体育和教育等服务，不断提高社区居民生活质量；完善社区治安调解服务，维护基层和谐稳定；完善农技咨询和生产资料服务，实现农业增产、农民增收。

2. 探索创新社区服务形式。充分发挥区（市、县）、街道（乡镇）、村（社区）社区服务中心（站）的中介、组织作用，开通“社区服务热线”，推广“一站式”、“一门式”服务，实现城乡社区服务资源的综合有效利用。加强政策引导，鼓励和支持大型服务企业兼并、控股属于集体所有的社区服务单位，个体经济参股或兴办社区服务企业，通过政府购买服务、资源整合等多种形式，促进城乡社区服务社会化、产业化发展。

3. 大力开展城乡社区志愿服务。引入志愿服务机制，大力倡导社区志愿服务，广泛动员社区党员、共青团员、公务员、专业技术人员、教师、社会体育指导员、青少年学生以及身体健康的离退休人员等加入志愿者队伍，优化结构，壮大力量。大力推行城乡社区志愿者注册制度，科学设置志愿服务途径，健全志愿服务网络。全省城市社区志愿者注册率占居民人口10%以上，农村占5%以上。

4. 引入社区社会化服务模式。切实转变政府职能，通过政府购买服务、设立项目资金等途径，积极培育社区社会组织，引导和扶持社区社会组织参与社区服务，并在机构审批、组织运作、活动场地等方面为其提供帮助，充分发挥其在社区管理服务中的作用，让城乡居民在参与活动中实现自我管理、自我教育、自我服务。

（五）加强社区人才队伍建设

坚持把强化社区人才队伍作为推进城乡社区建设发展之基，建立健全社区工作者培养、评价、使用、激励、保障等长效机制，建设一支以社区党组织和社区自治组织成员为骨干、社区专职工作人员为重点、政府派驻人员和其他社区服务从业人员以及社区志愿者为补充的社区工作人才队伍，切实增强社区服务管理能力。

1. 选优配强居（村）委会成员。依照法律法规，选齐配强社区（村）“两委”班子成员，鼓励“两委”成员交叉兼职；健全居（村）委会下属人民调解、治安保卫、公共卫生、计划生育、文化体育等各类委员会，健全社区工会、共青团、妇联、残协、老年协会等群团组织，选齐配强居民小组长。

2. 拓展社区干部来源渠道。根据工作需要，面向社会公开招聘，配备一定数量的专职社区工作者。积极开发社区服务工作岗位，扩大就业范围，吸纳更多的人员从事社区服务工作。扩大社区服务人员的来源渠道，鼓励党政机关和企事业单位工作人员到社区帮助工作，鼓励大中专毕业生、复转军人、社会工作人员以及聘用期满、考核合格的大学生村官等优秀人才到社区工作，优化社区服务人才结构。

3. 建立健全社区服务人才培养制度。按照长远培训有规划、年度培训有计划、培训经费有来源、培训效果有保障的要求，健全培训制度，建立培训基金，定期开展对社区服务人员的培训活动，不断提高其工作能力。鼓励社区服务人员立足岗位、自学成才，建立相应激励机制，对取得社会工作职业资格证书等相应资格和学历的人员，采取适当方式予以奖励。积极把优秀社区工作人员培养成中共党员，积极推荐符合条件的优秀社区工作人员担任各级党代表、人大代表、政协委员和劳动模范，完善从优秀社区干部中考录公务员制度。探索建立从优秀社区主任（书记）和有一定工作经历的优秀大学生社区干部中，通过公开竞争方式选任街道（乡镇）机关、事业单位领导干部制度。

4. 切实落实社区干部待遇。积极落实社区干部报酬，使其标准原则上不低于上年度当地社会平均工资水平，并按国家有关规定参加基本养老、失业、基本医疗、生育、工伤保险，有条件的地方逐步落实住房公积金政策。

5. 强化社会工作人才支撑作用。在城乡社区和社会组织中大力开发社会工作岗位，吸纳社工人才从事城乡社区和社会组织工作，推进社工人才职业化建设；鼓励社区工作者和社会组织从业人员参加全国社会工作者职业水平考试，不断提高社会工作从业人员职业素质和专业水平。

（六）统筹推进城乡社区建设

按照城乡有别、区域分类、因地制宜的城乡社区发展思路，坚持以城带乡、区域联动、优势互补，有效实施分类指导、分层推进，促进区域协调发展，全面提升城乡社区整体发展水平。

1. 加快推进以城带乡社区建设。积极推进公共资源向农村延伸，逐步实现基本公共服务均等化；积极推进先进理念向农村拓展，把市场化、社会化服务机制引向农村，以农村社区综合服务中心（站）为载体，不断完善服务功能，为广大农民提供信息咨询、技术培训等综合性服务；积极推进现代文明向农村传播，把文化、体育、教育、娱乐等设施引进农村，对农村社区水环境进行整治，广泛开展文体娱乐活动，满足农村居民精神文化需求。

2. 着力推动农村社区创建活动。大力指导农村社区建设全覆盖创建工作，力争“全国农村社区建设全覆盖示范县（市、区）”数量不断增加。全面开展“精品农村社区”创建工作，树立标杆，以点带面，提升农村社区建设整体水平。力争“十二五”期间全省创建全国农村社区建设全覆盖示范县（市、区）10个，创建命名“精品农村社区”600个。

3. 大力开展城乡社区互动活动。按照以城带乡、就近结对、城乡互惠的原则，通过在社区管理经验、文化教育、人口计生、劳动就业、扶贫帮困等多方面开展对接互动，实现城市与农村社区优势互补、良性互动，统筹推进城乡社区协调健康发展。全省城乡互动结对社区达1000对以上。

四、重点项目

“十二五”期间，重点实施城乡社区基础设施建设工程、城乡社区信息化工程、社区工作者业务培训工程和“三社联动”机制建设工程。

（一）城乡社区基础设施建设工程

1. 科学规划城乡社区基础设施建设。结合城市新区开发、老城区改造提升和新农村建设，将社区工作用房和服务设施纳入城乡规划、土地利用规划和社区发展专项规划，按照便于管理、便于服务、便于居民自治的原则，合理布局城乡社区基础设施，搭建为民服务基础平台。

2. 着力打造城乡社区示范点。争取国家社区建设项目支持和省级福彩公益金资助，推进城乡社区示范点建设。制定《江西省福彩公益金资助社区示范点建设实施方案》，统筹项目布局，分期分批安排社区示范点建设，着力打造一批设施齐全、内容丰富、功能完善的城乡社区示范点，发挥示范带动作用。

3. 全面建设社区综合服务平台。制订实施县（市、区）、街道（乡镇）、村（社区）三级社区综合服务平台建设规划，分级确定建设标准，实行“一站式”服务。分类设定社区办公、服务和活动用房建设标准，设置居民议事室、多功能活动室、综合服务室（大厅）、卫生室、文化室（其中公共电子阅览室不得少于40平方米）、警务调解室、综合办公室等功能区，村级综合服务中心还应具备生活日用品超市和农资超市等功能。有条件的地方要尽可能考虑到场地的无障碍建设。

（二）城乡社区信息化工程

1. 科学制定社区信息化发展目标。以建立居民、家庭、社会组织、社区活动电子档案为基础，推行“信息化、数字化”管理服务方式，将社区信息化建设纳入当地信息化建设的总体规划，实现社区服务队伍、服务人员、服务对象信息数字化，改进信息技术装备条件，完善社区服务设施网络环境，形成互联互通共享的信息服务系统，建立集行政管理、社会事务、便民服务为一体的综合信息网络平台。

2. 推进社区信息化建设。推动社区服务中心、社区服务站接入宽带网络。推动社区网络和信息资源整合，鼓励建立覆盖区（市、县）或更大范围的社区综合信息管理和服务平台，实现数据一次采集、资源多方共享。推动各地设置统一的社区服务电话号码，逐步建立社区老年人、残疾人呼叫保障系统，推进社区信息亭、公共电子阅览室等公益性信息服务设施建设。推动省、市、区（市、县）、街道（乡镇）、社区（村）信息管理系统实现联网。

（三）社区工作者业务培训工程

1. 科学实施分层培训计划。省、市每两年至少对区（市、县）、街道（乡镇）分管负责同志进行一次培训，提高指导城乡和谐社区建设管理工作能力。区（市、县）、街道（乡镇）对社区党组织书记、居委会主任每年至少培训一次，对其他工作人员每两年至少培训一次，切实增强社区干部管理和服务社区的能力。

2. 努力提升社区工作者职业化专业化水平。建立健全社会工作专业培训制度，加强社会工作服务人才职业能力建设，重点对城乡基层自治组织、社区服务组织、公益慈善类社会组织中直接从事社会服务的人员进行系统化的社会工作专业知识培训，切实提高其职业素质和专业水平。重点加大社会福利、社会救助、社区服务、残障康复、婚姻家庭、职工帮扶等社会服务机构管理人才培养力度，提高社区管理服务的科学化水平。

（四）“三社联动”机制建设工程

全面落实社会管理创新工程要求，以加强社区建设、培育社会组织和发展社会工作人才队伍为着力点，不断加强“三社联动”，提升社区服务的社会化、专业化水平，促进社区居民自治。

1. 先行培育典型。2012 年，选择“三社联动”机制建设基础较好的 10 个区（市、县）先行试点，积极探索，积累经验，培育一批具有示范性的典型模式。

2. 逐步总结推广。2013 年，在总结试点经验的基础上，进一步完善具有普及效应的“三社联动”机制，全省 40% 的区（市、县）全面建立“三社联动”机制。

3. 全面运行实施。2015 年，全省基本实现“三社联动”机制建设全面运行实施，有效形成社区、社会组织和社会工作专业人才良性互动、有效衔接的服务管理格局。

五、保障措施

（一）强化组织领导

各级党委、政府要把城乡社区建设作为构建社会主义和谐社会的基础工程，摆在更加突出的位置，列入重要议事日程，切实强化工作措施，形成主要领导负总责、分管领导具体抓、相关部门合力抓的格局。及时调整充实城乡社区建设领导工作机构，将社区建设发展项目和重点工程纳入国民经济和社会发展规划，纳入城乡建设规划，制定出台和谐社区建设“十二五”规划，制定“建设和谐社区示范单位”创建活动的具体方案和年度计划。落实责任制，将社区建设的工作任务细化到具体的部门和负责人，建立激励机制和奖惩办法，确保社区建设的各项任务落到实处。重点解决社区居委会工作负担较重的问题，落实社区工作的由社区建设工作领导小组统一研究、统一部署、统一检查，“一个口子”下达任务、“一个口子”研究工作的措施，各部门不得随意向社区摊派任务。加强协调配合，积极发挥各部门职能作用，形成党委领导、政府负责、民政牵头、部门配合、社会支持和居民参与的社区建设工作推进机制。

（二）加大经费投入

将社区建设经费投入纳入各级财政预算，进一步完善以政府分级投入为主、社会力量积极参与的社区建设投入机制，切实保障社区基础设施建设、公共服务机构建设、社区工作人员培训等必要的经费。鼓励企事业单位、社会团体、个人和外资以多种形式投入社区建设，向社区居民开放内部服务设施和活动场所，形成共驻共建机制。切实提高城市社区工作经费和社区干部待遇，确保城市社区干部待遇原则上不低于上年度社会平均工资水平，并解决好养老、医疗和工伤保险问题。

（三）建立准入制度

严格社区公共服务事项准入制度，对确需进入社区的行政事务由社区建设工作领导小组指定的协调机构统一审批，凡属于基层人民政府及其职能部门、街道办事处职责范围内的事项，一律不得转嫁给社区；凡依法应当由社区协助的事项，要为其提供必要的经费和工作条件；凡委托社区办理的有关服务事项，应当按照“权随责走、费随事转”的原则，实行购买服务。对于未纳入准入目录的行政事务，社区有权拒绝办理。规范面向社区的各类检查评比和创建达标活动，大力压缩针对社区的各种会议、台账、材料、报表。各地执行统一的全省城乡和谐社区建设评价标准，开展综合性的“和谐社区”创建活动，其他涉及社区的考核评比活动一律取消。

（四）加大政策扶持

制定完善城乡社区建设扶持政策，通过减免税费，放宽条件，充分调动社会力量参与城乡社区建设的积极性；规范商品房开发建设，严格规划审批程序，在销售前必须将社区工作用房和居民公益性服务设施配套到位；通过价格调控按照当地居民使用价格标准收取城乡社区服务设施的供暖、水电、煤气、通信等费用；通过改进招录政策，加大从优秀社区干部中考录公务员和选任街道（乡镇）机关事业单位领导干部力度，增强城乡社区建设发展活力。

江西省人民政府办公厅关于印发江西省城乡社区服务体系建设规划（2011—2015年）的通知

（赣府厅发〔2012〕67号）

各市、县（区）人民政府、省政府各部门：

《江西省城乡社区服务体系建设规划（2011—2015年）》已经省政府同意，现印发给你们，请认真贯彻执行。

二〇一二年九月十日

江西省城乡社区服务体系建设规划（2011—2015年）

为统筹推进我省城乡社区服务体系建设，加强和创新社会管理，强化社区自治和服务功能，根据《国务院办公厅关于印发社区服务体系建设规划（2011—2015年）的通知》（国办发〔2011〕61号）、民政部、国家发展和改革委员会印发的《民政事业发展第十二个五年规划》（民发〔2011〕209号）和《江西省国民经济和社会发展第十二个五年规划纲要》（赣府发〔2011〕11号），制定本规划。

一、发展基础和面临形势

社区服务体系，是指以城乡社区为基本单元，以各类社区服务设施为依托，以社区全体居民、驻社区单位为对象，以公共服务、志愿互助服务、便民利民服务为主要内容，以满足社区居民生产生活需求、提高社区居民生活质量为目标，党委统一领导、政府主导支持、社会多元参与的服务网络及运行机制。

至2010年底，全省有100个县（市、区）、141个城市街道、3075个城市社区、1398个乡镇、16905个村委会、30454个村落社区。“十一五”期间，全省各地普遍开展了社区服务工作，社区服务内容不断拓展、形式不断丰富、机制不断健全、功能不断完善、整体水平逐步提升。一是社区服务政策逐步完善。出台了《江西省人民政府关于加强和改进城乡社区服务工作的意见》（赣府发〔2006〕20号）、

《江西省城乡社区建设“十一五”规划（2006—2010年）》等相关文件和政策，为社区服务的发展提供了政策保障。二是政府公共服务逐步向社区延伸。以劳动就业、社会救助、社会保险、社会治安、医疗卫生、计划生育、文化、教育、体育、环境保护等为主要内容的政府公共服务逐步覆盖到城乡社区，社区居民群众就业、上学、看病、娱乐等方面的问题在社区得到一定程度的解决。三是社区服务设施建设取得初步成效。“十一五”期间，全省新增社区办公用房17万平方米，比2005年增长近50%；有16个社区服务设施建设项目得到国家发改委和民政部的扶持，建成14个街道社区服务中心、56个社区服务站、2个区级社区信息化综合服务平台，中央扶持资金2915万元。截至2010年底，全省有城镇社区服务设施4880个、城镇便民利民服务网点12.5万个、社区卫生服务中心158个、社区卫生服务站425个、社区文化中心（室）616个、社区图书室1439个、社区人力资源和社会保障工作机构1347个、社区警务室（站）1708个、社区体育设施面积21万多平方米。四是社区信息化服务取得突破。2007年1月，全省社区信息化综合服务平台——“江西社区网”开通运行，统一设置了省、设区市、区（县、市）、街道（乡镇）、居（村、村落社区）五级网站，网络覆盖所有城乡社区，初步实现了社区办公的自动化、社区管理和服务的信息网络化。五是社区服务队伍不断壮大。至2010年底，全省有社区居委会成员和专职工作人员1.5万余人，村委会成员6万余人，城乡社区服务志愿者58万多人。六是市场化服务不断推进。在政策的扶持下，各类社会组织、企业和个人积极参与社区服务，进一步拓展了社区服务领域，推动了社区服务市场化运作、实体化经营、产业化发展。

通过“十一五”期间的努力，全省城市社区服务正逐步形成体系，农村社区服务打下了一定基础，但我省社区服务体系建设仍然处于初级阶段，还有许多困难和问题需要解决。社区服务基础设施整体落后，社区办公用房和服务用房面积偏小；城乡社区服务项目和服务质量参差不齐，农村社区服务处在起步阶段；社区服务内容不够丰富，服务形式单一；社区服务人才短缺、素质不一、结构亟待优化；社区服务体制亟待完善，优惠政策亟待健全。

“十二五”时期是我省建设鄱阳湖生态经济区、构建社会主义和谐社会、全面建设小康社会的关键时期。顺应社会结构分化重组、社会需求日益多样化的发展趋势，加快城乡社区服务体系建设，有效承接社会管理和公共服务职能，满足社区居民个性化、多元化的服务需求，及时化解基层社会矛盾，有助于促进社会和谐，维护社会稳定，为建设富裕和谐秀美江西奠定坚实的基础。

二、指导思想、基本原则和发展目标

（一）指导思想

以邓小平理论和“三个代表”重要思想为指导，深入贯彻落实科学发展观，按照城乡统筹协调发展的要求，以建设城乡和谐社区为目标，以不断满足社区居民的物质文化生活需要为出发点，以社区综合服务设施建设为抓手，促进政府公共服务、居民志愿互助服务、商业性便民利民服务向社区覆盖，逐步建立面向全体社区居民，主体多元、设施配套、功能完善、队伍健全、机制合理的城乡社区服务体系，不断满足城乡居民日益增长的社区服务需求。

（二）基本原则

1. 坚持以人为本。以提高社区居民生活质量为出发点和落脚点，着眼于人民群众最关心、最直接、最现实的问题，通过及时提供服务，排解社区居民困难，方便社区居民生活，使社区服务覆盖到社区全体成员。

2. 坚持统筹推进。统筹城乡社区服务体系规划、设施建设、资源配置、队伍建设和产品供给，坚持以城带乡、以乡促城、优势互补、共同提高，逐步建立城乡统一的社区公共服务制度，促进城乡社区基本公共服务均等化。

3. 坚持多元化发展。发挥政府支持引导作用，鼓励扶持民间组织、驻社区单位和企业及城乡居民个人参与社区服务，针对不同服务对象开展多种形式的无偿、低偿和有偿服务，逐步实现社区服务社会化、多样化、专业化。

4. 坚持因地制宜。从各地实际出发，根据经济发展水平、自然条件、居民需求，区分不同类型的社区服务，确定建设重点，实行分类指导。既要整体推进，又要解决薄弱环节、重点项目和关键问题；既要坚持广受居民欢迎的传统服务方式，又要善于运用现代科技手段，提高社区服务水平。

（三）发展目标

按照加强和创新社会管理、统筹推进城乡社区建设的总体要求，完善新型社区管理和服务体制，强化社区服务体系建设，兼顾城乡特点，逐步缩小差距，到2015年构建起较为完善的城乡社区服务设施、服务内容、服务队伍和运行机制。

1. 社区服务设施更加健全。力争到“十二五”期末，建设完善一批集党建、人力资源和社会保障、社会救助、医疗卫生、人口计生、社区治安、法律服务、文化、教育、体育和便民利民等多项功能为一体的城市社区服务中心（站、点）和农村村级社区服务中心，使城市社区服务设施覆盖率达到90%，农村村级社区服务设施覆盖率达到50%，每百户居民拥有的城乡社区综合服务设施面积不低于20平方米。进一步推进社区服务信息化建设，“十二五”期末，全省各设区市建成市级社区服务信息网络平台，所有区（县、市）建成社区综合服务信息平台，进一步提高社区信息装备条件和社区服务的信息化水平。

2. 社区服务内容不断丰富。推动社区基本公共服务广覆盖，群众性互助和志愿服务制度化，社区专业服务和商业服务加快发展，建立公共服务、志愿互助服务、商业性便民利民服务有效衔接的社区服务内容体系。到“十二五”期末，实现社区基本公共服务、志愿互助服务、便民利民服务全覆盖。

3. 社区服务队伍日益壮大。扩大来源渠道，提高社区服务人员的专业化、职业化水平，大力推行社区志愿者注册登记制度。到“十二五”期末，新增社区服务从业人员50万人，每个社区至少拥有一名大学生或一名社会工作专业人员，80%以上的社区党员和30%以上的社区居民参与社区志愿服务活动，基本形成一支专业素质较高、服务能力较强、社区居民满意的社区服务队伍。

4. 社区服务体制机制逐步完善。完善社区服务体系建设的法规政策，推动理论创新、实践创新、制度创新，理顺社区内外权责关系，健全政府部门间协调机制、政府与社区间合作机制、社区组织间互动机制，优化社区服务发展的制度环境，基本建立多方参与、优势互补、利益协调、规范有序的社区服务运行机制。力争到“十二五”期末，80%以上的社区居委会实行直接选举，每个社区拥有5个以上的社区社会组织，80%以上的驻区单位与社区签订共驻共建协议。

三、重点任务

（一）发展多层次、多样化的社区服务

1. 大力推进公共服务覆盖到社区。依托各级社区综合服务设施，广泛开展面向全体社区居民的劳动就业、法律服务、法律援助、人民调解、工会维权、普法教育、社会保险、社会服务、医疗卫生、计划生育、文体教育、社区安全、科普宣传、流动人口服务管理、农技推广、动植物疫病防控和农产品质量监督等服务项目，切实保障优抚对象、老年人、残疾人、未成年人、五保对象、低保对象、农村留守人员等特殊群体的基本需求。做好刑释解教人员、社区服刑人员管理服务工作。加强和改进对农民工及其子女的公共服务和社会管理。

专栏　“十二五”期间社区公共服务发展的目标任务

——发展社区劳动就业、社会保障和社会服务。加强街道（乡镇）和城乡社区劳动就业和社会保障以及社会服务平台建设，发布招聘信息，为社区大中专毕业生、困难人员和外来务工人员等群体提供就业援助。大力发展以家政服务、养老服务、社区照料服务和病患陪护服务等为重点的家庭服务业。积极推进企业离退休人员社会化管理，协助做好企业离退休人员社会保险、农村社会养老保险、城乡居民医疗保险等政策宣传、信息采集、资格审查和档案维护等工作。加强城乡最低生活保障、临时救助等社区救助服务工作。发展社区慈善事业，加强对社区捐助接收站点、“爱心超市”、“慈善超市”的建设和管理，为社会困难群体开展多元化服务。

——发展社区医疗卫生服务。以社区老年人、未成年人、育龄妇女、残疾人

等群体为重点服务对象，开展疾病预防、妇幼保健、健康教育、残疾人康复等工作，提供常见病、多发病的一般诊治和转诊服务。普及疾病预防、卫生保健和计划生育知识，引导和帮助社区居民建立良好的卫生习惯，提升社区居民自我保健能力。

——发展社区文化、体育、教育服务。繁荣发展社区文化，建设社区读书、电子阅览、健身、文艺活动场所，配备社区体育健身设施，积极开展群众喜闻乐见、健康有益的文化活动和体育健身活动。支持社区文化体育类社会组织建设，丰富社区居民精神文化生活。整合社区学院、市（农）民学校等各类教育资源，构建社区教育网络，普及科学文化知识，建设学习型社区。社区普遍建有体育场地，配有体育设施，50%以上的城市、城区建有“全民健身活动中心”，50%以上的街道、社区建有便捷、实用的体育健身设施，80%的街道建有体育组织，城市社区普遍建有体育健身站（点），50%的农村社区建有体育健身站（点）。

——发展社区法律、治安服务。完善社区综合服务设施的法律、治安服务功能。推动人民调解、安置帮教、法制宣传教育、法律援助等服务进社区，实现法律服务在社区全覆盖。深入推进社区警务战略，加强群防群治队伍建设，全面提高社区治安综合治理水平。健全社区居民内部利益协调、诉求表达、矛盾调处和权益保障机制，利用基层社区组织优势开展信访接待、人民调解服务，改善社区人际关系。开展经常性普法教育和法律援助进社区活动，做好社区青少年违法犯罪预防、社区矫正、社区戒毒和刑释解教人员帮教安置工作，维护社区和谐稳定。

——发展社区环境保护服务。大力开展爱国卫生运动，加强以农村社区为重点的卫生环境整治和环境污染治理工作，实施农村清洁过程，完善社区生产生活垃圾、污水处理体系，在农村社区实施改水、改厨、改厕、改圈，实现社区道路硬化、水源净化、街灯亮化、植被绿化和环境美化，不断改善社区卫生条件和人居环境，加强社区环境保护宣传，增强居民环保意识。完善社区灾害处置预案，加强防灾减灾避灾自救能力。改善农村社区水环境，通过水系沟通、河道疏浚、岸坡整治、生态修复等措施，实现河畅水清、岸绿景美、功能齐全、人水和谐。

——发展农村社区生产服务。立足发展现代农业的基本要求，逐步健全农业技术推广、动植物疫病防控和农产品质量监管等社区公共服务站点，积极培育各类专业合作经济组织，构建综合服务和专项服务相协调的农村社区生产服务网络，提高农村社区服务农业生产能力。根据农村居民需求，提供农资营销、农技咨询、农村富余劳动力转移就业等生产性服务。积极推进农村用水户协会等用水管理服务组织建设，加强节约用水的宣传工作。

——发展社区养老服务。积极应对人口老龄化，注重发挥家庭和社区功能，加快社区老年日间照料服务中心建设，大力开展社区居家养老服务，为老年人特别是空巢老人、留守老人、高龄老人以及生活贫困老人提供安全守护、餐饮配送、医疗保健、心理慰藉、日间照料等服务项目，提高为老服务水平和老年人生活质量。新建社区综合服务设施中要为社区养老服务设施预留一定空间。

——发展社区人口和计划生育服务。以社区育龄人群为重点服务对象，提供计划生育宣传教育、政策咨询、技术服务、优生优育指导、药具发放、随访服务、生殖保健、人员培训、流动人口计划生育服务及计划生育行政和事务办理、实有人口动态信息采集等服务。引导和帮助社区居民树立科学、文明、进步的婚育观念，自觉实行计划生育。

2. 大力发展社区志愿服务。大力弘扬社区志愿服务精神，培训组织、发展队伍、健全机制，逐步建立起党委政府倡导、社区组织扶持、专业社工引领、驻区单位和居民广泛参与的社区志愿服务新格局。根据社区居民构成，培育不同类型、不同层次的社区志愿服务组织。积极推行社区志愿者注册制度，动员共产党员、共青团员、公务员、专业技术人员、教师、社会体育指导员、青少年学生以及身体健康的离退休人员等加入志愿者服务队伍。到“十二五”期末，实现注册社区志愿者达到本地区居民总数10%以上的目标。倡导并组织社区居民和驻区单位开展社会捐赠、互帮互助等活动，为老弱病残、优抚对象等社区困难群体提供帮扶服务。加强志愿服务管理，建立健全激励保障机制，推动社区志愿服务规范化、制度化、法制化。

3. 大力发展便民利民服务。加强政策引导，鼓励和支持社会力量广泛参与，逐步建立起政府扶持、企业和居民主办、社区组织帮助的社区便民利民服务新格局。鼓励和支持各类组织、企业和个人兴办居民服务业，重点发展社区居民购物、餐饮、维修、美容美发、洗衣、家庭服务、物流配送和再生资源回收等服务。鼓励有实力的企业运用连锁经营的方式到社区设立超市、便利店、标准化菜店等便民利民网点。鼓励邮政、金融、电信、供销、燃气、自来水、电力等公用事业单位在社区设点服务。继续实施以“便利消费进社区、便民服务进家庭”的社区商业“双进工程”，初步建立规划合理、结构均衡、竞争有序的社区商业体系。积极推动驻区单位后勤服务社会化。建立社区管理和物业管理联动机制，提高物业服务质量。

（二）完善社区服务设施网络

加大社区服务基础设施建设投入，综合考虑服务人群和覆盖半径，通过新建、改扩建、购置、合并调整等多种形式，逐步建立起社区、街道（乡镇）和区（县、市）三级综合服务设施为主体、专项服务设施为配套、服务网点为补充、社区信息平台为支撑，既分工又协作的社区服务设施网络。

1. 加强社区服务站建设。按每个城乡社区至少建设一个综合性、多功能的社区服务站的目标，大力加强社区服务站建设。社区服务站主要功能：一是组织居民开展民主议事、纠纷调解、公益慈善、邻里互助、志愿服务等活动；二是代办代理公共服务事项，保障各项公共服务覆盖到社区全体居民；三是为社区居民提供文体教育、健康休闲、养老抚幼、困难帮扶、信息邮政、家庭服务等便民利民服务；四是为社区党组织和自治组织提供办公和活动场所；五是采集基础信息，反映居民诉求。在社区综合服务设施功能难以覆盖的自然村（居民区），可建设一批具有专项服务功能的服务网点，满足社区居民最直接、最迫切的服务需求。

2. 加强街道（乡镇）社区服务中心建设。到“十二五”期末，实现每个街道（乡镇）至少拥有一个综合性的社区服务中心的目标。街道（乡镇）服务设施的主要功能：一是采集汇总社区基础信息，办理社会管理和公共服务事项；二是开展文化体育、医疗卫生、计划生育、劳动就业和社会保障、社会服务、生活便利等服务活动；三是培育发展社区社会组织，指导和协调社区服务站、社区社会组织开展服务项目。

3. 加强区（县、市）社区服务中心建设。根据实际需要，建设以规模化和特色服务为主的区（县、市）社区服务中心。区（县、市）社区综合服务设施主要功能：一是向辖区单位和居民及流动人口提供法律政策咨询和公共服务。二是培育和发展社区社会组织。三是组织居民开展科普教育、健康休闲、文体娱乐、法律援助等活动。四是指导和监督街道（乡镇）、社区两级服务中心开展社区服务活动。五是依托社区综合信息服务平台提供信息服务。

4. 大力发展城乡社区信息化建设。依托“江西社区网”，以区（县、市）或更大范围为单位，建设覆盖城乡社区各类业务、以社区综合数据库为基础、渠道界面统一的社区综合信息网络平台，全面支撑城乡社区服务和管理工作，并与电子政务、电子商务有效衔接。区（县、市）政府负责统筹社区信息网络建设，规范社区信息的采集和应用，拓展和整合社区信息化服务渠道，对在不同层级、不同部门、分散孤立、用途单一的各类社区信息系统，进行优化整合，逐步实现“一网式”、“一号式”服务。加快推进社区安保电子监控系统、电子阅览室、信息亭、信息服务自助终端、多功能金融服务终端等设施建设。“十二五”期间，全省所有市辖区60%以上的街道、80%以上的社区要建立起服务信息网络平台。

按照人口规模适度、管理服务方便、资源配置有效、功能相对齐全、社区居民自愿的要求，以区（县、市）为单位，制定城乡社区服务设施建设规划，合理确定社区服务设施数量、布局选址、建设方式、功能划分。注重资源整合，提倡一室多用，除卫生等专业性较强的社区服务设施可单独设立外，其他以社区为对象的公共服务、便民服务、志愿服务一般在综合性社区服务设施中提供，避免重复建设。

（三）加强社区服务人才队伍建设

建设一支以社区党组织和社区自治组织成员为骨干、以社区专职工作人员为重点、以政府派驻人员、其他社区服务从业人员和社区志愿者为补充的社区服务人才队伍。

1. 充实壮大社区（村）“两委”干部队伍。依章依法选优配强社区（村）“两委”班子，逐步扩大社区居委会直接选举范围，完善村委会直接选举制度。健全居（村）委会下属人民调解、治安保卫、公共卫生、人口计生、群众文化等各类委员会，健全社区共青团、妇联、残协、老年协会等群团组织，选齐配强居（村）民小组长和社区楼院门栋长。

2. 积极推进社区服务人才队伍专业化、职业化。根据工作需要，面向社会公开招聘，配备一定数量的专职社区工作者。从 2012 年起，每年从聘用期满、考核合格的大学生村官（主要是女大学生村官）中招聘一批社区工作人员。积极开发社区服务工作岗位，扩大就业范围，吸纳更多的人员从事社区服务工作，社区残协选聘残疾人专职委员或社区康复协调员，对口服务残疾人群体。扩大社区服务人员的来源渠道，鼓励党政机关和企事业单位工作人员到社区帮助工作，鼓励大中专毕业生、复转军人、社会工作者等优秀人才到社区工作，优化社区服务人才结构。

3. 建立和健全社区服务人才培养制度。按照长远培训有规划、年度培训有计划、培训经费有来源、培训效果有保障的要求，健全培训制度，建立培训基金，定期开展对社区服务人员的培训，不断提高其工作能力和整体素质。鼓励社区服务人员立足岗位，自学成才，对取得社会工作职业资格证书等相应资格和学历的社区工作人员，采取适当方式予以奖励。建立健全人才激励制度，依照相关法律政策规定落实社区服务人员的生活补贴、工资、社会保险等福利待遇。关心社区服务人才的成长进步，探索建立培养发展党员，选拔基层干部，推荐党代表、人大代表、政协委员和劳动模范等方面的制度。

（四）建立健全社区服务体制机制

1. 建立健全社区服务组织。建立健全社区党组织、群众组织、社区居民自治组织。辖区人口较多的，可根据工作需要建立社区专业服务机构，实现对社区全体成员的全员管理和无缝隙管理服务。大力培育社区公益性、服务性、互助性社会组织，注重培养社区社会组织负责人队伍，对不具备登记条件的社区社会组织实行备案制度，并在组织运作、活动场地等方面为其提供帮助。加大政策扶持力度，通过政府购买服务、设立项目资金和活动经费补贴等途径，积极引导各类社会组织和志愿者参与社区管理和服务。支持工会、共青团、妇联及残联、老龄协会、计生协会、慈善协会等群众组织发挥各自优势积极参与组织社区服务活动。

2. 理顺职责权限及相互关系。普遍推行社区公共服务事项准入制度，凡区（县、市）、街道（乡镇）层面能办理的社会管理和公共服务事项不再向社区延伸；凡属于基层政府及其职能部门、街道办事处职责范围内的事项不得转嫁给社区组织；凡依法应由社区组织协助的事项应当为社区组织提供必要的经费和工作条件；凡委托给社区组织办理的有关服务事项，应当实行“权随责走、费随事转”。将制度创新和技术创新结合起来，积极推进社区公共服务的“一站式”服务机制，整合政府各部门在城乡基层的办事机构，减少管理层次，合并相近或相同的服务项目，整合服务资源，优化人员结构，精简服务流程，增强服务能力。进一步健全和完善共驻共建机制，扩大驻区单位参与社区服务的功能。

四、重点工程

（一）社区公共服务设施建设工程

1. 建设内容。“十二五”期间，以居民需求为导向，按照“面向基层、完善功能、整合优先、填平补齐、规范建设、形成网络”的原则，全省规划建设100个街道（乡镇）社区服务中心和500个社区服务站，建筑面积30万平方米。建成完善一批集党建、人力资源社会保障、社会救助、医疗卫生、人口计生、社区治安、文化、教育、体育、养老托幼、残疾人康复、便民利民等多项功能为一体的区（县、市）、街道（乡镇）综合社区服务中心、城乡社区服务站，构建以社区为基础的城乡基层社会管理和公共服务平台，提升社区基本公共服务能力。

2. 建设方式。充分利用现有公共设施，通过新建、改扩建、购置改造等方式改善服务条件。有条件的地方要根据实际情况对各类社区专项服务设施进行合理整合，统筹建设。

（二）社区服务人才队伍建设工程

1. 建设内容。建立社区服务人才职业化、专业化标准体系和评估制度，加强对社区服务人员的教育培训，推行社区志愿者注册登记制度。

2. 建设方式。积极落实“一社区一名大学生”政策，实施2万名大学生服务社区计划。支持社区服务人员参加各种职业资格考试和学历教育，对社区服务人员进行系统培训，每名社区服务人员至少培训一次。依托省内高等院校、科研机构、各类培训机构，设立1个省级社区服务人才培训基地，11个市级社区服务人才培训分支基地。普及应用社区志愿者注册登记系统，注册社区志愿者达到本地区居民总数10%以上，每个社区拥有5支以上志愿者服务队伍。

（三）社区服务信息化建设工程

1. 建设内容。建立居民、家庭、社会组织、社区活动电子档案，实现社区服务队伍、服务人员、服务对象信息数字化，改进信息技术装备条件，完善社区服务设施网络环境，并逐步规范化、标准化，形成互联互通共享的信息服务系统。

2. 建设方式。依托社区服务设施，整合各类信息服务资源，建设多种类型的社区服务信息网络，加快社区服务信息化建设步伐。推动“江西社区网”的普及运用，推进信息资源整合，实现数据一次采集、资源多方共享。优化区（县、市）、街道、社区等面向社会公众和企事业单位服务的流程，逐步实现行政管理、社会事务、便民服务等社区管理服务一体化，逐步健全新型社区管理和服务模式。推动各地设置统一的社区服务电话号码，逐步建立社区老年人、残疾人呼叫保障系统，推进社区信息亭、公共电子阅览室等公益性信息服务设施建设。

五、政策措施与组织保障

（一）加强组织领导

建立省社区建设工作领导小组成员单位联席会议制度，定期研究社区服务体系建设有关事宜。进一步明确有关部门在社区服务体系建设中的工作职责，制定各项目标任务分解落实方案，明确各部门分工任务，统筹协调社区服务体系建设中的重大问题，研究落实重大问题和重点工作。改革创新社区服务设施运行机制，形成推动社区服务体系发展的合力。各级政府要切实按照国家和省里关于加强和改进社区服务工作的意见要求，将加强社区服务体系建设工作列入重要议事日程，纳入当地国民经济和社会发展规划，在人、财、物等方面提供保障。要加强宣传和引导，让全社会关心、重视、支持社区发展，营造共建社区服务体系的良好氛围。

（二）加强制度建设

按照有关法律法规和政策规定，制定完善全省社区服务体系建设的规章制度。坚持规划先行，完善功能，健全制度，以区（县、市）为主，分工协作，形成合力。各级政府要合理制定社区服务设施布局和建设规划，优化建设资金资源配置，提高社区服务体系建设的科学性和规范性。研究制定基层政府及其派出机关指导社区工作规则、社区服务标准体系及管理办法、社区公共服务目录及准入制度、社区社会组织培育等方面的法规制度，形成较为完善的社区服务法规、制度和标准体系。

（三）强化政策扶持

各级政府和相关部门要进一步完善和落实扶持政策，将社区服务体系建设纳入城乡规划和土地利用总体规划，对社区公共服务设施建设用地，按照法律、法规和规章可以采取划拨方式供地的，地方政府要切实予以保障；对于一般性社区服务设施建设用地，应当采取有偿方式供地。对闲置的公办学校、宾馆、培训中心、福利设施、办公用房，优先用于兴办社区服务事业。加快制定社区服务公用事业收费、社会保险补贴、工商和社会组织登记等优惠政策，鼓励发展社区服务业。

（四）建立投入机制

社区服务体系建设与发展所需资金由财政资金、社会资金等多方面筹措安排。各级政府应加大财政投入，多渠道筹集社区服务体系建设资金。要按有关规定区分不同情况，对社区服务设施建设与维护经费、社区服务人员报酬、社区服务工作经费、社区服务信息化建设经费等，采取社区居（村）民自筹、社区经济收入中安排、委托办理服务事项的单位划转、财政补助等方式予以解决。要拓宽社区服务体系建设资金来源渠道，建立多元化投入分担机制。鼓励企事业单位、社会团体、个人和外资以多种形式捐赠或兴办社区服务事业；不断加大福彩、体彩公益金投入社区服务设施建设的力度。

山东省人民政府办公厅关于印发《山东省社区服务体系建设规划（2012—2015年）》的通知

（鲁政办发〔2012〕50号）

各市人民政府，各县（市、区）人民政府，省政府各部门、各直属机构，各大企业，各高等院校：

《山东省社区服务体系建设规划（2012—2015年）》已经省政府同意，现印发给你们，请认真贯彻执行。

山东省人民政府办公厅
二〇一二年七月二十日

山东省社区服务体系建设规划（2012—2015年）

根据《国务院办公厅关于印发社区服务体系建设规划（2011—2015年）的通知》（国办发〔2011〕61号）要求，为做好我省社区服务体系建设工作，制定本规划。

一、基本现状及面临形势

社区服务体系是指以社区为基本单元，以各类社区服务设施为依托，以社区全体居民、驻社区单位为对象，以公共服务、志愿服务、便民利民服务为主要内容，以满足社区居民生活需求、提高社区居民生活质量为目标，党委统一领导、政府主导支持、社会多元参与的服务网络及运行机制。

"十一五"期间，各地认真贯彻落实《国务院关于加强和改进社区服务工作的意见》（国发〔2006〕14号）和《山东省人民政府关于加强和改进社区工作的意见》（鲁政发〔2006〕94号），全省社区服务体系建设取得明显成效。一是社区服务领导体制机制建立健全。各级建立健全了党委政府领导、民政部门牵头、有关部门配合、社会广泛参与的社区服务领导体制。二是社区服务网络初步形成。“十一五”期间，省财政和省级福利彩票公益金共投入1.07亿元，用于全省社区办公服务用房建设。省、市、县三级累计投入社区办公服务用房建设资金10.1亿元。全省共建成街道社区服务中心472个、城市社区服务站5594个、社区服务网点10万余个，初步形成覆盖面较广的社区服务网络。三是社区服务内容不断拓展。劳动就业、社会保障、文化娱乐、社会治安、医疗卫生等政府公共服务事项逐步向社区覆盖；社区志愿互助服务逐步发展；家政服务、物业管理、养老托幼、食品配送、修理服务、废旧物品回收等便民利民服务项目逐步进入社区。四是社区服务队伍不断壮大。各地不断充实社区服务队伍，截至“十一五”末，全省共有城市社区居委会成员27844人，志愿者服务队伍112.4万人，成为推动社区建设和社区服务的重要力量。五是社区服务方式日趋丰富。全省绝大多数城市社区设立“一站式”综合服务大厅，实现集行政管理、社会事务、便民服务为一体的“一门式办公、一站式服务”。各地整合社区服务资源，通过社区网站、呼叫热线、短信平台及有线数字电视平台、家政服务网络中心、公共电子阅览室、信息服务自助终端等形式和手段，为社区居民提供了较好的服务。

但我省社区服务体系建设还存在薄弱环节，社区服务与居民群众的需求还不够适应。主要表现在：社区服务设施总量供给不足，社区服务项目较少，社区服务人才短缺，社区服务体制机制不够顺畅，缺乏统一规划，保障能力不强，社会参与机制亟待完善等。

“十二五”时期，随着工业化、信息化、城镇化、市场化、国际化进程逐步加快，城乡基层社会正在发生深刻变化，社区服务体系建设面临难得机遇和重大挑战。经济社会快速发展，财政保障能力逐步增强，为社区服务体系建设提供了有利条件。社会转型、企业转制和政府职能转变，越来越多的“单位人”成为“社会人”，政府大量的社会管理和公共服务职能向社区转移，社区居民的服务需求日趋个性化、多元化，社区的基础平台作用日趋明显，加强社区服务体系建设势在必行。

二、指导思想、基本原则和发展目标

（一）指导思想

以邓小平理论和“三个代表”重要思想为指导，深入贯彻落实科学发展观，立足省情、加快发展，逐步建立面向全体社区居民，主体多元、设施配套、功能完善、内容丰富、队伍健全、机制合理的社区服务体系，努力把城乡社区建设成为管理有序、服务完善、文明祥和的社会生活共同体。

（二）基本原则

以人为本，服务居民；政府主导，社会参与；资源整合，共建共享；因地制宜，分类指导；细化管理，注重规范。

（三）发展目标

按照加强和创新社会管理的总体要求，进一步健全新型社区管理和服务体制，强化社区服务体系和信息化建设。到2015年，初步建立起较为完善的社区服务设施、服务内容、服务队伍、服务网络和运行机制，农村社区服务试点工作有序推进。

1. 合理配置社区服务设施。力争到“十二五”末，社区服务设施综合覆盖率达到95%，每百户居民拥有的社区服务设施面积不低于20平方米，基本建成以社区综合服务设施为主体、各类专项服务设施相配套的综合性、多功能的社区服务设施网络。积极推进社区服务信息化建设，普遍建设社区综合服务信息平台，逐步提高社区信息装备条件和社区服务的信息化水平。

2. 优化社区服务内容。推动社区公共服务广覆盖，群众性互助和志愿服务制度化，社区专业服务和商业服务规范便利，建立公共服务、便民利民服务、志愿服务有效衔接的社区服务体系，实现居民群众生活舒适方便。力争到“十二五”末，基本公共服务项目覆盖到所有社区。

3. 壮大社区服务队伍。加强社区居委会选举工作，强化服务人员队伍建设，推行社区志愿者注册登记制度。力争到“十二五”期末，80%以上的社区居民委员会实行直接选举，每个社区至少拥有一名大学生或一名社会工作专业人员，每个社区拥有5个以上的社区社会组织，80%以上的社区党员和30%以上的社区居民参与社区志愿服务活动。

4. 完善社区服务体制机制。完善社区服务体系建设的法规和政策，着力理顺社区内外权责关系，健全协调机制，优化社区服务发展的制度环境。支持引导社区自治组织、各类社会组织、志愿者参与社区服务。力争到“十二五”末，80%以上的驻区单位与社区签订共驻共建协议。基本建立多方参与、优势互补、利益协调、规范有序的社区服务运行机制。

三、重点任务

（一）发展多层次、多样化的社区服务

1. 积极推进公共服务覆盖到社区。依托社区综合服务设施和专业服务机构，开展面向全体社区居民的劳动就业、社会保险、劳动关系协调、社会服务、医疗卫生、计划生育、文体教育、社区安全、法制宣传、法律服务、法律援助、人民调解、邮政服务、科普宣传、流动人口服务管理等服务项目，切实保障优抚对象、低收入群体、未成年人、老年人、残疾人等社会群体服务需求。做好刑释解教人员、社区服刑人员管理服务工作。加强和改进对农民工及其子女的公共服务

和社会管理。街道、社区党组织要充分发挥领导核心作用，大力推进社区公共服务体系建设。建立党委统一领导、基层政府主导、社区组织协助、社会力量参与的社区公共服务新格局。

发展社区劳动就业、社会保险、劳动关系协调和社会服务。加强街道、社区人力资源和社会保障以及社会服务平台建设，配备标准化的设施设备，完善服务功能。大力发展以家政服务、养老服务、社区照料服务和病患陪护服务等为重点的家庭服务业，实施家庭服务业从业人员定向培训工程。加强社区服务信息化建设，社会保障卡、社会服务信息落到社区。

发展社区医疗卫生和计划生育服务。建立居民健康档案、健康教育、预防接种、儿童保健、孕产妇保健、老年人保健、慢性病管理、重性精神疾病管理、传染病及突发公共卫生事件报告和处理、卫生监督协管等国家基本公共卫生服务免费向社区居民提供，逐步拓展和深化基本公共卫生服务内容。提供计划生育服务、实有人口动态信息采集等服务。

发展社区文化、教育、体育服务。广泛开展社会文化活动，已建成的社区综合服务设施都要建立具备综合服务功能的文化中心，推进建立公共电子阅览室和公益性未成年人上网场所。广泛开展社区教育，创新社区教育发展的体制、机制与模式，重点建设一批标准化、示范性的全民学习中心，普及科学文化知识，建设学习型社区。社区普遍建有体育场地，配有体育设施，50%以上的城市、城区建有“全民健身活动中心”，50%以上的街道、社区建有便捷、实用的体育健身设施。

发展社区法律、治安服务。完善社区综合服务设施的法律、治安服务功能。推动人民调解、安置帮教、法制宣传教育、法律援助等服务进社区，实现法律服务在社区全覆盖。深入推进社区警务战略，加强群防群治队伍建设，全面提高社区治安综合治理水平。

2. 大力发展便民利民服务。鼓励和支持各类组织、企业和个人兴办居民服务业，重点发展社区居民购物、餐饮、维修、美容美发、洗衣、家庭服务和再生资源回收等服务，培育新型服务业态和服务品牌。鼓励有实力的企业运用连锁经营的方式到社区设立超市、便利店、标准化菜店和早餐网点等便民利民网点。鼓励邮政、金融、电信、供销、燃气、自来水、电力、产品质量监督等公用事业服务单位在社区设点服务，满足居民多样化生活需求。积极推动驻区单位后勤服务社会化。大力推行物业管理服务，建立社区管理和物业管理联动机制，提高物业服务质量。

3. 大力发展社区志愿服务。积极推行在职党员到居住地社区报到制度和党员社区表现反馈制度，充分发挥共产党员的先锋模范作用。组织公务员、专业技术人员、青少年学生以及身体健康的离退休人员等加入志愿者服务队伍。加强志愿服务管理，建立健全激励保障机制，鼓励和支持社会力量广泛参与志愿服务活动，推动社区志愿服务规范化、制度化、法制化。鼓励和支持驻区单位和社区居民开展邻里互助等群众性自我互助服务活动，为老幼病残等困难群体提供服务。倡导并组织社区居民和驻区单位开展社会捐赠、互帮互助、承诺服务，为社区困难群体提供帮扶服务。

（二）完善社区服务设施网络

1. 合理布局社区服务设施网络。按照人口规模适度、服务管理方便、资源配置有效、功能相对齐全、社区居民自愿的要求，以县（市、区）为单位，合理确定社区服务设施的数量、选址布局、建设方式、功能划分。每个社区建设一个综合性、多功能的社区服务站；实现每个街道至少拥有一个综合性的社区服务中心。除国家另有规定外，所有以社区为对象的公共服务、便民服务、志愿服务均在综合性社区服务设施中提供，加强各类服务资源整合，避免重复建设。

2. 充分发挥社区服务设施的功能。以社区服务设施为依托，组织居民开展民主议事、纠纷调解、公益慈善、邻里互助、志愿服务等活动；代办代理公共服务事项，保障各项公共服务覆盖到社区全体居民；为社区居民提供文体教育、健康休闲、养老抚幼、困难帮扶、信息邮政、家庭服务等便民利民服务；为社区党组织和自治组织提供办公和活动场所；采集基础信息，反映居民诉求。

3. 大力推进社区信息化建设。改善社区信息基础设施，加快推进宽带接入。推广适合社区居民需求的信息化手段，提高居民信息技术运用能力。整合社区劳动就业、社会保险、劳动关系协调、低保、卫生、计生、文化、培训等公共服务信息，发展面向社区居民的“一站式”服务。鼓励有实力的大型连锁企业运用信息化手段整合网购商品最终配送、家政、再生资源回收、水电费缴纳等服务项目，开展社区便民电子商务服务，推动社区便民服务信息化、标准化、连锁化和品牌化建设。通过信息化改善社区管理，维护社区安全。

（三）加强社区服务人才队伍建设

建立一支以社区党组织和社区自治组织成员为骨干，以社区专职工作人员为重点，以政府派驻人员、其他社区服务从业人员和社区志愿者为补充的社区服务人才队伍。

1. 制定社区服务人才队伍培养发展计划。按照《山东省中长期人才发展规划纲要》（2010—2020 年）要求，把社区服务人才队伍建设纳入当地人才发展规划，研究制定社区服务人才队伍培养计划，鼓励、吸引优秀人才向社区流动。

2. 充实壮大社区干部队伍。依章依法选齐配强社区“两委”班子成员，逐步扩大社区党组织领导班子和社区居民委员会直接选举范围。健全居民委员会下属委员会，选齐配强居民小组长、楼院门栋长。

3. 积极推进社区服务人才队伍专业化、职业化。根据需要，面向社会公开招聘一定数量的专职社区工作者。鼓励党政机关和企事业单位工作人员到社区帮助工作，鼓励大中专毕业生、复转军人、社会工作人员等优秀人才到社区工作，优化社区服务人才结构。

4. 建立健全社区服务人才培养制度。鼓励社区服务人员参加社会工作等各种职业水平考试和学历教育考试，采取多种方式加强对现有社区服务工作人员的培训，不断提高他们的服务意识、职业素质和专业水平。建立健全人才激励制度，依照相关法律政策规定落实社区服务人员的生活补贴、工资、社会保险等福利待遇。

（四）推进社区服务体制机制创新

1. 健全社区服务组织。健全社区党组织、社区居民自治组织。辖区人口较多的，可根据工作需要建立社区专业服务机构。对不具备登记条件的社区社会组织实行备案制度，并在组织运作、活动场地等方面为其提供帮助。加大政策扶持力度，通过政府购买服务、设立项目资金、活动经费补贴等途径，积极引导各类社会组织和志愿者参与社区管理和服务。加强社区党建工作，推进党群共建，支持工会、共青团、妇联及残联、老龄协会、计划生育协会、社区体育指导员协会、慈善协会等群众组织发挥各自优势，积极参与组织社区服务活动。

2. 建立社区公共服务准入制度。普遍推行社区公共服务事项准入制度，凡城区、街道层面能办理的社会管理和公共服务事项不再向社区延伸；凡属于基层政府及其职能部门、街道办事处职责范围内的事项不得转嫁给社区组织；凡依法应由社区组织协助的事项应当为社区组织提供必要的经费和工作条件；凡委托给社区组织办理的有关服务事项，应当实行“权随责走、费随事转”。

3. 积极推进社区“一站式”服务机制。积极推进社区公共服务的“一站式”服务机制，整合政府各部门在城乡基层的办事机构，减少管理层次，合并相近或相同的服务项目，整合服务资源，优化人员结构，精简服务流程，增强服务能力。完善政策，进一步推进社区服务的专业化、标准化、品牌化、连锁化，提高社区服务质量和水平，提升社区服务功能。进一步健全和完善共驻共建机制，建立驻区单位参与社区服务评估体系，扩大驻区单位参与社区服务的功能。

四、重点工程

（一）社区公共服务设施建设工程

1. 建设内容。“十二五”时期，以居民需求为导向，因地制宜，继续建立健全社区服务中心、社区服务站设施网络，构建以社区为基础的城乡基层社会管理和公共服务平台，提升社区基本公共服务能力。

2. 建设方式。充分利用现有公共设施，通过新建、改扩建、购置改造等方式改善服务条件。有条件的地方，要根据实际情况对各类社区专项服务设施进行合理整合，统筹建设。

3. 资金来源。建设资金以各市、县（市、区）政府投入为主，充分调动社会各方面力量，多渠道筹措资金，共同参与建设。在积极争取中央资金的基础上，省里根据实际情况给予适当支持。

（二）社区服务人才队伍建设工程

1. 建设内容。建立社区服务人才职业化、专业化标准体系和评估制度，加强对社区服务人员的教育培训，推行社区志愿者注册登记制度。

2. 建设方式。落实“一社区一名大学生”政策，推动大学生服务社区工作。支持社区服务人员参加各种职业资格考试和学历教育，对社区服务人员进行系统培训，每名社区服务人员至少培训一次。依托高等院校、科研机构、各类培训机构，设立社区服务人才培训基地，加强对社区服务领域重大问题的研究，推进专业建设、教材编写、师资培训。开发应用社区志愿者注册登记系统，注册社区志愿者达到本地区居民总数的10%以上，每个社区拥有5支以上志愿者服务队伍。

3. 资金来源。建设资金以各市、县（市、区）政府投入为主。

（三）社区服务信息化建设工程

1. 建设内容。建立居民、家庭、社会组织、社区活动电子档案，实现社区服务队伍、服务人员、服务对象信息数字化，改进信息技术装备条件，完善社区服务设施网络环境，并逐步规范化、标准化，形成互联互通共享的信息服务系统。

2. 建设方式。推进社区服务中心、社区服务站接入宽带网络，新建社区同步建设信息网络环境。推动社区网络和信息资源整合，鼓励建立覆盖区（市）或更大范围的社区综合信息管理和服务平台，实现数据一次采集、资源多方共享。推动各地设置统一的社区服务电话号码，逐步建立社区老年人、残疾人呼叫保障系统，推进社区信息亭等公益性信息服务设施建设。引导企业参与社区服务信息系统开发。

3. 资金来源。建设资金以各市、县（市、区）政府投入为主，鼓励社会力量参与社区信息化建设，支持企业与社区开展合作。省里根据实际情况给予适当支持。

五、政策措施和组织保障

（一）加强社区服务法规制度建设和标准化建设

完善配套法规，建立健全社区服务标准体系，认真执行《城市居住区规划设计规范》（GB 50180—93）国家标准，科学规划配置社区综合服务设施和社区基础商业网点，并严格用途管理。研究制定基层政府或其派出机关指导社区工作规则、社区服务标准体系及管理办法、社区公共服务目录及准入制度、社区服务居民满意度测评体系、社区社会组织培育等方面的法规制度，形成较为完善的社区服务法规、制度和标准体系。

（二）加大社区服务体系建设资金投入

多渠道筹集社区服务体系建设资金。要按有关规定区分不同情况，对社区服务设施建设与维护经费、社区服务人员报酬、社区服务工作经费、社区服务信息化建设经费等，采取财政补助、委托办理服务事项的单位划转、从社区经济收入中安排等方式予以解决。不断拓宽社区服务体系建设资金来源渠道，鼓励企事业单位、社会团体、个人和外资以多种形式捐赠或兴办社区服务事业，建立多元化投入分担机制。

（三）完善社区服务扶持政策

将社区服务体系建设纳入经济和社会发展规划，纳入城市规划和土地利用总体规划，对社区公共服务设施建设用地，按照法律、法规和规章可以采取划拨方式供地的，政府要切实予以保证；闲置的宾馆、培训中心、福利设施、办公用房，优先用于社区服务。进一步完善社区服务税收、公用事业收费、用工保险、工商和社会组织登记等优惠政策，鼓励发展社区服务业。

（四）推进农村社区服务建设

认真贯彻落实《中共山东省委、山东省人民政府关于推进农村社区建设的意见》（鲁发〔2009〕24 号）要求，坚持统筹城乡、整合资源，推进以社区办公服务和公益性用房为主体的农村社区服务中心建设，将社会保障、劳动就业、社会保险、劳动关系协调、卫生、计划生育、文化、体育、社会治安等基本公共服务向农村延伸。重点发展面向农村老年人、病残人员、妇女及未成年人等群体的照料、帮扶等服务，力争到“十二五”末，实现全省农村社区建设全覆盖。实行城乡基础设施统一规划布局，推进城市公用设施向乡镇和农村社区延伸。积极推动农村基础设施城镇化、农民生活方式市民化，建设农民幸福生活的美好家园。

（五）加强组织领导

各级政府要加强对规划实施的组织领导，注重研究解决社区服务体系建设中的问题，切实履行好发展社区公共服务体系的责任。要按照本规划的要求，制定本地区社区服务体系建设的目标和措施，扎实做好社区服务工作。各部门要认真履行职责，加强配合协作，形成工作合力，共同推动社区服务体系建设，确保规划目标任务得到落实。要加大考核力度，强化责任落实，把社区建设成效纳入各级各部门工作目标考核内容，考核结果作为领导班子和领导干部综合考核评价的重要依据。

河南省人民政府办公厅关于印发河南省社区服务体系建设规划（2011—2015年）的通知

（豫政办发〔2012〕75号）

各省辖市人民政府，省人民政府各部门：

《河南省社区服务体系建设规划（2011—2015年）》已经省政府同意，现印发给你们，请认真贯彻实施。

河南省人民政府办公厅

二〇一二年五月八日

河南省社区服务体系建设规划（2011—2015年）

为适应统筹城乡经济社会发展、加强和创新社会管理需要，强化社区自治和服务功能，保障和改善民生，促进社会和谐稳定，根据《河南省国民经济和社会发展第十二个五年规划纲要》和国家《社区服务体系建设规划（2011—2015年）》精神，制定本规划。

一、发展现状和面临形势

社区服务体系，是指以社区为基本单元，以各类社区服务设施为依托，以社区全体居民、驻区单位为对象，以公共服务、志愿服务、便民利民服务为主要内容，以满足社区居民生活需求、提高社区居民生活质量为目标，党委统一领导、政府主导支持、社会多元参与的服务网络及运行机制。

目前，全省有4085个城镇社区、4.76万个建制村（社区）。“十一五”期间，我省认真贯彻落实国家《“十一五”社区服务体系发展规划》，城乡社区服务体系建设取得显著成效。一是社区服务设施数量不断增加，覆盖面扩大。在全省4085个城镇社区中，97%的拥有自有、划拨或长期租用的办公及服务用房，其中面积在300平方米以上的占41%；57.3%的有图书室，57%的有一处以上的居民公共活动场所，绝大多数街道、社区配置了微机等电子办公设备；各社区都组织开展了各类社区服务。二是社区服务队伍进一步壮大。全省社区服务中心（站）有从业人员6.8万人，开展社区服务项目1.66万个；成立社区志愿服务组织6800多个，有社区志愿者23.7万人，已初步形成由专兼职工作人员和社区志愿者共同组成的社区服务队伍。三是社区服务的对象和内容得到拓展。服务对象已从老年人、残疾人、优抚对象等困难群体扩展到全体社区居民；服务内容从社会救助延伸到就业服务、卫生和计划生育、社区治安、文化教育和体育等领域。四是新型社区服务机制初步建立。基层政府和居委会独自提供社区服务的传统格局有所改变，企事业单位、驻区单位、社区民间组织、社区居民共同参与社区服务的局面正在形成。社区服务方式方法得到改进，方便快捷的生活服务圈逐步形成，"阳光超市"、"慈善超市"等新型服务方式的作用日益显现，"一站式"服务不断推广，信息技术逐步应用于社区服务。

总体而言，我省社区服务体系建设仍然处于初级阶段，城乡社区服务发展失衡问题突出，农村、城镇的社区服务发展滞后，社区服务设施总量供给不足，60%的城市区、53.2%的街道未建社区服务中心，100个城市社区没有办公服务用房，323个城市社区办公服务用房面积不足50平方米，650个城市社区办公服务用房面积不足200平方米，59%的城市社区服务站面积不足300平方米，91.3%的农村社区没有综合服务设施。社区服务项目较少，水平不高，供给方式单一。社区服务人才短缺，素质偏低，结构亟待优化。社区服务体制机制不顺，缺乏统一规划，保障能力不强，社会参与机制亟待完善。

"十二五"时期，随着我省新型工业化、新型城镇化和新型农业现代化的快速推进，城乡基层社会正在发生深刻变化，社区服务体系建设面临难得机遇和重大挑战。一方面，我省经济社会快速发展，财政保障能力逐步增强，基本公共服务体系逐步完善，各级党委、政府对社区发展高度重视，为社区服务体系建设提供了有利条件。另一方面，社会转型、企业转制和政府职能转变，越来越多的"单位人"成为"社会人"，大量政府社会管理和公共服务职能向社区转移，社区居民的服务需求日趋个性化、多元化，社区的"兜底"功能作用日趋明显，加强社区服务体系建设势在必行。

二、指导思想、基本原则和发展目标

（一）指导思想

高举中国特色社会主义伟大旗帜，以邓小平理论和"三个代表"重要思想为指导，深入贯彻落实科学发展观，按照建设中原经济区的总体要求和战略部署，立足省情、加快发展，逐步建立面向全体社区居民，主体多元、设施配套、功能完善、内容丰富、队伍健全、机制合理的社区服务体系，把城乡社区建设成为管理有序、服务完善、文明祥和的社会生活共同体。

（二）基本原则

1. 以人为本，服务居民。始终把实现好维护好发展好社区居民的根本利益作为工作的出发点和落脚点，把居民的服务需求作为导向，把居民满意程度作为检验工作成效的第一标准，真正把城乡社区服务体系建设成为服务居民、造福居民的民心工程。

2. 统筹城乡，整体推进。统筹城乡社区服务体系规划、服务设施建设、服务资源配置、服务队伍建设、服务产品供给，推动建立城乡统一的社区公共服务制度，促进城乡社区基本公共服务均等化。整体推进城乡社区服务资源共享、组织共建、队伍共管，逐步形成以城带乡、以乡促城、优势互补、共同提高的局面。

3. 政府主导，社会参与。发挥政府在规划制定、政策引导、资金投入、监督管理等方面的主导作用，确保社区服务的公益性和便民利民特点，增强社区服务可持续发展能力。大力培育和发展各类公益性、服务性、互助性的社会组织，鼓励和支持社会组织、企事业单位和社区居民参与社区服务，发挥多元主体在社区服务体系建设中的作用。

4. 资源整合，共建共享。充分发挥现有服务设施和网络作用，大力整合与社区服务设施建设有关的资金、项目和资源，最大限度地降低社会成本，防止资源浪费。加强社区服务体系规范化建设，建立健全科学高效的社区服务管理运行机制和共驻共建机制，发挥综合效益，增强服务功能。

5. 全面发展，突出重点。既要整体推进、全面发展，又要着力加强薄弱环节、解决关键问题，大力推进社区综合服务设施建设、完善社区服务功能、社区信息化、开展社区特色服务和精细化服务等工作。

6. 因地制宜，分类指导。既要全面谋划、科学布局、注重长远、整体推进，又要从实际出发，根据经济发展水平、自然条件和居民需求，有针对性地、分阶段、有重点地组织开展社区服务体系建设工作；既要把握社区服务体系建设的普遍性、规律性特点，又要区分不同情况，分类指导，突出特色。在城市社区，着力完善社区服务体系，增强社区服务功能，提高社区服务水平；在农村，着力加强社区综合服务设施建设，搭建社区服务平台和载体。

（三）发展目标

从我省实际出发，按照加强和创新社会管理的总体要求，进一步健全新型社区管理和服务体制，强化社区服务体系和信息化建设，到 2015 年，初步建立较为完善的社区服务设施、服务内容、服务队伍、服务网络和运行机制，农村社区服务工作有序推进。

1. 合理配置社区服务设施。力争到“十二五”末，城镇社区综合服务设施覆盖率达到90%以上，农村社区综合服务设施覆盖率达到60%以上，每百户居民拥有的社区服务设施面积不低于20平方米，基本建成以社区综合服务设施为主体、各类专项服务设施相配套的综合性、多功能的社区服务设施网络。确保每个街道拥有一个面积不低于1000平方米左右的综合性社区服务中心，每个城市社区拥有一个面积不低于300平方米左右的社区服务中心（站），每个乡镇建设一个建筑面积不少于500平方米的乡镇综合性社区服务中心，每个“一村一社区”型农村社区综合性服务中心（站）建筑面积不少于300平方米，每个“几村一社区”型农村社区综合性社区服务中心（站）建筑面积不少于800平方米，撤并、整合村庄新建农村新型社区的综合性社区服务中心（站）建筑面积一般不少于1000平方米。每个社区建有一处面积适当的室外活动广场，并配备必要的体育健身、文化娱乐设施设备。积极推进社区服务信息化建设，60%以上的县（市、区）建有社区综合服务信息平台，80%以上的社区具备信息化服务能力。

2. 优化社区服务内容。基本公共服务覆盖到所有城乡社区，群众性互助和志愿服务制度化，社区专业服务和商业服务比较发达，基本建立公共服务、志愿互助服务、商业性便民利民服务有效衔接的社区服务体系。

3. 壮大社区服务队伍。提高社区服务人员的专业化、职业化水平，鼓励高校毕业生、复转军人、社会工作者等社会优秀人才从事社区服务工作，大力推行社区志愿者注册登记制度。“十二五”期间新增社区服务从业人员10万人，每个社区至少拥有一名大学生或一名社会工作专业人员，80%以上的社区党员和30%以上的社区居民参与社区志愿服务活动，基本建立一支专业素质较高、服务能力较强、社区居民满意的社区服务队伍。

4. 健全社区服务体制机制。健全社区组织，理顺社区内外权责关系，完善政府部门间的协调机制、政府与社区之间的合作机制、社区组织之间的互动机制，优化社区服务发展的制度环境。支持引导社区自治组织、各类社会组织、志愿者参与社区服务。力争到“十二五”期末，60%以上的居民委员会实行直接选举，每个社区至少拥有5个以上的社区社会组织，80%以上的驻区单位与社区签订共驻共建协议。基本建立多方参与、优势互补、利益协调、规范有序的社区服务运行机制。

三、重点任务

（一）发展多层次、多样化的社区服务

1. 积极推进政府基本公共服务覆盖到社区。依托社区综合服务设施和专业

服务机构，开展面向社区居民的劳动就业、社会保险、社会服务、医疗卫生、计划生育、文体教育、社区安全、法制宣传、法律服务、法律援助、人民调解、邮政服务、科普宣传、流动人口服务管理、农技推广、动植物疫病防治和农产品质量监督等服务项目，优先满足老年人、残疾人、未成年人、低保人群、优抚对象、农村留守人口等社会群体服务需求。做好刑释解教人员、社区服刑人员管理服务工作。加强和改进对农民工及其子女的公共服务和社会管理。基层政府要切实履行发展社区公共服务体系的责任，大力推进社区公共服务建设。街道社区党组织要充分发挥领导核心作用，形成党委统一领导、基层政府主导、社区组织协助、社会力量参与的社区公共服务新格局。

——发展社区劳动就业、社会保险和社会服务。发展人力资源和社会保障服务。加强街道、乡镇社区人力资源和社会保障公共服务平台建设，完善服务功能，搞好就业和社会保险经办管理服务，促进劳动关系和谐稳定。在社区服务中心（站）开设就业服务窗口，发布就业、再就业和职业培训等信息，为社区大中专毕业生、就业困难人员和外来务工人员等群体提供就业援助等服务。开发公益性服务岗位，重点开发面向社区居民的便民利民服务岗位和面向社会福利对象的福利服务岗位，积极开发社区治安、市场管理、绿化保洁、交通管理、车辆看管等就业岗位。大力发展以家政服务、养老服务、社区照料服务和病患陪护服务等为重点的家庭服务业，实施家庭服务业从业人员定向培训工程。确保社会保障卡、社会服务信息落到社区。

——发展社区救助服务。完善最低生活保障制度，建立健全临时救助制度和专项救助制度，推行动态管理，将社会救助服务覆盖到所有低收入群体，形成以城乡最低生活保障为基础，临时救助和专项救助为补充的社区救助服务体系。进一步发展社区慈善事业，加强社区捐助接收站点、“爱心超市”、“慈善超市”建设和管理，培育社区社会救助组织，为社会困难群体开展多元化的服务项目。

——发展社区医疗卫生和计划生育服务。完善社区卫生和计划生育服务网络，建立居民健康档案，免费向社区居民提供健康教育、预防接种、儿童保健、孕产妇保健、老年人保健、慢性病管理、重性精神疾病管理、传染病及突发公共卫生事件报告和处理、卫生监督协管等国家基本公共卫生服务，逐步拓展基本公共卫生服务内容。提供计划生育宣传教育、政策咨询、技术服务、优生优育指导、药具发放、随访服务、生殖保健、人员培训、行政事务办理、流动人口计划生育服务、实有人口动态信息采集等服务。

——发展社区文化、教育、体育服务。所有建成的社区综合服务设施中都建立具备综合服务功能的文化中心，推进公共电子阅览室和公益性未成年人上网场所建设。广泛开展社区教育，创新社区教育发展体制、机制与模式，重点建设一批标准化、示范性的全民学习中心，建设面向社区的老年大学、居民学校、未成年人文化活动场所，普及科学文化知识，建设学习型社区。社区普遍建有体育场地，配有体育设施，50%以上的城市、城区建有全民健身活动中心，60%以上的街道、所有社区建有便捷、实用的体育健身设施；80%以上的城市街道成立体育组织；城市社区普遍建有体育健身站（点）；50%以上的农村社区建有体育健身站（点）。形成遍布城乡、规范有序、富有活力的社会化全民健身组织网络。

——发展社区法律、治安服务。完善社区综合服务设施的法律、治安服务功能。推动人民调解、安置帮教、法制宣传教育、法律援助等服务进社区，做好社区青少年违法犯罪预防、社区矫正、社区戒毒和刑释解教人员帮教安置工作，实现法律服务社区全覆盖。健全社区治安防控网络，加快社区警务室（站）建设，加强社区群防群治队伍建设，积极推广运用物防、技防等现代科技手段和措施，全面提升社区治安综合治理水平。

——发展社区环境保护服务。大力开展爱国卫生运动，加强以农村社区为重点的卫生环境整治和环境污染治理工作，完善社区生产生活垃圾、污水处理体系，在农村社区实施改水、改厨、改厕、改圈，实现社区道路硬化、水源净化、街灯亮化、植被绿化和环境美化，不断改善社区卫生条件和人居环境，加强社区环境保护宣传，增强居民环境保护意识。完善社区灾害处置预案，加强防灾减灾力量建设，宣传普及相关知识，提高社区灾害处置能力和居民避灾自救能力。

——发展农村社区生产服务。健全农业技术推广、动植物疫病防控和农产品质量监管等社区公共服务站点，积极培育各类专业合作经济组织，构建综合服务和专项服务相协调的农村社区生产服务网络，提高农村社区服务农业生产能力。根据农村居民需求，提供农资营销、农技咨询、农机服务、农村富余劳动力转移就业、务农农民培训等生产性服务。

——发展社区养老服务。积极应对人口老龄化，注重发挥家庭和社区功能作用，加快社区老年日间照料服务中心建设，大力开展社区居家养老服务，为老年人特别是空巢老人、留守老人、高龄老人、生活不能自理老人以及生活贫困老人提供安全守护、餐饮配送、医疗保健、心理慰藉、日间照料等服务，提高为老服务水平和老年人生活质量。

2. 大力发展便民利民服务。完善社区便民利民服务网络，优化社区商业结构布局。鼓励和支持各类组织、企业和个人兴办居民服务业，重点发展社区居民购物、餐饮、维修、美容美发、洗衣、家庭服务、物流配送、快递派送和再生资源回收等服务，培育新型服务业态和服务品牌。鼓励有实力的企业采用连锁经营的方式到社区设立超市、便利店、标准化菜店和早餐网点等便民利民网点。鼓励邮政、金融、电信、供销、燃气、自来水、电力、产品质量监督等公用事业服务单位在社区设点，满足居民多样化生活需求。支持大型家庭服务企业采用连锁经营等方式到社区设立便民站点。推进社区诚信计量体系建设，继续实施社区商业“双进”便利消费进社区、便民服务进家庭的工程。积极推动驻区单位后勤服务社会化。大力推行物业管理服务，加强对物业管理机构的监管，建立社区管理和物业管理联动机制，提高物业服务质量。形成党委领导、政府扶持、社会主办、社区组织帮助的社区便民利民服务新格局。

3. 大力发展社区志愿服务。培育不同类型、不同层次的社区志愿服务组织。积极推行共产党员到居住地社区报到制度和党员社区表现反馈制度。组织动员共产党员、共青团员、公务员、专业技术人员、教师、青少年学生以及身体健康的离退休人员等加入志愿者服务队伍。加强志愿服务管理，建立社区志愿者服务站，完善激励保障机制，通过政府购买服务等方式，鼓励和支持社会力量广泛参与社区志愿服务，推动社区志愿服务规范化、制度化、法制化。鼓励和支持驻区单位和社区居民开展群众性自我互助服务活动，为老幼病残等困难群体提供服务。倡导并组织社区居民和驻区单位开展社会捐赠、互帮互助、承诺服务，为社区困难群体提供帮扶服务。依托社区志愿服务组织，形成党委政府倡导、社区组织扶持、共产党员带头、专业社工引领、驻区单位和居民广泛参与的社区志愿服务新格局。

（二）完善社区服务设施网络

加大社区服务基础设施建设投入，综合考虑服务人群和覆盖半径，逐步建立以县（市、区）、街道（乡镇）、社区三级综合服务设施为主体、专项服务设施为补充、服务网点为配套、社区信息平台为支持的社区服务设施网络。

1. 制定城乡社区服务设施建设规划。按照人口规模适度、服务管理方便、资源配置有效、功能相对齐全、社区居民自愿的要求，以县（市、区）为单位，依据城乡规划和土地利用总体规划，制定城乡社区服务设施建设规划，合理确定社区服务设施的数量、选址布局、建设方式、功能划分。根据工作需要每个社区建设一个综合性、多功能的社区服务站；实现每个街道至少拥有一个综合性的社区服务中心。要充分利用社区已有设施，提高街道社区服务中心、社区服务站以及相邻社区服务设施之间的共享程度。除国家另有规定外，所有以社区居民为对象的公共服务、便民服务、志愿服务均在综合社区服务设施中提供，加强各类服务资源整合，避免重复建设。

2. 完善社区服务设施功能。完善社区服务站的以下功能：一是组织居民开展民主议事、公益慈善、邻里互助、志愿服务等活动；二是代办代理公共服务事项，保障各项公共服务覆盖社区全体居民；三是为社区居民提供文体娱乐、健康休闲、养老抚幼、困难帮扶、家庭服务等便民利民服务；四是为社区党组织和自治组织提供办公场所；五是采集基础信息，反映居民诉求。在社区服务站难以覆盖的居民区，建设具有专项服务功能的服务网点。

完善街道（乡镇）社区服务中心的以下功能：一是采集汇总基础信息，办理社会管理和公共服务事项；二是开展文化体育、医疗卫生、计划生育、劳动就业、社会保险、社会救助、社会服务、生活便利等活动；三是培育发展社区社会组织，指导和协调社区服务站、社区社会组织开展服务项目。

3. 大力推进社区信息化建设。加强社区信息基础设施建设，加快推进宽带接入工作。推广适合社区居民需求的信息化手段，提高居民信息技术运用能力。整合社区就业、社保、低保、卫生、计生、文化、培训等公共服务信息，发展面向社区居民的“一站式”服务。发挥社区综合信息平台在基层政府、企业、社区组织和居民之间的沟通交流作用，方便社区居民，增进社区和谐。通过信息化改进社区管理，维护社区安全。

（三）加强社区服务人才队伍建设

坚持本地培养和对外选聘相结合，加大政策扶持力度，建立一支以社区党组织和社区自治组织成员为骨干，以社区专职工作人员为重点，以政府派驻人员、其他社区服务从业人员和社区志愿者为补充的社区服务人才队伍。

1. 制定社区服务人才队伍培养发展计划。按照《国家中长期人才发展规划纲要（2010—2020年）》要求，把社区服务人才队伍建设纳入当地人才发展规划，制定社区服务人才队伍培养发展计划，鼓励、吸引社会优秀人才向社区流动。

2. 充实壮大社区居（村）民委员会干部队伍。依章依法选齐配强社区（村）“两委”班子成员，扩大社区党组织领导班子和社区居民委员会直接选举范围。健全居（村）民委员会下属委员会，选齐配强居（村）民小组长、楼院门栋长，积极开展楼院门栋居民自治，推动形成社区居民委员会及其下属的委员会、居民小组、楼院门栋上下贯通、左右联动的社区居民委员会组织体系。

3. 积极推进社区服务人才队伍专业化、职业化。辖区人口较多、社区管理和服务任务较重的社区居民委员会应当增配若干社区专职工作人员，原则上每300户配备1名专职社区工作人员；暂住人口较多的社区，按暂住人口每1000人增配1名专职社区工作人员。积极开发社区服务工作岗位，扩大就业范围，吸纳更多的人员从事社区服务工作。扩大社区服务人员的来源渠道，鼓励大中专毕业生、复转军人、社会工作人员等优秀人才到社区工作，优化社区服务人才结构。加强高等学校和科研机构社区服务研究和社区服务相关学科建设，培养各类社区服务专业人才。

4. 建立健全社区服务人才培养制度。鼓励、支持社区服务人员参加社会工作等各种职业资格考试和学历教育考试，采取多种方式加强对现有社区服务人员的培训，不断提高他们的职业素质、服务意识和专业水平。建立健全人才激励制度，落实社区服务人员的生活补贴、工资、社会保险等福利待遇，并建立自然增长机制。关心社区服务人才的成长进步，建立完善培养发展入党、招录公务员、选拔基层干部和推荐党代表、人大代表、政协委员和劳动模范等制度。

（四）推进社区服务体制机制创新

1. 建立健全社区服务组织。建立健全社区党组织、社区居民自治组织和社区专业服务机构，实现对社区的全员管理和无缝隙管理服务。以“三有一化”（有人有钱有场所、构建城市区域化党建格局）为重点，积极推进社区党组织建设，为和谐社区建设提供坚强组织保证。大力培育社区服务性、公益性、互助性社会组织，注重培养社区社会组织负责人队伍，对不具备登记条件的社区社会组织实行备案制度，并在组织运作、活动场地等方面为其提供帮助。加大政策扶持力度，通过政府购买服务、设立项目资金、活动经费补贴等途径，积极引导各类社会组织和各类志愿者参与社区管理和服务。建立群团组织服务活动阵地，支持工会、共青团、妇联及残联、老龄协会、计划生育协会、体育指导员协会、慈善协会等群众组织发挥各自优势积极参与社区服务活动。

2. 理顺职责权限及相互关系。普遍推行社区公共服务事项准入制度，凡属于基层政府及其职能部门、街道办事处职责范围内的事项不得交给社区组织；凡依法应由社区组织协助的事项应当为社区组织提供必要的经费和工作条件；凡委托给社区组织办理的有关服务事项，应当实行“权随责走、费随事转”。积极完善社区公共服务“一站式”服务机制，整合政府各部门在基层的办事机构，合并相近或相同的服务项目，整合服务资源，优化人员结构，精简服务流程，增强服务能力。进一步推进社区服务专业化、标准化、品牌化、连锁化，提高社区服务质量和效能。完善共驻共建机制，建立驻区单位参与社区服务评估体系，把驻区单位履行社区服务责任的情况纳入文明单位、平安建设、和谐社区示范单位创建内容，有关部门在评先奖优时要主动听取社区居（村）民委员会的意见。

四、重点工程

（一）社区公共服务设施建设工程

1. 建设内容。按照“面向基层、完善功能、整合优先、填平补齐、规范建设、形成网络”的原则，积极实施社区公开服务设施建设工程，建立健全社区服务中心、社区服务站设施网络，构建以社区为基础的城乡基层社会管理和公共服务平台，提升社区基本公共服务能力。全省争取新建、改扩建街道社区服务中心515个、乡镇社区服务中心1000个、县级市和县城所在地社区服务中心（站）

1000个、城市社区服务中心（站）3038个、农村社区服务中心（站）8600个。国家和省级支持建设200个街道社区服务中心、400个示范性乡镇社区服务中心（站）、800个城市社区服务中心（站）、300个县级市及县城所在地社区服务中心（站）、1200个示范性农村社区服务中心（站）。

2. 建设方式。充分利用现有公共设施，通过新建、改扩建、购置、合并调整等多种形式建设。有条件的地方要根据实际情况对各类社区专项服务设施进行合理整合，统筹建设。新建住宅区和旧城连片改造区的建设单位必须按照国家有关标准要求，将社区服务设施纳入建设工程规划设计方案，与小区建设同步设计、同步施工、同步验收，交社区使用管理。已建成社区缺少社区服务设施的，由县（市、区）政府负责以投资新建、调剂置换、出资购买、租赁等方式解决。

3. 资金来源。建设资金以市、县（市、区）、乡镇（街道）财政投入为主，充分调动社会各方面力量，多渠道筹措资金，共同参与建设。省级财政给予适当支持。

（二）社区服务人才队伍建设工程

1. 建设内容。落实社区服务人才职业化、专业化标准，建立相关评估制度，加强对社区服务人员的教育培训，推行社区志愿者注册登记制度。

2. 建设方式。大力开发社区服务工作岗位，拓宽社区服务人才队伍来源渠道，落实“一社区一名大学生”政策，实施大学生服务社区计划。大力开展岗位培训和能力建设，支持社区服务人员参加各种职业资格考试和学历教育考试，对社区服务人员进行系统培训，社区服务从业人员至少接受一次岗位培训。依托高等学校、科研机构、各类培训机构，设立社区服务人才培训基地，加强对社区服务领域重大问题的研究。推广应用社区志愿者注册登记系统，注册社区志愿者达到本地居民总数的15%以上，每个社区拥有5支以上志愿者服务队伍，并经常开展志愿服务活动。

3. 资金来源。建设资金以市、县（市、区）财政投入为主。

（三）社区服务信息化建设工程

1. 建设内容。建立居民、家庭、社会组织、社区活动电子档案，实现社区服务队伍、服务人员、服务对象信息数字化。改善信息技术装备条件，完善社区服务设施网络，并逐步实现规范化、标准化，形成互联互通共享的信息服务系统。

2. 建设方式。推进社区服务中心、社区服务站接入宽带网络，新建社区同步建设信息网络。推动社区网络和信息资源整合，鼓励建设覆盖县（市、区）或更大范围的社区综合信息管理和服务平台，形成覆盖社区各类业务、以社区综合数据库为基础、渠道界面统一、集中部署的社区综合信息网络平台，并与电子政务、电子商务网络有效衔接，实现社区数据一次收集、资源多方共享。建设全省社区综合数据中心，省级财政对社区综合信息网络平台建设资金困难的市、县（市、区）给予适当补助。优化县（市、区）、街道（乡镇）、社区等面向社会公众和企事业单位服务的流程，逐步实现行政管理、社会事务、便民服务等社区管理服务一体化，逐步健全新型社区管理和服务模式。推动各地设置统一的社区服务电话号码，加快建立社区老年人、残疾人呼叫保障系统，推进社区信息亭等公益性信息服务设施建设。引导企业参与社区服务信息系统开发。

3. 资金来源。建设资金以市、县（市、区）财政投入为主，鼓励社会力量参与社区信息化建设，支持企业与社区开展合作。省级财政给予适当支持。

五、政策措施和组织保障

（一）全面落实社区服务政策

实施《中华人民共和国村民委员会组织法》、《中华人民共和国城市居民委员会组织法》，完善我省配套政策。认真执行《城市居住区规划设计规范（GB 50180—93）》，科学规划配置社区综合服务设施和社区基础商业网点，并严格用途管理。落实基层政府或其派出机关指导社区服务工作规则、社区服务标准体系及管理办法、社区公共服务目录及准入制度、社区社会组织培育等方面的政策制度。

（二）加大社区服务体系建设资金投入

多渠道筹集社区服务体系建设资金。按有关规定区分不同情况，对社区服务设施建设与维护经费、社区服务人员报酬、社区服务工作经费、社区服务信息化建设经费等，采取财政补助、委托办理服务事项的单位划转、社区经济收入中安排等方式予以解决。城市社区居民委员会成员和社区专职工作人员的工作经费、工作报酬、培训经费以及公共服务设施和社区信息化建设等项经费纳入市、县财政预算，并建立正常增长机制。建立省级社区服务体系建设补助制度，省财政设立社区建设专项资金，用于支持社区公共服务设施和社区服务信息化建设，并适当向财力较弱地方、农村社区、困难社区倾斜。彩票公益金要加大对有关社区服务项目和社区体育设施建设的投入。拓宽社区服务体系建设资金来源渠道，鼓励企事业单位、社会团体、个人和外资以多种形式捐赠或兴办社区服务事业，建立多元化投入分担机制。

（三）完善和落实社区服务扶持政策

将社区服务体系建设纳入各地经济社会发展规划，纳入城乡规划和土地利用总体规划。对社区公共服务设施建设用地，按照法律、法规和规章可以采取划拨方式供地的，要切实予以保证。对闲置的公办学校、宾馆、培训中心、福利设施、办公用房，要优先用于社区服务。落实和完善社区服务税收、公用事业收费、用工保险、工商和社会组织登记等优惠政策，鼓励发展社区服务业。

（四）健全领导体制和工作机制

建立社区服务体系建设联席会议制度，制定各项目标任务分解落实方案，明确各级部门任务，统筹协调社区服务体系建设中的重大问题，落实重点任务和重点工程。各级政府要切实履行社区公共服务体系建设责任，加强督促检查，开展城乡社区服务体系建设绩效评估，将建设成效纳入各级党委政府部门工作目标考核和科学发展考评体系。

（五）积极开展国内外合作与宣传

加强社区服务领域国内外合作，学习借鉴国内外社区服务体系建设先进经验，开展人员、资金、技术、管理等方面的交流，鼓励吸引外资发展社区服务业，提高社区服务能力和水平。加强省内不同地区之间的交流与合作，加大对口帮扶支援力度。大力宣传、表彰在社区服务中有突出贡献的驻区单位、社会组织、志愿者组织、先进个人，形成推进社区服务体系建设的良好氛围。

湖北省人民政府办公厅
关于印发湖北省城乡社区服务体系建设“十二五”规划的通知

（鄂政办发〔2012〕47号）

各市、州、县人民政府，省政府各部门：

《湖北省城乡社区服务体系建设“十二五”规划》已经省人民政府同意，现印发给你们，请认真组织实施。

二○一二年七月九日

湖北省城乡社区服务体系建设“十二五”规划

为适应统筹城乡经济社会发展、加强和创新社会管理需要，提高城乡社区自治和服务功能，保障和改善民生，促进社会和谐稳定，根据《国务院办公厅关于印发社区服务体系建设规划（2011—2015）的通知》（国办发〔2011〕61号）和《中共湖北省委、湖北省人民政府关于进一步加强社区建设的意见》（鄂发〔2011〕26号）精神，依据《湖北省经济和社会发展第十二个五年规划纲要》，制定本规划。

一、发展现状和面临形势

“十一五”期间，全省城乡社区服务体系建设成效明显。一是社区管理和服务组织基本健全。全省共建立新型社区4090个，所有大中城市和绝大部分县（市、区）的社区体制改革已经完成，乡镇社区体制改革正在进行。建立健全了以社区党组织为领导核心、以社区居民委员会为责任主体、以社区志愿者和服务性社会组织为基础的社区组织体系。二是社区服务设施建设进展明显。全省共建立社区服务中心370多个，面积达300平方米以上的城镇社区公共服务站1500多个，社区综合服务设施覆盖率达80%以上。三是社区服务内容不断拓展。劳动就业、社会保障、劳动关系协调、社会福利、社会治安、医疗卫生、文化、体育、科技等政府公共服务事项逐步覆盖到社区。商业服务不断向社区延伸，方便了社区居民生活，提高了生活质量。四是社区工作者队伍不断壮大。通过民主选举、公开招聘，一大批能力强、作风正、乐于奉献的居民走上社区工作岗位。截至目前，全省共有3万多名社区党组织、居委会专职成员和各类社区专职工作者，共有20多万名注册社区志愿者，活跃在社区服务各领域。五是社区服务方式不断创新。各地综合应用行政、市场、社会等各种有效手段，积极创新社区服务的供给方式；不少地方积极应用现代信息技术，建设社区服务综合信息平台，方便快捷地满足了居民多样化需求。

虽然我省城乡社区服务体系建设取得了一定成效，但总体来看仍处于初级阶段，存在一些问题。城镇社区综合服务设施总量不足；农村社区服务体系建设相对滞后，存在布局分散、功能单一、设施简单、使用不便等问题；城乡社区服务体系建设整体合力尚未形成；社区信息化水平不高，服务方式落后。

随着我省经济社会快速发展，我省城乡社区服务体系建设迎来了难得的发展机遇。一方面，各级党委政府对社区发展越来越重视，公共财政更多地投向民生领域，为社区服务体系建设提供了有利条件；另一方面，社会转型、企业改制和政府职能转变，社区“兜底”功能日趋明显，加强城乡社区服务体系建设势在必行。

二、指导思想、基本原则和发展目标

（一）指导思想

以邓小平理论和“三个代表”重要思想为指导，深入贯彻落实科学发展观，从统筹城乡社区建设出发，以居民群众需求为导向，以社区综合服务设施建设为抓手，逐步建立面向全体社区居民、主体多元、设施配套、功能完善、内容丰富、队伍健全、机制合理的城乡社区服务体系。

（二）基本原则

1. 以人为本、服务居民。始终把实现好维护好发展好社区居民的根本利益作为工作的出发点和落脚点，以居民的服务需求为导向，把居民满意程度作为检验工作成效的重要标准，真正把城乡社区服务体系建设成为服务居民、造福居民的民心工程。

2. 统筹城乡，整体推进。统筹城乡社区服务体系规划、服务设施建设、服务资源配置、服务队伍建设，逐步建立城乡统一的社区公共服务制度，促进城乡社区基本公共服务均等化，逐步形成以城带乡、以乡促城、优势互补的局面。

3. 政府主导，社会参与。发挥政府在规划制定、政策引导、资金投入、监督管理等方面的主导作用。大力培育和发展各类公益性、服务性、互助性的社会组织，鼓励和支持社会组织、企事业单位和社区居民参与社区服务，发挥多元主体在社区服务体系建设中的作用。

4. 资源整合，共建共享。充分发挥现有服务设施和网络作用，逐步整合与社区服务设施建设有关的资金、项目和资源，最大限度地降低社会成本，防止资源浪费。注重社区服务体系规范化建设，建立健全科学高效的社区服务管理运行机制和共驻共建机制，发挥综合效益，增强服务功能。

5. 因地制宜，分类指导。既要全面谋划、科学布局、注重长远、整体推进，又要坚持从各地实际出发，量力而行；既要把握社区服务体系建设的统一要求，又要区分不同情况，突出重点，强化特色，实施分类指导，力戒形式主义。

（三）发展目标

从我省经济社会发展实际出发，按照加强和创新社会管理的总体要求，到 2015 年，基本建立起服务主体多元、服务功能齐全、服务设施完善、服务质量和管理水平较高的社区服务体系，全省 50% 的社区达到国家和谐社区标准，80% 的社区达到省级和谐社区标准。

1. 社区服务设施更加完善。力争到 2015 年，全省大中城市中心城区的街道办事处拥有面积不低于 1000 平方米的社区服务中心，所有城镇社区和 1000 个列入试点的农村社区的工作用房和居民公益性服务设施的面积不低于 300 平方米。积极推进社区服务信息化建设，力争到 2015 年建立起覆盖全省所有中等城市和城镇社区的综合信息网络服务平台。

2. 社区服务内容不断优化。推动社区公共服务广覆盖，群众性互助和志愿服务制度化，社区专业服务和商业服务规范便利，建立公共服务、志愿服务、便民利民服务有效衔接的社区服务体系，实现居民群众生活舒适方便。到“十二五”期末，力争基本公共服务项目覆盖到所有城乡社区。

3. 社区服务队伍日益壮大。扩大来源渠道，提高社区服务人员的专业化、职业化水平，大力推行社区志愿者注册登记制度，全省社区志愿者注册率达到居民人口的 10% 以上。力争到“十二五”期末，新增社区服务从业人员 5 万人，每个城镇社区有一名大学生或一名社会工作专业人员从事社区管理与服务工作，80% 以上的社区党员和 30% 以上的社区居民参与社区志愿服务活动，基本形成一支专业素质较高、服务能力较强、社区居民满意的社区服务队伍。

4. 社区服务体制机制逐步健全。完善社区服务体系建设的法律法规和政策，建立健全城乡社区组织，着力理顺社区内外权责关系，健全政府部门间的协调机制、政府与社区间的协作机制、社区组织之间的互动机制，优化社区服务发展的制度环境。力争到“十二五”期末，80% 以上的社区居民委员会实行直接选举，每个社区拥有 5 个以上的社区社会组织，80% 以上的驻区单位与社区签订共驻共建协议，基本建立多方参与、优势互补、利益协调、规范有序的社区服务运行机制。

三、重点任务

（一）发展以公共服务为重点的城乡社区服务事业

1. 全面推进社区公共服务。不断强化政府公共服务职能，促进政府职能部门、街道办事处与社区工作的有效衔接，大力推进就业人才服务、社会保障服务、劳动关系协调服务、福利救助服务、公共卫生和计划生育服务、文化教育体育服务、公益法律服务、治安服务、流动人口管理服务以及环境绿化美化服务等进社区，依托街道社区服务中心和社区公共服务站，为居民提供"一站式"服务，使政府公共服务覆盖社区全体成员，实现基本公共服务均等化。

2. 鼓励社区开展志愿互助服务。根据社区居民构成，培育不同类型、不同层次的社区志愿服务组织。积极动员党员、共青团员、公务员、专业技术人员、教师、青少年学生以及身体健康的离退休人员等加入志愿者服务队伍。加强志愿服务管理，建立健全激励保障机制，通过政府购买服务等方式，鼓励和支持社会力量广泛参与志愿服务活动，推动社区志愿服务规范化、制度化、法制化。鼓励和支持驻区单位和社区居民开展邻里互助等群众性自我互助服务活动，为老幼病残等困难群体提供服务。倡导并组织社区居民和驻区单位开展社会捐赠、互帮互助、承诺服务，为社区困难群体提供帮扶服务。依托社区志愿服务组织，建立党委政府倡导、社区组织扶持、专业社工引领、驻区单位和居民广泛参与的社区志愿互助服务新格局。

3. 大力发展社区便民利民服务。优化社区商业结构布局，改造传统商业网点和社区初级市场，完善社区居民便民利民服务。支持社会各方面力量兴办购物、餐饮、维修、美容美发、洗衣、再生资源回收等与居民生活密切相关的服务网点。统筹社区家庭服务业发展，支持大型家庭服务业企业运用连锁经营等方式到社区建立便民站点。积极推行物业管理服务，提高物业服务质量。

（二）健全和完善城乡社区服务设施网络

加大社区服务基础设施建设投入，综合考虑服务居民群众规模效益，逐步建立起以综合服务设施为依托、专项服务设施为补充、服务网点为配套、信息网络平台为支持的社区服务设施网络。

1. 编制城乡社区服务设施建设规划。按照人口规模适度、管理服务方便、资源配置有效、功能相对齐全、社区居民自愿的要求，以县（市、区）为单位，编制城乡社区服务设施建设规划，合理确定社区服务设施的数量、布局、建设方式和功能设置等。要充分利用社区已有设施，提高街道（乡镇）社区服务中心、社区公共服务站以及相邻社区服务设施之间的共享程度。除国家另有规定外，所有以社区为对象的公共服务、便民服务、志愿服务均在综合性社区服务设施中提供，注重资源整合，避免重复建设。

2. 建立健全城乡社区层面服务设施。社区公共服务站是政府在社区层面设立的直接面向全体居民的公共服务平台。根据需要，社区公共服务站设置“一厅四室一校一点”：一厅即社区事务综合服务大厅（公共服务、代理服务和互助服务），四室即社区文体活动室、图书阅览室、维权咨询室、警务室，一校即市民学校（集居民学习、议事、培训教育、集会等多功能于一体），一点即社会捐赠接收发放点（慈善超市）。

3. 建立健全街道（乡镇）层面服务设施。街道（乡镇）社区服务中心是为弥补社区公共服务站的不足，提供综合性、专业性社区服务内容，发挥指导辐射作用，提高社区组织管理和服务水平的设施。根据需要，街道社区服务中心设置“一厅四中心一室一站”：一厅即社区事务综合服务大厅（主要提供公共服务和中介服务），四中心即综合培训教育中心、文体活动中心、维权咨询服务中心、特殊群体服务中心，一室即图书阅览室，一站即社会捐赠接收发放站。

4. 逐步完善社区服务综合信息网络。按照统筹规划、分级实施、实用高效的原则，充分整合社区就业、社保、低保、卫生、计生、文化、培训等公共服务信息，发展面向社区居民的“一站式”服务。发挥社区综合信息平台在基层政府、企业、社区组织和居民之间的沟通交流作用，方便社区居民，增进社区和谐。

（三）加强社区服务人才队伍建设

完善选聘制度，加大培训教育力度，努力建设一支以社区党组织和社区自治组织成员为骨干、以社区专职工作人员为重点、以社区志愿者为补充的社区服务人才队伍。

1. 充实壮大城乡社区干部队伍。依章依法选齐配强社区（村）“两委”班子成员，逐步扩大社区（村）党组织领导班子和居民委员会直接选举范围，全面推行村民委员会直接选举制度。按照整合资源、一岗多责、效能优先的原则，对社区各类工作人员进行整合，提倡社区党组织班子成员、社区居民委员会成员与业主委员会成员交叉任职。健全居（村）民委员会下属委员会，选齐配强居（村）民小组长、楼院门栋长。

2. 积极推进社区服务人才队伍专业化、职业化。根据工作需要，面向社会公开招聘，配备一定数量的专职社区工作者。积极开发社区服务工作岗位，扩大就业范围，吸纳更多人员从事社区服务工作。扩大社区服务人员的来源渠道，鼓励大中专毕业生、复转军人、社会工作者等优秀人才到社区工作，优化社区服务人才结构。加强各类高等学校和科研机构社区服务研究和社区服务相关学科建设，为社区服务体系培养各类专业人才。

3. 建立和健全社区服务人才培养制度。鼓励社区服务人员立足岗位、自学成才，支持他们参加社会工作等各种职业资格考试和学历教育考试，采取多种方式加强对现有社区服务人员的培训，不断提高他们的职业素质、服务意识和专业水平。建立健全人才激励制度，落实社区服务人员的生活补贴、工资、社会保险等福利待遇。关心社区服务人才的成长进步，探索建立培养发展党员、招录公务员、选拔基层干部，推荐党代表、人大代表、政协委员和劳动模范等制度。

（四）推进社区服务体制机制创新

1. 建立健全社区服务组织。建立健全社区党组织、社区居民自治组织，辖区人口较多的，可根据需要建立社区专业服务机构，实现对社区全体成员的全员管理和无缝隙管理服务。大力培育公益性、服务性、互助性社会组织，注重培养社区社会组织负责人队伍，对不具备登记条件的社区社会组织实行备案制度，并在组织运作、活动场地等方面为其提供帮助。加大政策扶持力度，通过政府购买服务、设立项目资金、活动经费补贴等途径，积极引导各类社会组织和各类志愿者参与社区管理和服务。支持工会、共青团、妇联、残联、老龄协会、计划生育协会、慈善协会等群众组织发挥各自优势积极参与社区服务活动。

2. 理顺职责权限及相互关系。普遍推行社区公共服务事项准入制度，凡城区、街道（乡镇）层面能办理的社会管理和公共服务事项不再向社区延伸；凡属于基层政府及其职能部门、街道办事处（乡镇人民政府）职责范围内的事项不得转嫁给社区组织；凡依法应由社区组织协调的事项应当为社区组织提供必要的经费和工作条件；凡委托给社区组织办理的有关服务事项，应当实行“权随责走、费随事转”。将制度创新和技术创新结合起来，积极推进社区公共服务的“一站式”服务机制，整合政府各部门在城乡基层的办事机构，减少管理层次，合并相近或相同的服务项目，整合服务资源，优化人员结构，精简服务流程，增强服务能力。完善政策，进一步推进社区服务的品牌化、连锁化、专业化，提高社区服务效率。进一步健全和完善共驻共建机制，鼓励驻区单位参与社区服务。

四、重点工程

（一）社区服务设施建设工程

“十二五”期间，按照面积不低于1000平方米的标准，完成200个街道社区服务中心和300个乡镇社区服务中心的新建、改扩建任务；按照面积不低于300平方米的标准，完成2350个城镇社区和1000个列入试点的农村社区综合服务设施的新建、改扩建任务。

（二）社区服务人才队伍建设工程

探索建立社区服务人才职业化、专业化标准体系和评估制度，加强对社区服务人员的系统培训，每名社区服务人员至少培训一次。依托高校、科研机构及各类培训机构，建立社区服务人才培训基地。

（三）社区信息化建设工程

建设全省社区基础信息数据中心，以市（州）为单位建设社区服务信息平台，统一全省社区服务热线电话号码；在1000个社区建立“一键通”、“一号通”等呼叫系统。加快推进社区安保电子监控系统、电子阅览室、信息亭、信息服务自助终端等设施建设，满足居民群众对信息服务的需求。

五、政策措施和组织保障

（一）加强组织领导

各级政府要把社区服务体系建设纳入重要议事日程，作为加强和改善民生的重点工作内容。充实民政部门从事社区建设工作的力量，切实加强对社区服务体系建设工作的组织领导。各地要强化相关部门在社区服务体系建设工作中的职责，形成多方参与、密切配合、齐抓共管的局面。开展党政领导联系社区、部门对口帮扶社区的活动，解决社区服务体系建设中的实际问题。加强检查督办，把建设成效纳入各级党委政府部门工作目标考核体系。

（二）加大资金投入

各级政府要加大对社区建设的投入，将社区党组织和居委会的工作经费、党员活动经费、人员报酬、服务设施以及信息化建设经费等纳入同级财政预算。省政府加大对财政困难地区一般性转移支付力度，以增强其社区建设工作的保障能力。“十二五”期间，省政府安排专项资金，采取以奖代补的方式，分年度对工作服务用房和居民公益性服务设施没有达标的社区进行补助。省级财政每年安排社区建设项目引导资金，对社区建设成绩突出的政府给予适当奖励。积极争取中央专项资金，鼓励企事业单位、社会团体、个人和外资以多种形式捐赠或兴办社区服务事业。

（三）完善法规政策

研究制定基层人民政府或其派出机关指导社区工作规则、社区服务标准体系及管理办法、社区公共服务目录及准入制度、社区社会组织培育等方面的法规制度。将社区服务体系建设纳入各地经济和社会发展规划，纳入城乡规划和土地利用总体规划，对社区公共服务设施建设用地，按照法律、法规和规章可以采取划拨方式供地的，各级政府要切实予以保障；闲置的宾馆、培训中心、福利设施、办公用房，优先用于社区服务。加快完善社区服务税收、公用事业收费、用工保险、工商和社会组织登记等优惠政策，为社区服务业发展创造良好环境。

湖南省民政厅
关于印发《2012年度社会管理综合治理
民政事项考评细则》的通知

（湘民函〔2012〕77号）

各市（州）民政局：

根据省综治委印发的《2012年度湖南省市州社会管理综合治理考评办法》，省民政厅负责对城乡社区建设、社会组织服务管理、群众性自治组织建设、建设社会工作专业人才队伍、平安边界创建等五个事项考评打分。为认真做好考评工作，促进工作落实，省厅研究制定了《2012年度社会管理综合治理民政事项考评细则》，现印发给你们，请认真遵照执行。

二〇一二年八月六日

湖南省2012年度社会管理综合治理民政事项考评细则

根据《2012年度湖南省市州社会管理综合治理考评办法》，现就有关民政事项制定考评细则。

一、组织领导

考评工作由省厅统一组织领导，厅办公室负责牵头并综合协调，相关处室协同配合。

二、考评对象

考评对象为全省14个市（州）。

三、考评事项及计分标准

（一）城乡社区建设（2分）

1. 制定本地“十二五”社区服务建设相关发展规划（0.4分）。市（州）出台了专项规划或相关发展规划文件的，计0.4分；没有出台的，扣0.4分。

2. 贯彻全省社区党建和社区建设会议精神（0.4分）。市（州）党委、政府召开了贯彻落实会议，或近两年内出台了社区建设文件的，计0.4分；未召开会议也未出台文件的，扣0.4分。

3. 推进城市社区综合办公服务用房建设（0.4分）。市（州）政府办公会议研究用房保障问题，并出台实施意见的，计0.2分，未研究也未出台实施意见的，扣0.2分；按省里有关文件要求推进社区综合管理服务用房建设的，计0.2分；建房任务完成得不好的，扣0.1分。

4. 建立社区建设体系建设联席会议制度（0.4分）。设立了社区服务体系建设或社区建设领导机构，年内召开一次以上工作会议的，计0.4分；未召开会议的，扣0.2分。

5. 开展农村社区建设试点（0.4分）。市（州）和县（市、区）均开展了试点工作的，计0.4分；未开展试点工作的，每个扣0.05分，本项最高扣0.2分。

（二）社会组织服务管理（1分）

1. 组织发动社会组织积极参与属地的社会管理工作（1分）。对这项工作未研究部署的，扣0.2分。市（州）未成立社会组织党工委的，扣0.1分。

2. 对社会组织违法活动未及时作出处理，每发现一例扣0.1分。

3. 对非法组织未及时调查处置，每发现一例扣0.2分。

上述三项扣分以1分为限。

（三）群众性自治组织建设（2分）

1. 推动城乡结合部、城中村、工矿企业所在地、新建住宅区、流动人口聚居地的村（居）委会组建工作，基层群众性自治组织实现全覆盖（1分）。研究部署并开展了实际工作的，计1分；未研究部署的，扣0.3分。未开展实际工作的，扣0.2分，本项最高扣0.5分。

2. 建立健全村（居）民代表会议，村（居）务公开民主管理等制度（0.5分）。部署开展了村（居）民自治制度建设工作的，计0.5分；制度缺失较多的，扣0.2分。

3. 开展第八次社区居委会换届选举（0.5分）。按期完成社区居委会换届选举工作的，计0.5分；未按期完成选举的，扣0.2分。每出现一例非正常到省上访的，扣0.02分，本项最高扣0.2分。

（四）建设社会工作专业人才队伍（2分）

1. 制定社会工作专业人才队伍发展规划（0.5分），市（州）制定了发展规划的，计0.5分；未制定的，扣0.5分。

2. 建立社会工作专业人才队伍培养、评价、使用、激励、保障机制（0.5

分）。制订相关政策措施，出台了文件的，计0.5分；未出台文件的，扣0.2分。

3. 建立社会工作人才队伍培训基地（0.5分）。开辟有固定培训场所或委托相关机构开展了专业培训的，计0.3分，未开展专业培训的，扣0.3分；组织开展社会工作师职业水平资格考试的，计0.2分；未组织开展的，扣0.2分。

4. 宣传普及社会工作，提高社会工作认知度（0.5分）。在报刊、电视、网站等媒体开展了宣传普及社会工作知识的，计0.3分；未开展宣传工作的，扣0.3分；组织了对领导干部、行政人员、社区骨干等人员社会工作知识培训的，计0.2分；未开展培训的，扣0.2分。

（五）平安边界创建（1分）

1. 各市州涉及的所有省级、市级和县级行政区域界线中，因界线联检工作不落实，在规定期限（2012年11月10日前）未上交界线联检资料的，每条界线扣0.01分；联检资料不符合要求的（照片复制往年的，或界桩文字未描红的，及其他不符合要求的），每条界线扣0.05分。本项最高扣0.2分。

2. 各市州涉及的所有省级、市级和县级行政区域界线中，因界线及其标志物认定纠纷或变更界线引发的案（事）件，虽未造成人员死亡的，每发生一起扣0.1分；造成一人以上死亡的，每发生一起扣0.2分。本项最高扣0.4分。

3. 因界线及其标志物认定纠纷或变更界线引发的5人以上集体上访或非正常上访至省一级部门的，每发生一起扣0.1分。本项最高扣0.2分。

4. 因界线管理工作不到位，或界桩管护责任不落实，致使界桩损坏或丢失后未及时修复或重竖的，每发现一起扣0.1分。本项最高扣0.2分。

四、方法步骤

考评采取市（州）自行考评和省民政厅综合考评相结合的方式进行。主要步骤如下：

（一）各市州民政局依据本细则的考评内容和标准，收集得分依据后进行自评打分。

（二）2012年11月10日前，根据考评要求形成年度考评报告，由本地综治部门签具意见后，以市州民政局名义上报省民政厅。

（三）省民政厅年底根据各市（州）民政局上报的年度考评报告，统一组织对市州进行考评，并结合平时了解掌握的工作开展情况，对各市（州）社会管理综合治理有关民政事项进行总评打分，总评结果报省综治办。

湖南省关于印发
湖南省“十二五”民政事业发展规划的通知

（湘政发〔2012〕26号）

各市（州）、县（市、区）人民政府，省政府各厅委、各直属机构：

现将《湖南省“十二五”民政事业发展规划》印发给你们，请认真组织实施。

二〇一二年八月十日

湖南省“十二五”民政事业发展规划

为推进全省民政事业发展，根据《湖南省国民经济和社会发展第十二个五年规划纲要》和民政部、国家发改委《民政事业“十二五”发展规划》精神，制定本规划。

一、“十一五”时期取得的主要成绩

（一）基本民生保障水平进一步提高

1. 社会救助水平显著提高。全面建立和完善城乡社会救助体系，每年救济和资助困难群众800多万人次。城市低保实现动态管理下的应保尽保，到2010年底，月均保障人数达148万人，月人均补差155元，比2005年提高97元。农村低保制度全面建立，月均保障人数267万人，月人均补差55元。农村五保集中和分散供养标准分别达每人每年3000元和1500元；新增集中供养五保对象9万多人，集中供养率由2005年的8%提高到20%。建立资助对象参合参保、门诊医疗救助、住院医疗救助、临时医疗救助和慈善医疗援助“五位一体”城乡医疗救助制度，累计救助1275万人次。建立临时救助制度，累计救助困难群众31万人次，对流浪乞讨人员实施主动救助，累计救助36万人次，通过老区扶贫开发，累计帮助近30万老区困难群众脱贫。

2. 救灾应急能力不断提升。减灾救灾和应急管理体系不断健全，建立和完

善省、市、县三级救灾应急预案，救灾补助标准大幅度提高。累计投入救灾资金31亿元，较好地解决了灾民的吃、穿、住问题；其中用于灾民倒房恢复重建资金12.8亿元，帮助18万户灾民恢复住房70万间，确保倒房灾民当年春节前搬进新房过新年。实施农村“安居工程”，帮助6.7万多户困难群众新建住房。开展农村危房改造试点，资助近7万户困难群众新建和维修住房。

3. 优抚安置政策全面落实。多次提高优待抚恤标准，全省各类重点优抚对象的抚恤补助水平全部达到或超过国家标准，建立资助参合参保、门诊医疗补助、住院医疗补助、特别医疗补助、慈善医疗援助“五位一体”的新型优抚对象医疗保障制度，实现优抚医疗费用“一站式”及时结算服务。开展关爱优抚对象活动，帮助20多万名困难优抚对象解决了生活、医疗、住房困难。双拥工作成效显著，评残追烈工作不断规范。加强退役士兵安置和军休管理工作，安置退役士兵7.89万人，自谋职业率稳步提高；接收安置军休人员2119人，军休人员的政治、生活待遇得到较好落实。烈士传编纂工作全面完成。新建和改扩建光荣院、优抚医院、烈士纪念建筑325处。

4. 福利慈善事业稳步发展。加强福利设施建设和福利企业管理，开展“明天计划”和“重生行动”，为福利机构中符合条件的对象实施康复手术，康复有效率100%；为全省2000多名特困群众免费安装假肢器具，帮助1.88万名残疾人就业。两次召开湖南慈善大会，出台《湖南省募捐条例》，加强和规范慈善工作；接受社会捐赠9.8亿元，救助困难群众312万人次；省、市、县三级慈善组织基本建立，部分乡镇建立慈善工作站。

（二）基层社会建设管理进一步深化

1. 村（居）民自治不断深化。全面实行村委会直选，居委会直选率达到50%。指导全省814个村务公开民主管理“难点村”完成整治任务。推动开展村（居）务公开民主管理示范创建活动，7个县（市、区）被命名为全省村务公开民主管理示范单位。指导全面建立完善村（居）民代表会议制度，积极探索居民、社会组织和驻建单位参与社会自治的有效途径，基层群众自治机制不断健全。

2. 城乡社区建设统筹推进。城市社会建设不断深化，社区组织体系不断完善，社区基础设施不断改善，社区工作机制不断健全，社区服务功能和居民生活质量不断提升，全省有9个城区、10个街道、30个社区被命名为全国和谐社区建设示范单位。在456个村积极推进农村社区建设试点工作，初步形成具有湖南特色的农村社区建设模式和体制，有力地促进了我省社会主义新农村建设。

3. 社会组织健康发展。全省新登记社会组织5765家，各类社会组织总数达1.65万多家。出台《湖南省农村专业经济协会促进办法》和《湖南省行业协会管理办法》，全省社会组织自我发展、自我管理、自我服务和服务社会能力不断增强，逐步成为促进社会建设管理的重要力量。加强社会组织监管，依法取缔社会组织 669 家。

4. 社工队伍不断发展壮大。按照国家职业标准和民政部的部署，组织职业技能鉴定，初步建立民政技能人才考核评价机制，2000 多人取得社会工作师或助理社会工作师职业资格证书。

（三）基本公共服务领域进一步拓展

1. 积极推进服务设施建设。“十一五”期间，全省投入 1.95 亿元新建和改扩建市、县救助站（含流浪未成年人救助保护中心）65 个，新增床位 4000 张。投入 8.54 亿元，新建市、县福利院 103 所，新增床位 10000 余张。投入 8.73 亿元，新建和改扩建乡镇敬老院达 1900 多所，村级五保之家 1700 多所。累计发行福利彩票 95.26 多亿元，募集福彩公益金 31.92 亿元，全部用于福利服务设施建设。指导建成各类社区服务设施 9633 个，服务网点 46187 个，社区服务从业人员近 66 万人。

2. 不断强化社会事务管理。加强区划地名管理与服务，共撤销乡（镇）194 个，推进了城市化进程。开展地名公共服务工程建设，全面建成省、市、县三级地名数据库。规范地名管理，全省乡镇设标率达 70%。开展创建平安边界活动，加强行政区域界线联检工作。加强婚姻登记体制改革，全省实现县级集中登记，婚姻登记合格率 100%。自主开发《湖南婚姻登记信息管理系统》，在全国率先实行与公安户籍管理、计划生育管理、公民信息管理系统联网的婚姻在线登记。深化殡葬改革，全省火化率达 32.2%，殡葬管理与服务水平稳步提高。加强收养管理服务，依法开展儿童领养和涉外收养工作，境外家庭回访有序进行。

3. 大力发展社会养老服务。积极推进老年社会保障体系建设，落实老年普惠政策。逐步建立起高龄津补贴社会福利制度。加快养老服务体系建设，全省每年千名老年人养老床位 12.2 张。投入老年事业发展专项资金 500 万元，新建 3 个爱心护理医院、新增 69 个农村老年福利服务机构示范点。

（四）民政自身能力建设进一步加强

1. 加强干部队伍建设。大力开展学习实践科学发展观和创先争优活动，发现、推介了以原衡南县民政局局长陈声伟为代表的一批民政系统先进人物，并在全省开展广泛深入的学习活动，推动了全省民政干部队伍建设。

2. 加强基层平台建设。大力加强民政基层能力建设，积极推进市（州）民政工作经费按上年度上级下拨民政资金总量的 1% 左右、县（市、区）按 3% 左右以及乡镇按照每万人口配备一名民政干部等政策的落实，全省基层民政工作力量得到增强，工作条件得到改善，民政基层基础进一步夯实。

3. 加强部省合作共建。认真落实省政府与民政部签订的《共同推进长株潭城市群民政事业改革发展合作协议》，争取民政部加大对我省经费、项目的支持，努力在体制机制创新、先行先试方面进行示范，推动现代民政和服务“两型”社会建设取得了明显进展。

4. 加强信息化建设。加大民政信息化建设投入，推动全省民政广域网县级联网和部、省、市三级网络联通，开通各级民政政务网150多个，实现了所有市州、县（市、区）之间的互联互通。

“十一五”期间，全省民政事业取得了长足发展，但也存在一些困难和问题。一是地区与地区之间工作发展不平衡，城乡之间发展不平衡；二是困难群体增多，还没做到应保尽保、应救尽救，保民生的压力大；三是项目资金缺乏，设施建设滞后，服务保障能力不强；四是基层力量薄弱，工作落实难度大；五是民政法制建设相对滞后，执法手段不健全。

二、“十二五”时期的指导思想、基本原则、发展目标和主要任务

（一）指导思想

以邓小平理论和“三个代表”重要思想为指导，深入贯彻落实科学发展观，紧紧围绕实现全面建设小康社会宏伟目标，切实履行职责，着力提高基本民生保障水平，大力发展社会服务，增强社会自治功能，创新体制机制，加强民政能力建设，全面推进民政事业科学发展，努力满足人民群众日益增长的公共服务需求，着力发挥民政工作在社会建设中的骨干作用，为实现我省“十二五”规划的战略目标，全面推进“四化两型”建设，促进社会和谐稳定做出新的贡献。

（二）基本原则

1. 以人为本、保障民生。紧紧围绕国民经济和社会发展全局，从广大人民群众最根本利益出发谋发展，促发展。以保障和改善民生为核心，发展社会服务，提高社会服务水平，满足人民群众社会服务需求。

2. 统筹兼顾、突出重点。坚持城乡、区域全面协调发展，加大对农村地区、贫困地区、民族地区、革命老区的民政事业发展支持力度；统筹各项业务工作，科学规划民政事业发展布局，整体推进民政事业健康发展。

3. 政府主导、社会参与。积极探索政府主导、部门协调、社会参与的多层次、多样化民政事业发展机制。支持社会组织等民间资本公平进入社会服务领域，加快民政事业发展。

4. 改革创新、完善制度。努力探索管理体制、投入机制、运行模式和政策制度改革创新，因地制宜、分类指导，形成更加有利于民政事业发展的体制机制。不断拓展工作领域、培育创新典型、推广先进经验，形成更具活力的民政事

业发展格局。

（三）发展目标

到2015年，基本建成覆盖城乡、制度健全、设施完善、功能齐全、布局合理、水平适度的社会服务和专项事务管理体系，有效满足人民群众的各项社会服务和社会管理需求。

困难群众基本生活得到有效保障。城乡困难群众全部纳入救助范围，城乡低保在应保尽保的基础上与全国平均水平同步提高。到2015年，低保标准达到当地居民人均消费支出的35%以上。各项社会救助制度不断完善，低收入认定办法逐步完善，救助标准和补差水平稳步提高，困难群众的基本生活得到切实保障。农村五保户集中供养率达到35%以上。

受灾群众基本生活得到及时安排。综合防灾减灾能力明显提高，灾害紧急救援体系基本建立，救灾物资储备和供应快捷充足，保证灾害发生后救灾物资12小时内到达受灾地区，确保受灾群众及时得到衣、食、住、医等方面的基本生活救助。省级救灾物资仓库和各市（州）储备库及环长株潭城市群灾害救援应急指挥中心、灾害卫星监测与评估中心、自然灾害信息数据库湖南分库分别建成投入使用。

优抚群体生活权益得到切实保障。各项优抚安置政策逐步完善并得到落实，优待保障能力和水平与经济社会发展协调推进，服务优抚安置对象和服务国防、军队现代化建设的能力显著增强。

适度普惠型福利制度不断完善。以家庭养育为基础、社区福利服务为依托、福利机构为保障的儿童福利服务网络基本建成，社会福利由补缺型向适度普惠型转变。全省新改扩建一批社会（儿童）福利院；新改扩建一批乡镇敬老院；新建一批国办老年服务示范机构；新建一批市级流浪未成年人救助保护中心。新建和改扩建一批殡仪馆，火化区城镇火化率达80%以上。

加快实现人人享有养老服务。与人口老龄化进程相适应、与经济社会发展水平相协调的养老服务体系初步建立，养老服务覆盖面大幅提高，培育壮大老龄服务事业和产业，加快实现“老有所养”目标。重点资助建设一批省级城乡养老服务示范点，鼓励社会力量兴办一批规模较大的老年服务机构。推动全省城市街道、社区建成社区居家养老服务中心（站），力争全省乡镇、农村中心社区（村）分别建起一个综合性老年福利或养老服务中心（站），努力实现平均每千名老人有20张以上床位数的目标。

居民共享较高水平的社区服务。加快面向城乡全体居民、服务功能比较完善的社区服务体系建立，基本实现城乡社区服务设施、服务项目和服务网络全覆盖。全省城镇社区拥有300平方米以上、农村社区拥有400平方米以上的综合性服务用房；城乡社区服务设施达1.5万个以上。

社会工作人才队伍初步建立。全省社会工作人才队伍形成一定的规模，加强义工工作站建设和义工培训，培养一批具有职业资格的孤残儿童护理员和灾害信息员。广泛开展志愿服务。加强民政专业技术和高技能人才队伍建设。

社会组织发展管理体系健全完善。健全基层管理和民政各项公共服务体系，发挥群众组织和社会组织作用，提高城乡社区自治和服务功能，形成社会管理和服务合力。全省各类社会组织总数达到2.2万个。

（四）主要任务

1. 完善城乡社会救助体系，提高民生保障水平。进一步完善城乡低保制度，规范完善医疗救助制度，全面建立临时救助制度，实现各项制度的城乡均等全覆盖。理顺基本生活救助制度和其他专项救助制度之间的关系，将专项救助制度在覆盖低保对象的基础上向低收入家庭延伸，建设惠及全民、覆盖城乡、制度健全、相互衔接的新型社会救助体系。

最低生活保障。完善城乡低保标准、价格临时补贴与物价上涨联动机制。城乡最低保障标准年均增长10%。坚持动态管理，确保全省城乡低保对象实现应保尽保、按标施保。规范城乡低保分类施保措施，按救助对象不同需求实施差别化救助，提高老年人、残疾人、未成年人和重病患者的保障水平。建立低收入家庭经济状况核定体系，提高救助管理的科学化和精细化水平。

减灾救灾工作。完善落实“三制”（灾情信息管理制度、救灾物资储备管理制度、灾民救助卡管理制度）、“一案”（灾民救助工作预案）、“一评估”（灾民受损专家评估）机制，积极开展灾民生活救助，受灾群众的基本生活得到切实保障。建立三级灾民救助应急响应机制，推进社区减灾工作，统筹规划灾后恢复重建，提高突发公共危机应急反应和紧急救助能力。加强减灾宣传和救灾物资储备。

农村五保供养。科学确定农村五保供养水平，切实解决好五保对象基本生活、就医和住房困难，逐步提高供养标准，确保不低于当地村民平均生活水平。建立农村五保对象医疗保障机制，全面落实五保对象在县、乡两级医疗机构住院基本医疗费用“零支付”政策。推进农村五保供养服务机构建设，实行等级管理，全面完成敬老院事业单位法人登记，促进可持续发展。

临时救助制度。完善临时救助制度，规范临时救助程序，对低收入家庭面临的阶段性、临时性困难给予及时有效的救助。充分发挥临时救助制度的补充作用。

城乡医疗救助。完善城乡医疗救助体系，加强医疗救助与其他医疗保障制度的衔接，扩大医疗救助覆盖面，推广医疗救助“一站式”服务模式，探索建立重特大疾病医疗救助制度，提高医疗救助水平。到2015年，城乡医疗救助支出比例达到救助对象自付费用的50%以上。

流浪乞讨人员救助。加快救助管理设施建设步伐，支持各县（市、区）建立一所拥有50张左右床位的救助站（咨询站），提升救助服务水平。着力减少反复流浪现象，帮助受助流浪乞讨人员回归家庭或实现社会自立。加强流浪未成年人救助保护机构工作队伍建设，加强受救助流浪未成年人的教育工作。鼓励、规范社会力量参与救助工作，推动其与政府举办的救助机构共同发展。

其他专项救助。积极开展专项救助，实现专项救助与临时救助相衔接，政府救助与慈善救助等社会救助项目相衔接，重点解决低保家庭及其他低收入家庭医疗、教育、住房、应对突发事件等困难。加大老区扶贫开发力度，促进老区经济发展，帮助更多老区群众脱贫致富。

2. 认真落实优抚安置政策，提高优待抚恤水平。继续加大优抚保障资金投入力度，不断提高抚恤补助标准；推行新型优抚医疗保障制度；深化退役士兵安置和军休接收安置改革；继续做好烈士褒扬工作；健全完善拥军优抚安置服务保障体系。

抚恤优待。完善优抚对象抚恤补助标准自然增长机制，力争抚恤补助标准年均增长15%以上，确保优抚对象的生活水平逐步提高。完善新型优抚对象医疗保障制度，加大医疗补助和优惠减免力度，有效解决重点优抚对象医疗难问题。完成全省县级以上中心光荣院提质改造任务，加强全省烈士纪念建筑物维修保护。努力改善城乡优抚对象住房条件。

拥军优属。深入开展创建双拥模范城（县）等形式多样、内容丰富的群众性双拥活动，扩大双拥工作群众基础，推进拥军工作社会化。不断提高创建水平。发挥军地双方优势，广泛开展军民共建，积极推进军民融合式发展，不断巩固和发展军政军民团结的局面。

安置改革。加快退役士兵安置改革，完善城镇退役士兵和农村退役士兵安置制度，拓展社会化安置渠道。完善扶持退役士兵自主就业优惠政策，认真做好退役士兵基本职业技能培训、学历培训、就业指导和职业介绍服务，落实好自谋职业退役士兵各项优惠政策，维护退役士兵的合法权益。

军休管理。认真落实军休干部和无军籍职工政治和生活待遇，积极探索军休工作体制改革，建立国家保障和社会化服务相结合的服务管理新模式。完成军休干部和无军籍职工接收安置任务，加大服务管理机构用房建设力度。

3. 加快推进普惠型福利事业发展，提高福利服务水平。加快社会福利服务设施建设，推进社会福利社会化改革，推动福利服务向适度普惠型发展，努力建设服务对象公众化、投资主体多元化、服务内容多样化的新型福利服务体系，为老年人、孤残儿童、残疾人提供更加优质的福利服务。

养老服务事业。开展养老服务社会化示范活动，鼓励和支持社会力量兴办社会福利机构。推行“公办民营”改革试点工作，逐步实现社会福利机构投资主体多元化和经营主体多元化。支持社会力量兴办养老服务机构。抓好养老服务示范建设，支持各市（州）、县（市、区）分别建立起一所有一定规模的国有养老服务机构。发展社区居家养老服务，实现城市社区居家养老服务组织全覆盖。加快农村综合性老年福利服务中心和村级养老服务示范点建设，为农村老年人提供养老服务、文化娱乐、健身休闲场所。完成省级城市社区居家养老服务中心、依托乡镇敬老院等建设的乡镇老年福利服务中心和农村中心社区（大的自然村）养老服务示范点（站）的资助建设任务。完善老年人社会优待政策，推动各市（州）、县（市、区）区对高龄老年人发放生活津贴，开展空巢家庭老人的帮扶救助工作。

儿童福利事业。实施“蓝天计划”，加快儿童福利机构和设施建设，推动各市（州）和部分人口大县（市）分别建成一所儿童社会福利机构，为弃婴提供生活、医疗、康复、教育等综合性福利服务。实施“明天计划”，完善孤残儿童手术康复长效机制，认真做好资助低保家庭残疾儿童手术康复工作。加强家庭寄养各项制度建设，规范、完善寄养管理服务，建立孤儿基本生活保障制度，研究制定孤儿生活、医疗、教育、就业、住房补贴等政策，力争孤残儿童生活不低于当地居民平均生活水平。

残疾人福利事业。加大福利企业改制改组力度，研究出台促进福利企业发展的扶持政策，鼓励社会力量兴办福利企业，为残疾人创造更多的就业岗位。免费或优惠为革命伤残军人、贫困残疾人、孤残儿童和老年人装配假肢和矫形器具。做好“三无”、复退军人精神疾病患者和特困精神病患者收治工作。

福利彩票发行。坚持“安全运行、健康发展”的工作方针，着力打造福利彩票公益、诚信品牌。理顺和完善福彩销售管理体制和机制，加强福彩销售制度、组织网络、专业队伍建设，实现产品丰富、投注便捷、站点形象统一、服务规范优质、销售稳步增长的目标。

慈善事业发展。加大公共财政投入力度，争取慈善基金和慈善救助项目资金逐年递增。全面落实《湖南省募捐条例》，规范社会募捐活动。建立慈善事业发展长效机制，健全慈善工作网络。创新慈善募捐的运行模式、捐赠方式和劝募方式，逐步壮大慈善基金。加强慈善宣传，提高慈善组织公信力和劝募能力，调动社会力量参与慈善事业发展。建立志愿者服务储备制度，广泛开展社会互助和志愿者活动。

4. 加强基层政权和城乡社区建设，提高基层自治水平。把城乡社区建设成为管理有序、服务完善、文明祥和的社会生活共同体和基本公共服务均等化的支撑平台，充分发挥社区服务居民、维护稳定、促进发展的作用。

城乡社区服务体系建设。逐步建立完善覆盖社区全体成员的服务主体多元、服务门类齐全、服务质量和管理水平较高、服务效益较好的社区服务体系，满足居民多层次、多样化服务需求。“十二五”末，基本解决城乡社区办公用房不足问题。

城乡基层组织建设。加强社区自治组织建设，制定《社区居民会议议事规程》，完善和规范社区居委会选举制度，推动社区居民自治，提高民主选举、民主管理、民主决策、民主监督能力。健全村党组织领导的村民自治机制，巩固党在农村的执政基础。完善村民自治组织体系，完善村委会直选制度。完善基层组织工作保障机制，构建和谐社区、和谐村镇。

基层民主自治。扩大基层民主，引导城乡基层群众自我教育、自我管理、自我服务，更好地参与管理基层公共事务。健全民主听证会、评议会、协商议事会制度。完善农村村民自治法律法规和政策，培育发展社区服务性、公益性、互助性社会组织，推动政府行政管理与基层群众自治有效衔接和良性互动。

社区工作改革。推行社会工作者职称评定制度，加快社区工作社会化、专业化、职业化建设，落实和提高工资待遇。培育发展社区社会组织，增强社区管理和服务力量。加强社区服务行业规范管理，推行家政服务人员上网登记、等级评定制度，建立居民服务申请、服务追踪制度，提高社区服务专业化水平。

5. 加快社会组织培育发展，提高服务社会能力。坚持培育发展与监督管理并重的方针，建立与经济社会发展水平相适应、布局合理、功能到位、作用明显的社会组织发展体系和分类管理、分级负责的社会组织管理体系，提高社会组织质量，理顺管理体制，提高服务监管水平，充分发挥社会组织作用，形成政府管理、社会监督和社会组织自律相结合的管理格局。

培育发展。完善登记管理体制，探索行业协会、基层社会组织、公益慈善组织、民办非企业单位登记管理新办法，逐步推行备案制，适当降低准入门槛，简化登记程序，加大行业协会、农村专业经济协会、社区社会组织、公益慈善类和科教文卫环类社会组织的培育力度，改善社会组织结构。建立购买社会组织服务制度，落实税收优惠政策，建立孵化基地，逐步壮大社会组织规模。

自律建设。建立完善社会组织诚信评估、失信惩罚等评估体系，有效管理和监督其活动，增强社会组织自我发展、自我管理能力。推动行业协会和公益慈善类社会组织业务主管单位由业务主管向业务指导转变，规范和完善校友会、异地商会、农村专业经济协会、社区社会组织发展管理办法，逐步将社会组织管理工作纳入法制化轨道。

监督管理。加强自身建设，提高监督管理水平。开展涉外社会组织登记管理工作，完善双重管理体制，建立健全内部治理结构，依法查处社会组织违法行为和非法社会组织。加强社会组织评估工作，增强评估透明度，加大评估成果运用，促进社会组织健康发展。全面推进行业协会与政府主管部门在机构、职能、人员、财务、办公场所“五分开”，完善社会组织党的工作机构，加强社会组织党组织建设。

6. 加强社会事务管理，提高社会管理水平。加强社会建设管理，形成与全省社会经济发展总体规划相适应，与“四化两型”发展相协调的社会事务管理新格局。

社工队伍建设。制定《湖南省社会工作者管理制度》、《湖南省社会工作者职业资格认证暂行办法》。深化社会工作专业教育改革和岗位开发设置，培育发展民办社会工作服务机构，推动政府购买社会工作服务，建立社会工作人才队伍服务体系。出台《湖南省义工管理办法》，规范义工组织活动，建立义工活动网络系统平台，推行社区志愿者注册登记制度，到“十二五”期末，全省社区志愿者注册率占居民人口10%以上。

区划地名管理。调整和改善环长株潭城市群及其他地位重要、发展较快的中等城市市辖区结构，针对部分城市发展空间受限制的问题，稳妥进行行政区划调整。加快城市化进程，做好设市、设镇的调研、规划工作。积极探索县城管理体制改革，稳妥做好乡镇撤并工作，促进小城镇“扩容提质”。加强地名规范化管理，完善信息化管理系统，拓展服务领域，提高地名公共服务水平。按照国家部署，搞好第二次全省地名普查工作。贯彻落实国务院《行政区域界线管理条例》，建立和完善行政区域界线管理工作机制，健全界线纠纷应急处理机制，深化平安边界创建活动，全面推进平安边界建设工作。

婚姻登记管理。贯彻落实婚姻登记法律法规，加强婚姻登记员队伍建设，完善婚姻登记管理系统，提高婚姻登记机关服务水平，争创文明行业。婚姻登记合格率保持在100%，管理服务水平保持全国同行业一流水平。

殡葬管理。加强殡葬设施建设，改善火化条件，提高服务质量，使全省火化区火化率逐年提高。推进殡葬改革，制定基本殡葬服务惠民政策，加大基本殡葬服务财政补贴，逐步减少基本殡葬收费，体现殡葬公益性特征。提倡移风易俗，反对封建迷信，引导群众节俭办丧事。科学规划农村公益性墓地和骨灰安置设施建设，治理乱埋乱葬行为，节约保护耕地。

（五）政策措施

1. 坚持改革创新。根据民政事业面临的新形势和民政服务对象的新变化、新要求，健全社会救助制度，完善临时救助政策，推进社会福利制度由补缺型向适度普惠型发展，探索退役士兵安置改革新制度，深入进行殡葬改革，创新社会服务工作社会参与机制，推动建立政府购买服务制度。完善事业单位法人治理结构，引入市场竞争机制，形成目标明确、监管制度完善、运转协调高效、充满活力的管理体制和运行机制。加快信息化创新，研发建设四级地名信息数据库、城乡社区综合信息平台、公民婚姻状况信息库、自然灾害综合业务信息系统、社会流浪乞讨人员救助管理信息系统、救灾捐赠管理信息系统、慈善信息网络服务系统平台、优抚对象信息化管理“一卡通”系统、福利彩票信息系统等重点信息化创新工程。

2. 强化财政保障。建立健全以财政投入为主的多渠道、多形式、多层次的民政事业发展资金筹措机制，各级政府要随着财力增长和社会保障水平的提高，逐步增加民政事业支出，为民政事业发展提供强有力的资金保障。完善财权事权划分，形成合理的分级保障机制。积极开展资金绩效评价，提高资金使用效率。制定优惠政策，鼓励民间资本和外资依法进入社会福利服务领域。加强民政资金的管理和审计监督，确保专款专用，提高资金使用效益，防止违法违规行为。

3. 建设法制民政。以推动立法进程为重点，以提高执法水平为核心，以完善法制监督机制为手段，以加强普法工作为基础，全面加强民政法制建设。加快推进民政立法进程，及时制定配套实施的地方性法规、规章及规范性文件。探索行政执法体制改革，深化行政审批制度改革，规范行政执法行为，提高民政行政执法水平。强化民政法制监督工作，加大执法检查力度，及时发现、纠正执法偏差和错误。深入开展普法宣传教育，加强法制培训，提高各级民政干部依法解决各种矛盾和纠纷的能力。

4. 加强自身建设。加强各级民政干部队伍建设，提高民政干部开拓创新、综合协调、科学发展和做群众工作的能力，打造一支政治坚定、业务精通、作风优良的民政干部队伍。强化人才支撑，完善干部教育培训制度，加大培训力度，改善专业知识和能力结构，提高民政干部业务素质。充分利用网络资源，逐步建成民政系统远程教育培训系统，实现全省民政干部教育培训资源共享。加强基层平台建设，有效解决民政基层组织机构基础薄弱和工作经费安排不足的问题，确保各项任务在基层得到全面落实。加强民政科技工作，注重基础理论和应用技术研究，加速成果转化，提高民政科技对事业发展的贡献率。

三、“十二五”期间重大民政项目建设

（一）福利院建设

新建和改扩建市、县福利院（福利中心）100 所，新增床位 1 万张。其中：新建市级福利院（福利中心）5 所，新增床位 2000 张；新建县级福利院（福利

中心）50 所，新增床位 6000 张；改扩建市级福利院 5 所，新增床位 500 张；改扩建县级福利院（福利中心）40 所，新增床位 1500 张。

（二）敬老院建设

新建和改扩建乡镇敬老院 1000 所，其中改扩建乡镇敬老院 600 所，新建乡镇中心敬老院 280 所，新建县级中心敬老院 120 所。

（三）救助管理站建设

迁建或提质改造 14 个地级站，新建或提质改造 78 个县级站，完成 41 个流浪未成年人救助保护中心设施建设。

（四）社区建设

每年资助 400 个无房社区建设社区综合管理平台，基本解决全省城镇社区综合管理服务平台建设问题。每年资助 200 个城镇社区和 200 个农村中心社区开展示范创建。

（五）优抚安置事业单位建设

新建县级中心光荣院 15 所、改（扩）建县级光荣院 35 所，大力改善孤老优抚对象供养环境；提质改造 11 所优抚医院（其中 3 所达到三等甲级、8 所达到三等乙级医院要求）。全省新建或改扩建 20 所军队离退休干部服务管理站（其中新建 1—2 所），维修改造 50 所军队离退休干部休养所，并将其中 10 所军休所（服务站）打造成为全国一流的和谐文明军休事业单位。维修改造省级以上烈士纪念建筑物 13 处（其中 6 处省级烈士纪念建筑物升格为国家级，全省国家级烈士纪念建筑物达到 14 处），新建、改建或维修改造 12 个军供站。

（六）养老机构和居家养老服务中心（站）建设

新建国办示范性社会化养老机构 20 所；引导和支持新办民办社会化养老机构 20 所；资助建设省级城乡养老服务示范单位 3000 个。新增床位 20000 张。

（七）救灾减灾建设

在全面完成中央救灾物资长沙储备库建设的基础上，在 14 个市（州）分别建设一个建筑面积不低于 3000 平方米的省级救灾物资储备库。长株潭城市群 8 个市市本级及市辖区结合现有民政设施，率先完成应急避灾场所建设任务；2012 年底前，长株潭城市群各市、县（市、区）至少要建立一个避灾中心；2013 年前，长株潭城市群各乡镇、村（居）至少建立一个应急避灾站（点）。实现全省市（州）、县（市、区）、乡镇（街道）、村（居）委会各级至少有一个应急避灾站点。与民政部卫星遥感中心合作，建设灾害卫星监测与评估长沙中心。县级以上民政部门配备救灾专用电脑、传真机、摄像机、照相机等信息化办公设备，省、市级以上民政部门配备海事卫星电话、北斗导航定位终端等应急通讯装备。建立自然灾害综合信息平台、应急网络通讯平台、应急决策支持平台和应急指挥平台，构建功能完备、横向覆盖、纵向贯通、科学高效的应急救助指挥体系。建设自然灾害信息数据库湖南分库。

（八）殡仪馆建设

重点在人口多、交通便利、经济发达、丧葬工作量大、殡葬基础设施较差及未建立殡仪馆的县（市、区）新建和改扩建49个殡仪馆。

（九）湖南省康复辅助技术指导中心建设

计划新建建筑面积为20000平方米的"湖南省康复辅助技术指导中心"。

（十）"数字民政"建设工程

开发建设基层全民政业务软件系统，信息化功能覆盖基层民政各项业务，实现省、市、县、乡各级信息共享、信息联动。

（十一）社会工作人才培训

培训8万名社会工作人才，其中：培养2.4万名高层社会工作人才、培训5.6万名具有职业资格的社会工作人员。

（十二）社会救助服务系统建设

在全省各县市区及乡镇（街道）建设基层社会救助和社会服务中心，县级3000平方米、乡镇级300平方米。

重庆市人民政府办公厅
关于印发重庆市社区服务体系建设规划
（2011—2015年）的通知

（渝办发〔2012〕135号）

各区县（自治县）人民政府，市政府各部门，有关单位：

《重庆市社区服务体系建设规划（2011—2015年）》已经市政府同意，现印发给你们，请结合实际，认真组织实施。

二〇一二年五月二日

重庆市社区服务体系建设规划（2011—2015年）

为推动统筹城乡发展，加强和创新社会管理，健全基层服务体系，提高社区服务功能，保障和改善民生，促进经济社会和谐稳定发展，根据国家《社区服务体系建设规划（2011—2015年）》和《重庆市国民经济和社会发展第十二个五年规划纲要》，制定本规划。

一、发展现状和面临形势

社区服务体系，是指以社区为基本单元，以各类社区服务设施为依托，以社区全体居民、驻社区单位为对象，以公共服务、志愿服务、便民利民服务为主要内容，以满足社区居民生活需求、提高社区居民生活质量为目标，党委统一领导、政府主导支持、社会多元参与的服务网络及运行机制。

目前，全市共有189个街道、2370个城市社区。“十一五”以来，在市委、市政府的坚强领导下，全市社区服务体系建设成效显著，服务网络不断健全，服务功能不断完善，在服务居民、改善民生、维护稳定、促进发展等方面发挥了积极作用。一是社区服务内容不断丰富，社区志愿者队伍不断壮大，政府基本公共服务覆盖到社区。围绕方便社区居民日常生活，推进了以“便利消费进社区、便民服务进家庭”为主题的“双进工程”。二是社区服务设施得到改善。到“十一五”期末，全市累计新建和改扩建街道（镇）社区服务中心182个、社区服务站1945个。市政府出台了开发建设单位按每100户15平方米的标准无偿提供社区组织工作用房和居民公益性服务设施的政策，开发建设单位共无偿提供社区组织工作用房8.2万平方米。三是社区工作队伍不断加强。建立完善社区工作者选拔任用、教育培训、监督管理制度，按照选聘结合、民主选举、竞争上岗等办法遴选社区工作者。截至2010年底，全市共有社区居委会成员14887人。实施社区工作者职业资格认证制度，提高了队伍职业化、专业化水平。四是社区服务方式走向多元化。依托街道（镇）社区服务中心、社区服务站，全面推行“一站式”服务；推动社区信息化建设，方便快捷地满足居民多样化需求；积极引导社会组织、企事业单位和居民参与社区管理和服务活动，增强了社区服务的活力和社会组织的服务能力。五是农村社区建设起步发展。按照统筹城乡发展要求，积极开展农村社区建设试点工作。全市辖有农村的区县（自治县）均已开展农村社区试点工作，农村社区建设试点村1330个；11个区县被民政部定为“全国农村社区建设实验县（市、区）”。目前，全市有全国和谐社区建设示范区4个，全国和谐社区建设示范街道5个，全国和谐社区建设示范社区14个，全国农村社区建设实验全覆盖示范区2个。

我市社区服务体系建设工作虽然取得了一些成绩，但也存在一些问题亟待解决。社区办公服务设施仍然存在不足，与居民群众日益增长的服务需求还有差距。社区服务资源整合不够，服务项目较少，服务水平不高。社区服务扶持政策力度不够，参与机制和制度环境还有待进一步完善。工作发展不平衡，地区之间发展差距较大。

实践证明，加强社区服务体系建设，是保障和改善民生、提高居民生活水平和生活质量的民心工程，是拉动内需、扩大就业、促进经济发展方式转变的助力工程，是加强和创新社会管理、维护社会和谐稳定的基础工程。

“十二五”时期，我市城乡基层社会正在发生深刻变化，社区服务体系建设面临难得机遇。一方面，随着贯彻落实“314”总体部署和统筹城乡改革发展的深入推进，我市经济社会快速发展，党委政府高度重视社区建设，为社区服务体系建设提供了有利条件。另一方面，随着大量政府社会管理和公共服务职能向社区转移，满足社区居民日趋个性化、多元化服务需求的任务日益艰巨。创新社会管理，推进城乡一体化、基本公共服务均等化的要求不断提高，加强社区服务体系建设已势在必行。

二、指导思想、基本原则和发展目标

（一）指导思想

以邓小平理论和“三个代表”重要思想为指导，深入贯彻落实科学发展观，紧紧围绕贯彻落实“314”总体部署和统筹城乡发展大局，以提高社区居民生活质量为目标，以健全社区服务网络为重点，以创新社会管理、推进民主法治为动力，逐步健全面向全体社区居民，主体多元、设施配套、功能完善、内容丰富、队伍健全、机制合理的社区服务体系，把城乡社区建设成为管理有序、服务完善、文明祥和的社会生活共同体。

（二）基本原则

1. 以人为本，服务居民。始终把实现好维护好发展好社区居民群众的根本利益作为工作的出发点和落脚点，把居民满意程度作为检验工作成效的重要标准，真正把社区服务体系建设成为服务居民、造福居民的民心工程。

2. 政府主导，社会参与。创新社区服务运行机制，发挥政府的主导作用，鼓励和支持社会组织、企事业单位和社区居民参与社区服务，实现政府行政管理与社区自我管理有效衔接、政府依法行政与居民依法自治良性互动。

3. 因地制宜，突出特色。既要全面谋划、注重长远，又要坚持从实际出发，量力而行，有计划、有步骤地推进社区服务；强化分类指导，注重理论创新、制度创新、机制创新。

4. 资源共享，共驻共建。充分挖掘和有效利用城乡社区现有资源，强化综合效应；健全共驻共建机制，充分调动社区各类组织广泛参与社区服务体系建设，最大限度地实现社区共有、共建、共享。

5. 统筹城乡，整体推进。坚持城乡一体化发展，逐步形成以城带乡、以乡促城、优势互补、共同提高的工作局面；全面推进“一圈”地区社区服务优化升级，着力提升“两翼”地区社区服务发展整体水平。

（三）发展目标

1. 社区服务功能得到优化。基本公共服务项目覆盖到所有社区，社区志愿服务和群众互助服务制度化，社区专业服务和商业服务规范便利，建立基本公共服务、志愿互助服务、便民利民服务有效衔接的服务体系。

2. 社区服务设施得到完善。社区综合服务设施覆盖率达到95%，每百户居民拥有社区服务设施面积不低于20平方米，基本建成以社区综合服务设施为主体、各类专项服务设施相配套的综合性、多功能的社区服务设施网络。

3. 社区服务队伍得到壮大。社区服务人员专业化、职业化水平显著提高，90%以上的社区居委会实行直接选举，80%以上的社区党员和30%以上的社区居民参与社区志愿服务活动，每个社区拥有5个以上的社区社会组织。

4. 社区服务机制得到健全。政府部门之间的协调机制、政府与社区之间的协作机制、社区组织之间的互动机制健全，社区服务发展制度环境逐步优化，基本建立多方参与、优势互补、利益协调、规范有序的社区服务运行机制。

三、重点任务

（一）发展以民生需求为导向的多样化社区服务，提高社区居民生活水平

发挥政府、市场、社会多元主体作用，全面发展以社区全体居民、驻社区单位为对象，以基本公共服务、志愿互助服务、便民利民服务为主要内容的社区服务，努力拓展服务内容，满足居民群众多样化、多层次、多方面的服务需求。

1. 全面推进政府公共服务覆盖到社区。建立党委统一领导、政府主导、社会组织协助、社会力量参与的社区公共服务新格局。依托社区综合服务设施和专业服务机构，积极推进以劳动就业、社会保险、社会救助、社会福利、医疗卫生、计划生育、文体教育、社区安全、法律服务、人民调解、科普宣传、流动人口服务管理、流浪乞讨人员救助等为主要内容的政府公共服务覆盖到社区。要重点保障下岗失业人员、低收入群体、农民工、优抚对象、老年人、未成年人、残疾人等社会群体的社区服务需求。加快社区养老服务机构建设，大力发展社区居家养老服务。加强和改进对农民工及其子女的公共服务和社会管理。

2. 大力发展社区志愿互助服务。依托社区志愿服务组织，建立党委政府倡导、社区组织扶持、共产党员带头、专业社工引领、驻区单位和居民广泛参与的社区志愿服务新格局。根据社区居民构成，培育不同类型、不同层次的社区志愿服务组织。组织和动员公务员、专业技术人员、教师、共青团员、青少年学生以及身体健康的离退休人员等参与社区志愿服务活动。推行社区志愿服务注册制度，健全激励保障机制，通过政府购买服务等方式，鼓励和支持社会力量广泛参与志愿服务活动。鼓励和支持驻区单位和社区居民开展邻里互助等群众性自我互助服务活动。因地制宜发展社区“爱心超市”，为社区困难群体提供帮扶服务。广泛开展各具特色的群众性文化活动，繁荣以增强社区凝聚力为宗旨的社区文化。

3. 大力发展社区便民利民服务。科学规划社区商业设施，优化社区商业结构和布局，加快建设社区便民商圈，完善社区便民利民服务设施和网络。鼓励和支持各类组织、企业和个人兴办与居民生活密切相关的社区服务业，重点发展社区超市、便利店、菜市场（菜店）、餐饮（含早餐）、维修、洗衣、美容美发、家庭服务、物流配送、快递派送、再生资源回收等服务，培育新型服务业态和服务品牌。鼓励和支持有实力的商业品牌企业到社区通过发展直营、加盟等形式整合社区商业资源，促其上档升级。支持品牌连锁企业建设服务多个社区的物流配送中心，作为物流中转站点和末端配送站点。鼓励和支持相关机构进行服务功能整合，推出集金融服务、刷卡消费以及水、电、燃气、电视、电话等公共服务费用缴纳功能为一体的便民惠民卡。大力推行物业管理服务，建立社区管理和物业

管理联动机制，提高物业服务质量和社区商业管理水平。

（二）加强适应社区服务发展要求的社区服务队伍建设，不断提高社区服务队伍综合素质

建立以社区党组织和社区自治组织成员为骨干，以社区专职工作人员为重点，以政府派驻人员、其他社区服务从业人员和社区志愿者为补充的社区服务人才队伍。

1. 优化社区工作人员配置。逐步扩大社区党组织和社区居委会直接选举范围。社区居委会成员一般配置5—9人，辖区人口较多、服务管理任务较重的社区居委会应适当增加若干社区专职工作人员。健全社区居委会下属委员会，选齐配强居务监督委员会、居民小组长、居民代表、楼院门栋长。鼓励社区民警、群团组织负责人、党政机关和企事业单位在职或退休党员干部、社会知名人士以及社区专职工作人员通过民主选举担任社区居委会成员。积极开发社区服务工作岗位，扩大就业范围，吸纳更多人员从事社区服务工作。培育发展社区志愿者组织，全市注册社区志愿者达到本地区居民总数10%以上，每个社区拥有5个以上的社区社会组织。

2. 加强社区工作人员教育培训。将社区工作人员培训纳入市、区县（自治县）干部培训整体规划，按照分级负责原则，社区“两委”主要负责人每年至少参加一次区县（自治县）及以上组织的集中培训；其他社区干部每届至少参加一次街道（镇）以上组织的集中培训。探索实施“2000名大学生社区工作者计划”，达到每个城市社区不少于一名大学生社区工作者目标。鼓励并支持社区居委会成员和社区专职工作人员参加社会工作者职业资格认证考试，并探索工作报酬与职业资格挂钩的做法，不断提高社区工作人员职业化和专业化水平。

3. 落实社区工作人员待遇保障。社区“两委”成员和社区专职工作人员报酬，要严格执行《中共重庆市委办公厅、重庆市人民政府办公厅关于进一步加强村（社区）干部队伍建设有关问题的意见》（渝委办发〔2011〕36号）精神。要建立社区工作人员补贴正常增长机制，按照当地社会平均工资水平逐步提高社区工作人员补贴。按国家有关规定参加基本养老、失业、基本医疗、生育、工伤保险，有条件的地方逐步落实住房公积金政策。按照公务员招录等有关政策规定，5年内每年从优秀社区党组织书记、居委会主任中考录50名公务员。从优秀社区“两委”主要负责人中选拔街道（镇）领导班子成员。积极推荐政治素质好、参政议政能力强的社区干部作为各级党代表、人大代表、政协委员人选。对在社区服务中有突出贡献的优秀社区工作人员予以表彰。

（三）加强满足居民服务需求的社区服务设施建设，不断夯实社区服务基础平台

综合考虑服务人群和覆盖半径，逐步建立以社区综合服务设施为依托、专项服务设施为补充、服务网点为配套、社区信息平台为支撑的社区服务设施网络。

1. 加快社区服务设施建设。按照人口规模适度、服务管理方便、资源配置有效、功能相对齐全、社区居民自愿的要求，将社区服务设施纳入城市规划、土地利用规划，合理确定社区服务设施的数量、选址布局、建设方式、功能划分，与新区开发及旧城改造同步设计、同步建设。到2015年，社区服务设施综合覆盖率达到95%，每百户居民拥有的社区服务设施面积不低于20平方米。新建住宅小区和旧城区连片改造居民区的开发建设单位，必须将社区服务设施纳入工程规划设计方案。把公租房社区服务设施纳入公租房建设的总体规划，按规范和标准建设，同步投入使用。老城区和已建成居住区没有社区服务设施的或者不能满足需要的，各区县（自治县）要加大资金投入力度，加快建设。市财政整合一般预算资金、城市建设资金、福利彩票公益金对社区服务设施建设给予专项补助。新建或改建住宅小区，开发建设单位应按照每100户15平方米的标准无偿提供社区组织工作用房和居民公益性服务设施或者建设成本价款。

2. 加强社区服务设施规范管理。社区服务站要建于居民群众较为集中、方便群众办事活动的地点，一般应在所辖社区的中心地带，使用面积不低于500平方米。按照资源整合的原则，突出“一室多用”，设置“一站式”服务、“两委”办公、社区党建、劳动保障、综治调解、社会救助、社区养老、群众文化、档案管理等功能，使其真正成为集工作议事、教育培训、党建服务、便民服务、文化活动于一体的重要阵地。有条件的区县（自治县）、街道（镇）可以统一本地所辖社区服务设施建筑风格。

3. 推进社区信息化建设。推动社区现有信息网络资源整合，鼓励建立覆盖区县或更大范围的社区服务信息网，实现数据一次收集、资源多方共享。整合社区就业、社保、低保、卫生、计生、文化、培训等公共服务信息，发展面向社区居民的“一站式”服务。鼓励通过社区网站、呼叫热线、短信平台和有线数字电视平台、电子阅览室、信息服务自助终端，为社区居民提供“一网式”、“一线式”综合服务。发挥社区综合信息平台在基层政府、企业、社区组织和居民之间的沟通交流作用。

（四）推进顺应创新社会管理形势的社区服务机制创新，优化社区服务方式

加强社区服务组织建设，创新社区服务体制机制，理顺社区服务运行关系，拓展社区服务方式，提高社区服务水平。

1. 健全社区组织参与机制。建立健全社区党组织、社区自治组织，发挥社区“两委”在了解社区居民需求、提供社区服务方面的独特优势和重要作用。在辖区人口较多、服务管理任务较重的社区建立社区工作站等社区公共管理服务的综合性平台，作为政府各部门管理服务的接口，承担人口登记、职业介绍、义务教育、计划生育、公共卫生、社会保障、社会救助、居家养老、儿童托管、社会治安、房屋租赁等方面的管理服务。大力培育社区服务性、公益性、互助性社会组织，对不具备登记条件的社区社会组织实行备案制度。通过政府购买服务、设立项目资金、活动经费补贴等途径，积极引导各类社会组织和各类志愿者参与社区管理和服务。推进党群共建，支持工会、共青团、妇联、残联、科协、老龄协会、计划生育协会、社区体育指导员协会、慈善协会等群众组织发挥各自优势积极参与社区服务活动。

2. 理顺职责权限及相互关系。推行社区公共服务事项准入制度，凡区县（自治县）、街道（镇）层面能办理的社会管理和公共服务事项不再向社区延伸；凡属于基层政府及其职能部门、街道办事处（镇人民政府）职责范围内的事项不得转嫁给社区组织；凡依法应由社区组织协助的事项应当为社区组织提供必要的经费和工作条件；凡委托给社区组织办理的有关服务事项，应当实行“权随责走、费随事转”。推进社区公共服务“一站式”服务机制，整合政府各部门在城乡基层的办事机构，减少管理层次，合并相近或相同的服务项目，整合服务资源，优化人员结构，精简服务流程，增强服务能力。

3. 完善社区共驻共建制度。建立驻社区机关、团体、部队、企事业单位等参与社区服务的共驻共建机制，80%以上的驻区单位与社区签订共驻共建协议。鼓励驻社区单位向社区居民开放服务设施，开展服务活动。健全社区党组织、社区居委会、物业服务企业、业主委员会资源整合机制，开展多种形式的社区服务。建立完善社区成员代表会议制度和驻社区单位社区建设责任评价机制，共同研究、商议资源共享、社区共建等有关事项。

（五）推进以城乡统筹发展为目标的农村社区建设，不断提高农村基层服务能力

紧紧围绕新农村建设，继续开展农村社区建设试点，以村民自治为依托，以资源整合为手段，以完善服务为动力，健全农村基层服务和管理网络。

1. 推进农村社区建设试点扩面。巩固试点工作成效，选择城郊结合部农村、集镇中心村、传统农村等不同类型，培育独具特色、功能各异的农村社区，稳步扩大农村社区建设试点面。在有条件的区县（自治县）积极推进农村社区建设实验全覆盖。注重强化优势，突出区域特色、农村特色、民族特色，对不同类型和建设模式的农村社区实行分类指导。

2. 开展农村社区服务。从农民群众的现实需求出发，建立政府公共服务、助农增收服务、社区志愿服务相衔接的农村社区服务网络。在村级公共服务中心设立服务窗口，将劳动保障、社会救助、社会福利、医疗卫生、计划生育、文化体育、社会治安等基本公共服务向农村延伸。培育各类专业经济合作组织，向村民提供农业生产资料、农产品信息咨询、农业科技、农村富余劳动力转移等服务，促进农民增收致富。发展社区志愿者服务组织，开展社会互助救助、环境卫生监督、社会治安治理、民间纠纷调解、群众文化发展等社区志愿服务。

3. 推进城乡社区互动。加快基础设施向农村社区延伸、公共服务向农村社区覆盖、现代文明向农村社区辐射，逐步实现城乡互动、整体推进。将城市社区服务的成功经验向农村社区推广运用。在城市社区与农村社区之间开展结对帮扶活动。鼓励社会各类组织和个人通过提供资金、技术、信息、智力、技能等方式参与农村社区建设，形成全社会关心、支持、参与农村社区建设的良好氛围。

四、保障措施

（一）切实加强组织领导

建立健全党委政府统一领导、相关部门密切配合、社会广泛参与的社区服务管理体制和工作机制。建立社区服务体系建设部门联席会议制度，制定各项目标任务分解落实方案，明确各部门分工任务，统筹协调社区服务体系建设中的重大问题。各区县（自治县）政府和街道办事处（镇人民政府）要切实履行好发展社区服务体系的责任，加强督促检查，开展绩效评估。要将社区服务体系建设成效纳入党委政府部门工作目标考核，考核结果作为领导班子和领导干部综合考核评价的重要内容。

（二）加强法规制度建设

进一步加强社区服务法规制度配套建设，不断完善社区服务法规制度体系。适时推动《重庆市实施〈中华人民共和国城市居民委员会组织法〉办法》、《重庆市城市居民委员会选举办法》的制定工作。研究制定社区服务标准体系及管理办法，提高社区服务规范化水平。探索研究制定区县（自治县）人民政府或其派出机关指导社区工作规则、社区公共服务目录及准入制度、社区服务居民满意度测评体系、社区社会组织培育等方面的制度，形成较为完善的社区服务制度体系。

（三）完善相关扶持政策

将社区服务体系建设纳入地方经济和社会发展规划。对社区公共服务设施建设用地，按照法律、法规和规章可以采取划拨方式供地的，要切实予以保障。闲置的宾馆、培训中心、福利设施、办公用房，优先用于社区服务。进一步完善社区服务税收、公用事业收费、用工保险、工商和社会组织登记等优惠政策，鼓励发展社区服务业。对社区组织开展的志愿服务、互助性服务和社会力量兴办的微利性商业服务给予政策扶持。

（四）加大建设资金投入

全市各级政府要多渠道筹集社区服务体系建设资金，加大投入和整合力度，提高资金使用综合效益。要按有关规定区分不同情况，对社区服务设施建设与维护经费、社区服务人员报酬、社区服务工作经费、社区服务信息化建设经费等，采取财政补助、委托办理服务事项的单位划转、社区经济收入中安排等方式予以解决。不断拓宽社区服务体系建设资金来源渠道，鼓励企事业单位、社会团体、个人和外资以多种形式捐赠或兴办社区服务事业，建立多元化投入分担机制。

中共贵州省委办公厅　贵州省人民政府办公厅关于加强城乡社区建设的意见

（黔党办发〔2012〕6号）

为认真贯彻落实党的十七届五中、六中全会精神和党中央、国务院关于加强和创新社会管理的重大决策部署，推进“和谐贵州”建设，现就加强城乡社区建设提出如下意见。

一、深刻认识加强城乡社区建设的重要意义

社区是社会管理的基本单元，是党和政府联系群众的桥梁和纽带。加强城乡社区建设，是巩固党的执政基础的重要举措，是构建社会主义和谐社会的必然要求，是保障和改善民生的有效途径。对于提升社会管理水平、推进经济社会发展、促进社会长治久安、实现与全国同步建成全面建设小康社会的宏伟目标具有重要意义。各级党委、政府要站在经济社会发展全局和创新社会管理的战略高度，充分认识加强城乡社区建设的重要性和紧迫性，切实增强责任感和使命感，把加强城乡社区建设放在更加突出的位置，加强领导，创新管理，强化服务，统筹推进城乡社区建设各项工作，为构建“和谐贵州”奠定坚实基础。

二、总体要求、基本原则和主要目标

（一）总体要求

全面贯彻党的十七大和十七届五中、六中全会精神，坚持以邓小平理论和“三个代表”重要思想为指导，深入贯彻落实科学发展观，紧紧围绕“加速发展、加快转型、推动跨越”的主基调，切实加强和创新社会管理，全力推进以健全完善基层民主自治为基础的城乡社区管理体制建设，着力推进以满足城乡居民生产生活需求为导向的城乡社区服务体系建设，努力把城乡社区建设成为管理有序、服务完善、文明祥和的社会生活共同体。

（二）基本原则

1. 以人为本，服务人民。把解决人民群众最关心最直接最现实的利益问题作为城乡社区建设的出发点和落脚点，把提高群众满意度作为社区建设工作成效的最终标准，通过开展城乡社区建设真正为人民群众带来实惠。

2. 党政领导，部门联动。充分发挥各级党委、政府在社区建设中的组织领导、统筹协调、科学管理、规划引领、政策指导、队伍建设等方面的领导和监督作用，健全完善部门协调配合机制，整合资源，形成推进城乡社区建设工作的整体合力。

3. 深化自治，共建共享。健全完善城乡居民自治体系，逐步拓展自治范围，充分发挥城乡居民的主体作用和首创精神，调动社会组织和驻区单位参与社区建设的积极性和主动性，努力实现共建共享。

4. 循序渐进，注重实效。根据城乡地域条件、发展差异等实际情况，因地制宜，循序渐进，分类指导，全面推进城乡社区建设，让群众真正享受到经济社会发展的成果。

（三）主要目标

基本建成以城乡社区综合服务设施为主体、各类专项服务设施相配套的社区管理服务设施网络，基本建立与经济社会发展水平相适应，覆盖城乡社区居民，服务主体多元、服务功能完善、服务质量和管理水平较高且可持续发展的城乡社区管理服务体系。到“十二五”期末，全省县（市、区、特区）城区100%实现城市社区建设全覆盖，60%的县（市、区、特区）实现农村社区建设全覆盖。

三、完善管理体制和工作体制

（一）合理划分并组建城乡社区

按照科学管理、有效服务、方便居民自治的原则，确定城乡社区范围。原则上按照“一村（居）一社区”模式划分城乡社区，设置社区党组织、村（居）民自治组织和其他社区组织，组织开展社区服务和社区建设；偏远地区可通过设立服务点、代办点等方式服务群众，构建横向到边、纵向到底的服务管理网络。

（二）加强基层党组织建设

按照“一社区一支部”的要求加强社区党组织建设，指导社区内具备条件的非公有制经济组织、社会组织按要求建立基层党组织。探索建立以社区党组织为核心、村（居）民委员会和社区服务中心参与组成的“一核多元”城乡社区共治机制，充分发挥社区党组织的领导核心和战斗堡垒作用，增强社区党组织的创造力、凝聚力和战斗力。

（三）规范管理方式

积极推行社区公共服务事项准入制度，属于基层政府及其职能部门职责范围内的事项，不得转嫁给城乡社区；依法应由社区协助的事项，应提供必要的经费和工作条件；委托给社区办理的有关服务事项，应遵循“权随责走、费随事转、事费配套”的原则，积极探索政府购买服务的新举措，逐步实现政府行政管理和社区自我管理有效衔接、政府依法行政和社区依法自治良性互动。

（四）理顺关系

街道办事处（乡、镇）与社区是指导与协调、服务与监督的关系；政府有关职能部门要面向社区、服务社区，主动接受社区对部门工作的评议和监督；街道办事处（乡、镇）对辖区内的社区建设负有规划、指导、协调的职责。社区要主动听取驻区单位对社区工作的意见和建议，做好相关工作。

（五）完善社区自治机制

深入开展以民主选举、民主决策、民主管理、民主监督为主要内容的社区民主自治实践活动，进一步完善城乡基层党组织领导下的充满活力的基层群众自治机制，逐步提高基层群众自治的制度化、规范化和科学化水平。

四、健全服务体系

（一）合理配置社区服务设施

综合考虑服务人群和服务覆盖半径，逐步建立起以社区综合服务设施为依托，专项服务设施为补充、服务网点为配套、社区信息平台为支撑的社区服务设施网络。根据工作需要，每个街道办事处（乡、镇）拥有一个综合性的社区服务中心，每个社区建设一个综合性多功能的社区服务站。除国家另有规定外，所有以社区为对象的公共服务、便民服务、志愿服务均在综合性社区服务设施中提供，强化资源整合，避免重复建设。力争到“十二五”期末，社区服务设施覆盖率达到90%，每百户居民拥有的社区服务设施面积不低于20平方米。

（二）扩大公共服务覆盖面

积极推进以就业、社会救助、社会保险、社会治安、医疗卫生、计划生育、文化、教育、体育、防灾减灾、环境保护、价格服务等为主要内容的政府公共服务覆盖到城乡社区，妥善解决社区居民群众就业难、上学难、看病难等问题。

（三）充分发挥群团组织和社会组织的作用

建立健全城乡社区工会、共青团、妇联、残联、老年协会、计生协会等群团组织体系，按照分级负责的原则，在城乡社区安排专职或兼职力量，加强指导，落实服务项目，满足社区需要，充分发挥群团组织联系社区居民、服务基层群众的桥梁纽带作用。大力培育和发展城乡社区服务性、公益性、互助性社会组织，消除社区社会组织成立门槛，采取登记管理或备案管理相结合的办法，充分发挥社会组织承接政府职能、参与社区管理、服务社区群众、推动社区发展的作用。力争到“十二五”期末每个社区拥有5个以上的社会组织。

（四）深入推进共驻共建

建立城乡社区党组织、村（居）民委员会、驻区单位联席会议制度，定期研究资源共享、社区共建事项。驻社区单位要与社区签订共驻共建协议，向群众开放文化、教育、体育等活动设施，逐步建立多方参与、优势互补、利益协调、规范有序的社区共驻共建机制。鼓励各类社会组织、单位和个人兴办城乡社区服务业，构筑方便、就近、舒适的生活服务圈。广泛吸纳社会人士参与社区服务，推行社区专业工作者和社区志愿者队伍协同服务的方式，为社区居民提供更加优质、快捷和周到的服务。力争到“十二五”期末，80%以上的社区党员和30%以上的社区居民参与社区志愿服务活动，注册社区志愿者达到本地社区居民总数的10%以上，每个社区拥有5支以上志愿者服务队伍。

五、加强工作保障

（一）加强组织领导

各级要建立党委或政府分管负责同志牵头的城乡社区建设工作指导协调机构，明确成员单位职责。县（市、区、特区）、街道办事处（乡、镇）要建立党政负责领导联系社区的工作制度，将社区建设绩效纳入党委、政府工作目标管理和年度工作考核内容，确保工作及时推进、落到实处。

（二）加强协调配合

各级党委组织部门要发挥抓总引领作用，加强基层党组织建设；党委宣传部门发挥教育引导作用，加强城乡居民思想道德建设和社区精神文明建设；纪检监察机关发挥指导监督作用，加强社区党风廉政建设；民政部门要发挥牵头指导作用，搞好协调服务。有关部门要按照各自职能，采取切实有效措施，大力支持城乡社区建设。

（三）加大扶持力度

各级财政要加大对城乡社区建设的投入，将社区服务中心（站、点）服务设施建设、信息化建设以及工作运转经费纳入同级财政预算，对村（居）支两委成员实行固定补贴，并根据经济社会发展建立自然增长机制。省级财政将对城乡社区建设成绩突出的地方按照以奖代补的方式给予适当支持。各级每年要安排一定数量的彩票公益金投入城乡社区建设。加强城乡社区经费管理，支持鼓励资金整合使用，实行专款专用，并定期向群众公开使用情况，接受群众监督。积极争取社会支持，引进民间资金，利用社会力量，逐步形成城乡社区建设多元化投入机制。对提供社区居家养老等公共服务的水电、煤气、电信、供暖等费用，按照当地居民使用价格标准收取。

（四）加强队伍建设

健全完善社区人才的培养、使用、保障等政策措施，建设一支“讲诚信、守理念、有本领、爱奉献”的城乡社区建设工作队伍。大力开发社区建设公益性岗位，拓展社区建设人才渠道，积极实施好一村（居）一名或多名大学生计划，力争在“十二五”期末，每个社区至少拥有一名以上社区工作专职人员。健全完善新录用公务员到城乡社区锻炼、高校毕业生到城乡社区任职机制，支持党政机关和企事业单位优秀年轻干部到城乡社区帮助工作，支持社会组织和志愿者参与社区的管理和服务。提高城乡社区建设工作者的薪酬等待遇，确保城乡社区工作者生活补贴标准不低于上年度当地社会平均工资水平，将城乡社区建设工作者纳入养老、医疗、工伤保险等社会保障的范围。

二〇一二年二月二十九日

贵州省民政厅关于印发贵州省城乡社区服务体系建设规划（2011—2015年）的通知

（黔民发〔2012〕54号）

各市（州）、县（市、区、特区）人民政府，省村务公开民主和民主管理和社区建设领导小组各成员单位：

《贵州省城乡社区服务体系建设规划（2011—2015年）》已经省人民政府同意，现印发给你们，请认真组织实施。

二〇一二年十一月七日

贵州省城乡社区服务体系建设规划（2011—2015年）

为统筹城乡经济社会发展，建立健全社区管理服务体系，强化社区自治和服务功能，保障和改善民生，促进社会和谐，根据党的十八大和省十一次党代会精神，依据中华人民共和国《社区服务体系建设规划（2011—2015）》和《贵州省民政事业发展“十二五”规划纲要》，制定本规划。

一、社区服务体系建设发展现状及面临的形势

社区服务体系，是以城乡社区为基本单元，以各类社区服务设施为依托，以社区全体居民、驻社区单位为对象，以公共服务、志愿服务、便民利民服务为主要内容，以满足社区居民生产生活需求、提高社区居民生活质量为目标，党委统一领导、政府主导支持、社会多元参与的服务网络及运行机制。

“十一五”期间，在省委、省政府的领导下，全省贯彻落实《国务院关于加强和改进社区服务工作的意见》和国家发展改革委、民政部“十一五”发展规划纲要，城乡社区管理服务建设初见成效。一是城乡社区服务体系初步建立。省、市（州）、县（市、区、特区）、街道（乡镇）社区建设工作指导机构全面建立，社区管理服务工作基础平台初步搭建，以社区党支部为核心、社区居委会

为主导、社区居民广泛参与的工作机制基本形成，培育和发展了一定数量的社区志愿者服务队伍，在一定范围内组织开展了社区公益性服务。二是社区基础设施建设逐步改进，功能逐步完善。通过在区、街建立社区服务中心，在社区设立社区服务站，兴建社会福利中心、就业培训中心、劳动保障站、社区警务室、社区卫生服务中心（站）、托老托幼中心、福利院等社区服务设施，中心城区已初步形成了区、街、社区三级服务网络，开展了“一站式”服务。三是社区服务内容不断拓展，服务形式多样。广泛开展了面向各类困难群体和优抚对象的社会救助、社会福利和优抚保障服务；面向普通社区居民的便民利民服务，面向下岗失业人员的再就业服务和社会保障服务，面向社区企事业单位和机关团体的社会化服务。四是社区建设发展模式不断创新。按照体制统一、规划统筹、资源共享、利益共得的思路，各地积极将城市基层管理模式引入农村，将城市公共服务延伸到农村。城乡社区的统筹发展，让农村居民在劳动就业、社会救助、医疗卫生、计划生育、社会保障、安全环境等方面逐步开始享有与城市居民相同的基本公共服务。五是社区信息化建设在探索中迈出步伐。遵义、贵阳等地开发社区信息化管理系统（CIS）、搭建社区服务网站，探索社区管理信息化。

截至2010年底，全省共有社区19326个（其中城市社区1654个、农村社区17672个），全省已建社区服务设施4213个（其中社区服务中心147个，城乡社区综合服务站660个，其他社区服务设施3406个），社区服务设施建筑面积31万平方米，全省城乡社区服务设施覆盖率为21.8%，每百户居民拥有社区服务设施面积3.6平方米。

总体而言，由于我省经济社会发展相对滞后，社区服务体系建设仍处于发展的初级阶段，仍存在一些困难和问题，如社区服务不够完善，功能不够健全；城乡社区建设总体投入不足，基础设施匮乏；缺乏有效的扶持和优惠政策，社区资源亟待整合；社区服务队伍整体素质与社区服务的发展要求不相适应，尚未形成完整的社区管理服务体系等。

“十二五”时期，随着全省基础设施加快改善，工业化、城镇化、农业现代化加速推进，加强城乡社区服务体系建设，充分发挥社区在统筹城乡发展、提升社会福利水平、拉动经济增长、化解社会矛盾等方面的重要作用已势在必行。

二、指导思想、基本原则和发展目标

（一）指导思想

以邓小平理论和“三个代表”重要思想为指导，以科学发展观为统领，以全面建设小康社会、构建社会主义和谐社会为目标，以统筹城乡社区建设为出发点，以社区综合服务设施建设为抓手，促进政府基本公共服务、商业性便民利民服务、居民志愿互助服务向社区覆盖，逐步建立面向全体社区居民，主体多元、设施配套、功能完善、队伍健全、机制合理的全省社区建设服务体系，不断满足城乡居民日益增长的物质文化生活需要，把城乡社区建设成为管理有序、服务完善、文明祥和的社会生活共同体。

（二）基本原则

1. 科学发展，以人为本。贯彻落实以人为本的发展理念，从解决社区居民最关心、最直接、最现实的问题出发，努力建设社区服务体系、增强社区服务供给能力，创新社区服务模式，建立完善社区成员平等享有社区基本公共服务的机制，不断满足社区成员多层次、多样化的物质、文化、生活需求。

2. 主体多元，分类指导。充分发挥政府和社区党组织、社区自治组织、社会组织、驻社区单位、企业、个人的作用，培育多元化的社区服务主体。政府公共服务、便民利民服务、志愿互助服务实行分类指导。

3. 整体规划，突出重点。按照“规划先行”的工作理念，把社区服务体系建设纳入全省和有关行业发展“十二五”规划，与城市发展总体规划、土地利用规划相衔接，通盘考虑、统筹规划。

4. 因地制宜，整合资源。结合我省实际情况和社区实际需要，量力而行，逐步完善，加强统筹协调，资源共享，综合利用，防止铺张浪费和重复建设。需要建设的各类社区服务机构，统一制定建设标准和规范，按照填平补齐的原则进行建设，做到规模适宜、功能完善、运转协调。

（三）发展目标

通过加强社区服务基础设施建设、增加资金投入、提高社区服务从业人员素质、培育多元化社区服务主体、创新社区服务机制等措施，不断完善社区服务功能，提升社区服务能力和工作效率，促进社区服务体系的建设与发展。力争“十二五”期末，70%的乡镇建设社区综合服务中心，95%的城市社区和三分之一的农村社区建立社区综合服务站，社区综合服务设施的服务功能覆盖全部城市社区和60%的建制村，基本建成以社区综合服务设施为主体、各类专项服务设施相配套的综合性、多功能的社区服务设施网络，基本建立起与经济社会发展水平相适应，覆盖社区全体居民，服务主体多元、服务功能完善、服务质量和管理水平较高的城乡社区服务体系。

三、重点任务

根据我省社区服务现状和面临的主要问题，“十二五”期间我省社区服务体系建设的重点任务是：

（一）大力发展以公共服务为重点的城乡社区服务事业

1. 积极推进政府公共服务覆盖到社区。依托社区、街道（乡镇）、县（市、区、特区）社区综合服务设施，开展面向全体社区居民的劳动就业、社会保障、社会救助、社区养老、医疗卫生、计划生育、文体教育、社区安全、流动人口服务管理、矛盾纠纷调解、法律援助、特殊人群服务管理、政策法律宣传语咨询、农技推广、科学普及、饮水安全等服务项目，优先满足老年人、残疾人、未成年人、低保、优抚对象、下岗职工、农民工等社会特殊群体的需求。大力开展“三级联创”、活动场所、远程教育、党员承诺为主要内容的“四进社区”活动。积极推行政府购买服务，建立政府主导、社区服务中心主办、社区组织协助、社会力量参与的社区公共服务新格局。

2. 大力发展商业性便民利民服务。鼓励和支持各类社会组织、企业和个人兴办居民服务业，重点发展社区购物、餐饮、维修、美容美发、家政服务、物流配送和再生资源回收等服务，鼓励邮政、金融、电信、供销、燃气、自来水、电力等公用事业单位在社区设点服务，满足居民便利化生活需求。优化配置社区资源，积极推动驻区单位后勤服务社会化。大力推行物业管理服务，建立社区管理和物业管理联动机制。建立政府扶持、企业和居民主办、社区组织帮助的社区便民利民服务新格局。

3. 大力发展社区志愿互助服务。大力培育不同类型、不同层次的社区志愿服务组织，积极推行社区志愿者注册登记制度，动员驻区共产党员、共青团员、公务员、专业技术人员、教师、学生以及身体健康的离退休人员等加入志愿者队伍。规范社区志愿者注册与管理，提升志愿者服务水平。建立驻区党员向社区报到制度、驻区单位与社区共驻共建联席会议制度、社区党员工作日制度，引导党员参与社区建设。建立健全激励保障机制，通过政府购买服务等方式，鼓励和支持社会力量广泛参与社区志愿服务活动，推动社区志愿服务规范化、制度化、法制化。建立政府倡导、社区组织扶持、专业社工引领、驻区单位和居民广泛参与的社区志愿互助服务新格局。力争到“十二五”期末，80%以上的社区党员和30%以上的社区居民参与社区志愿服务活动，注册社区志愿者达到本地社区居民总数的10%以上，每个社区拥有5支以上志愿者服务队伍。

（二）逐步建立完善社区服务设施网络

加大社区服务基础设施建设投入，逐步建立起以县（市、区、特区）、乡镇（街道）、社区三级综合服务设施为主体，专项服务设施为配套，服务网点为补充，社区信息服务平台为支撑，室内外设施相结合的社区服务网络。

1. 制定城乡社区服务设施建设规划。以县（市、区、特区）为单位，按照人口规模适度、管理服务方便、资源配置有效、功能相对齐全的原则，制定城乡社区服务设施建设规划，合理确定社区服务设施数量、布局、功能。综合性社区服务设施采取一室多能、一室多用的原则，注重资源整合，避免重复建设。

2. 建立健全城乡社区服务中心。通过新建、改扩建、购置等方式，在乡镇、街道建设社区服务中心1009个。每个社区服务中心面积在800平方米以上，主要功能包括：提供政策咨询和公共服务；组织社区党员参加党的组织活动；培育和发展社区社会组织；开展居家养老服务；组织居民开展科普教育、健康休闲、文体娱乐、法律援助、志愿服务等活动；指导社区服务中心（站）开展社区服务活动；依托社区综合信息服务平台提供信息服务。

3. 建立健全城乡社区服务站（点）。通过新建、改扩建、购置等方式建设1246个城市社区综合服务站、5556个农村社区综合服务站。每个社区服务站面积在400平方米以上，主要功能包括：组织居民开展民主议事、邻里互助、志愿服务等活动；开展居家养老服务；代办公共服务事项；为社区居民提供文体娱乐、健康休闲、困难帮扶、家政服务等便民利民服务；为社区党组织和自治组织提供办公场所；采集基础信息，反映居民诉求；配置和使用远程教育设备，服务社区居民。

4. 开展城乡社区信息化建设。在有条件的地方建设集行政管理、社会事务、便民利民等社区管理服务一体化的社区综合服务信息平台，逐步建立新型社区管理和服务模式。

（三）推进社区服务人才队伍职业化专业化建设

坚持本地培养和对外选聘相结合，加大政策扶持力度，建设一支以社区党组织和社区自治组织成员为骨干、社区专职工作人员为重点、社区志愿者为补充的社区服务人才队伍。

1. 制定社区服务人才队伍培养发展计划。按照《国家中长期人才发展规划纲要（2010—2020年）》的要求，把城乡社区服务人才队伍建设纳入当地人才发展规划，研究制定城乡社区服务人才队伍培养发展计划，鼓励吸引社会优秀人才向社区流动。

2. 充实壮大村（居）民委员会干部队伍。结合全省村（居）民委员会换届选举，依法选齐配强村（居）“两委”班子成员，不断扩大社区党组织领导班子和村（居）民委员会直接选举范围，健全村（居）民委员会下属委员会。

3. 积极推进社区服务人才专业化、职业化。积极开发社区服务工作岗位，扩大就业范围，吸纳更多人员从事社区服务工作。扩大社区服务人员来源渠道，鼓励社会优秀人才到社区工作，力争到“十二五”期末，每个社区至少拥有一名以上社会工作专业人才或专职人员。健全完善新录用公务员、高校毕业生到城乡社区锻炼机制，支持党政机关和企事业单位优秀年轻干部到城乡社区帮助工作，支持社会组织和志愿者参与社区的管理和服务，不断优化社区服务人才结构，提升服务水平。

4. 建立健全社区服务人才培养制度。采取多种方式加强对现有社区服务人员的培训，不断提高社区服务人员的职业素质、服务意识和专业水平。建立健全人才激励制度，落实社区服务人员的生活补贴、工资、社会保险等福利待遇。

（四）推进社区服务体制机制创新

1. 合理划分并组建城乡社区。按照科学管理、有效服务、方便居民自治的原则，确定城乡社区范围。原则上按照一村（居）一社区模式划分城乡社区，设置社区党组织、村（居）民自治组织和其他社区组织，组织开展社区服务和社区建设；偏远地区可通过设立服务点、代办点等方式服务群众，构建横向到边、纵向到底的服务管理网络。

2. 建立健全社区服务组织。加强城乡社区党组织建设，指导社区内具备条件的非公有制经济组织、社会组织按要求建立基层党组织。探索建立以社区党组织为核心、村（居）民委员会和村（居）社区服务站参与组成的“一核多元”城乡社区共建机制，充分发挥社区党组织的领导核心和战斗堡垒作用，增强社区党组织的创造力、凝聚力和战斗力。建立健全城乡社区工会、共青团、妇联、残联、老年协会、计生协会、科协等群团组织体系，按照分级负责的原则，在城乡社区安排专职或兼职力量，加强指导，落实服务项目，满足社区需要，充分发挥群团组织联系社区居民、服务基层的桥梁纽带作用。大力培育和发展城乡社区服务性、公益性、互助性社会组织，消除社区社会组织成立门槛，采取登记管理或备案管理相结合的办法，充分发挥社会组织承接政府职能、参与社区管理、服务村（居）群众、推动社区发展的载体功能。力争到“十二五”期末，每个社区拥有5个以上的社会组织。

3. 规范社区管理方式。积极推行村（居）公共服务事项准入制度，属于基层政府及其职能部门职责范围内的事项，不得转嫁给城乡村（居）；依法应由社区协助的事项，应提供必要的经费和工作条件；委托给村（居）办理的有关服务事项，应遵循“权随责走、费随事转、事费配套”的原则。将制度创新和技术创新结合起来，积极推进社区公共服务的“一站式”服务机制，整合政府各部门在城乡基层的办事机构，减少管理层次，合并相近或相同的服务项目，整合服务资源，优化人员结构，精简服务流程，增强服务能力。积极探索政府购买服务的新举措，逐步实现政府行政管理和村（居）自我管理有效衔接、政府依法行政和村（居）依法自治良性互动。建立社区矛盾纠纷排查预警处置机制，确保社会稳定。建立城乡社区党组织、村（居）委会、驻区单位联席会议制度，定期研究资源共享、社区共建事项。驻社区单位与社区签订共驻共建协议，将文化、教育、体育等活动设施向群众开放，逐步建立多方参与、优势互补、利益协调、规范有序的社区共驻共建机制。

4. 完善社区自治机制。深入开展以民主选举、民主决策、民主管理、民主监督为主要内容的村（居）民主自治实践活动，进一步完善城乡基层党组织领导下的充满活力的基层群众自治机制，逐步提高基层群众自治的制度化、规范化和科学化水平。

5. 加强社区党风廉政建设。建立社区党组织民主决策机制，规范社区事务决策程序和议事程序。社区公共服务的重大建设项目、资金和物资管理等必须坚持民主集中制原则。建立健全社区资产管理制度、流转制度、收益分配制度等，防止社区资产流失和收益分配使用不公。建立健全社区党务、政务、财务公开、干部述职述廉、社区居民民主听证质询、民主评议等制度。加强社区党性党风教育，促进廉洁社区建设。

四、政策保障措施

（一）加强法规制度建设

贯彻落实《中华人民共和国村民委员会组织法》和新修订颁布的《贵州省实施〈中华人民共和国村民委员会组织法〉办法》和《贵州省村民委员会选举办法》，完善配套制度。严格执行《城市居住区规划设计规范》（GB 50180—93）国家标准，科学规划配置社区综合服务设施和社区基础商业网点，并严格用途管理。新建住宅小区和旧城区连片改造居民区要加强建设规划和土地出让的前置审查，由建设单位配套建设社区居民委员会工作用房和居民公益性服务设施。研究制定城乡社区服务标准体系及管理办法、社区公共服务目录及准入制度、社区社会组织培育等方面的法规制度，形成相对完善的社区服务法律法规和制度体系。

（二）加大建设资金投入

多渠道筹集社区服务体系建设资金。要按有关规定区分不同情况，对社区服务设施建设与维护经费、社区服务人员报酬、社区服务工作经费、社区服务信息化建设经费等采取财政补助、委托办理服务事项的单位划转、社区经济收入中安排等方式予以解决。城乡社区服务体系建设资金投入以地方投入为主，积极争取中央通过基建投资给予支持。对城乡社区建设成绩突出的地方，省级财政将按照“以奖代补”的方式给予适当支持；对列入省政府十大民生工程、五十件实事等社区建设重点项目给予建设补助。省发改部门将社区基础设施建设纳入基本建设投资计划，逐年增加建设资金和项目。鼓励企事业单位、社会团体、个人和外资以资金、房产、场地、设备、技术、信息、劳务等多种形式投入社区服务事业，积极探索公办民营、民办公助、民办民助和法人投资、法人管理等多种经营形式。加大彩票公益金投入社区服务项目力度。

（三）制定优惠政策

将社区服务体系建设纳入地方经济和社会发展规划，纳入城乡和土地利用总体规划。财政、金融、工商、物价、规划、建设、国土、民政部门等部门，研究制定公用事业收费、用工保险、工商和社会组织登记等优惠政策，认真执行税收优惠政策，按照普遍服务原则，运用市场准入、资格认定、价格调节、财税优惠等政策，促进社区服务业发展。

（四）健全领导体制和工作机制

健全党委或政府分管负责同志牵头的各级城乡社区建设工作领导机构，明确成员单位职责，制定目标任务分解落实方案，统筹协调社区服务体系建设中的重大问题，研究落实重点任务和重大工程。建立党、政负责同志联席社区的工作制度，将社区建设绩效纳入党委、政府工作目标管理和年度工作考核内容，确保工作及时推进、落到实处。驻社区单位参与社区建设列入本单位党建考核的重要内容。

青海省人民政府办公厅
关于印发加强移民社区（村）综合管理
指导意见的通知

（青政办〔2012〕13号）

西宁市、各自治州人民政府，海东行署，省政府各委、办、厅、局：

《关于加强移民社区（村）综合管理的指导意见》已经省委、省政府领导同意，现印发给你们，请认真贯彻执行。

二〇一二年一月十二日

关于加强移民社区（村）综合管理的指导意见

根据《中华人民共和国村民委员会组织法》、《中华人民共和国城市居民委员会组织法》规定，为贯彻落实省委、省政府关于加强社会管理的部署，创新基层社会管理体制和工作机制，健全完善移民地区党组织和群众自治组织，强化移民地区综合管理服务，巩固党在移民地区基层的执政基础，结合我省移民管理工作实际，现就加强移民社区（村）综合管理提出如下指导意见。

一、充分认识加强移民社区（村）管理的意义

近年来，省委、省政府立足于保护三江源地区生态环境，改善农牧民居住条件，提高农牧民生活水平，全面推进“科学发展、保护生态、改善民生”可持续发展战略，在三江源地区先后实施生态移民、禁牧搬迁、游牧民定居和扶贫搬迁工程。同时，随着城镇化建设步伐的加快和户籍制度改革的不断深入，大量农牧民从农村牧区集中迁入城镇居住，给迁入地社会管理和综合服务提出了新的课题。各地区、各有关部门要站在加强和创新社会管理，巩固和改善党在城乡基层执政基础的高度，充分认识加强和创新移民地区综合管理，对于改善生态移民和游牧民定居条件，提高移民生活质量，保护移民地区生态环境，促进移民地区人与自然和谐发展，维护社会稳定和民族团结，加快富裕文明和谐新青海建设的重大意义。要按照“注重以人为本、建强基层组织、加强社会

管理、提高服务水平”的总体要求，结合户籍制度改革，全面加强移民社区（村）基层党组织、群众自治组织建设，创新移民地区社会管理，确保移民“搬得出、稳得住”，为加强和改善农村牧区基层管理，提高综合服务水平，提供坚强的组织保证。

二、组建移民社区（村）的基本原则

——坚持统筹规划，便于群众自治。移民社区（村）的设置要按照有利于开展群众自治、有利于加强社会管理、有利于群众从事多种经营和提供生活便利的总体要求，统筹规划，合理布局，将地缘相近、习俗相同、宗教信仰相通的移民聚居起来组成新的社区（村）。

——坚持党的领导，依法民主自治。新组建的移民社区（村），党员人数较多且相对集中的，要及时组建党组织；党员人数未达到规定要求的，可暂时就近参加附近党组织的活动，待条件成熟后，再组建独立的党组织。移民人数达到规定数量的，要依法选举居（村）民委员会，并健全居（村）民会议及其代表会议等民主议事机构和工、青、妇等群团组织，不断完善民主决策、民主管理、民主监督制度，着力构建党组织领导下的居（村）民依法自治的组织体系和制度体系。

——坚持群众意愿，实行属地管理。迁入新址的移民可充分考虑其户籍性质、便于迁入地管理等因素，充分尊重群众意愿，按照“宜村则村、宜居则居”的原则，组建村民委员会或社区居民委员会，实行属地管理，并根据移民户籍性质和户籍制度改革有关规定享受相应的社会保障、社会救助和社会福利服务。

——坚持以人为本，服务居民群众。新组建的移民社区居（村）民委员会，要把服务群众作为各项工作的出发点和落脚点，因地制宜、创造条件，针对群众生产生活需求，积极开展形式多样的便民利民服务，丰富服务内容，创新服务形式，不断提高移民群众对社区（村）的认同感和归属感，努力形成管理有序、服务完善、功能齐全、环境优美、人际和谐的新型移民社区（村）。

三、依法规划设立移民社区（村）

（一）设立移民社区（村）的范围

各地要围绕城镇建设和新农村建设，科学制定移民社区（村）建设规划，对由于生态移民工程建设、游牧民定居点建设、退（禁）牧还草移民定居点建设和城镇集镇建设等原因，部分或集体（整体）搬迁移居至城镇周边的移民定居点或居住区，都要按照“规模适度、便于管理、便于服务、便于自治、群众自愿”的原则设立社区或建制村。

（二）设立移民社区（村）的条件和程序

要在充分了解民情、尊重民意的基础上，按照人口规模适度、便于管理服务和群众自治的原则，根据移民户籍性质，属农村户籍的，可按照300户至1000户的规模设立建制村；属非农户籍的，城市社区可按照1000户至3000户的规模设置。城镇社区规模设置实施分类指导，西宁市、海东地区、海西州可按照500户至2000户的规模设置，海北州、海南州、黄南州、玉树州、果洛州可按照300户至2000户的规模设置。实施整村成建制搬迁的，由移民迁出地乡镇人民政府提出意见，经村民会议讨论同意，报县（市、区、行委）人民政府批准撤销原村（牧）民委员会建制。同时由移民迁入地乡镇人民政府或街道办事处提出意见，经居（村）民会议讨论通过，报县（市、区、行委）人民政府批准，依法组建新的居（村）民委员会，并报省、州（地、市）民政部门备案。部分移民实施搬迁的，暂时达不到组建居（村）民委员会设置条件的，可暂时设立村民小组或居民小组，划入相邻的居（村）民委员会代管，实行属地管理，参加相邻的居（村）民委员会村民自治活动，待条件成熟后再组建独立的社区居（村）民委员会。

四、建立健全移民社区（村）组织体系

移民社区管理要坚持以迁入地为主，迁出地和相关部门配合的原则。各州（地、市）、县（区、市、行委）组织、民政部门要会同发展改革、扶贫、农牧等部门认真调查摸底，准确掌握辖区内各类移民人群情况，切实抓好搬迁移民党组织、居（村）民委员会等基层组织建设，做到移民搬迁到哪里，党组织和居（村）民委员会等基层组织就建在哪里；哪里有移民社区（村），党组织的领导、政府的管理和群众的自治就覆盖到哪里。已设立社区（村）的移民定居点，要根据《中国共产党基层党组织选举工作暂行条例》、《中华人民共和国城市居民委员会组织法》、《中华人民共和国村民委员会组织法》有关规定，依法选举成立移民社区（村）党组织和居（村）民自治组织。社区居民委员会由5—9人组成，由全体有选举权的居民或者户代表选举产生，也可以由每个居民小组选举代表2—3人选举产生；村民委员会由3—7人组成，由有选举权的村民直接选举产生。居（村）民委员会根据需要设立人民调解、治安保卫、公共卫生等委员会。居（村）民委员会成员可以兼任下属委员会的成员。同时，抓好移民社区（村）共青团、妇代会等组织建设，理顺社区（村）各类组织关系，使它们充分发挥作用。新组建的移民社区居（村）民委员会，暂时没有主任合适人选的，可由社区或村党组织负责人代行职权，也可由乡镇人民政府或街道办事处委派机关干部临时代行职权，其行政隶属关系、职级待遇保持不变，但不再享受居（村）

民委员会成员的报酬待遇。待条件成熟后再通过民主选举产生。管辖人口较多、工作任务较重的移民社区（村），可通过面向社会公开招聘未就业大学生、零就业家庭成员和“4050”就业困难人员，作为补充工作力量。社区“两委”成员报酬按照有关规定执行。

五、强化移民社区（村）服务管理

移民社区（村）党组织和群众自治组织，要认真履行《中国共产党章程》、《中华人民共和国城市居民委员会组织法》、《中华人民共和国村民委员会组织法》赋予的职责，重点抓好以下工作：

（一）健全管理网格，强化居（村）民自治

要强化管理责任，各迁入地党委政府要认真履行管理职责，农牧、民政等相关部门要各司其职，积极配合。要针对移民社区（村）的实际，围绕“巩固党的执政基础，加强基层社会管理，服务辖区居民群众”总目标，不断完善服务形式，努力创新工作机制。要将辖区内居住人口详细分类，建档立卡，做到底数清、情况明。同时要按照“地缘相近、居住相连、信息相通”的原则，将社区（村）划分为若干片区或居（村）民小组，完善居（村）民小组长负责制，建立居（村）干部联点包片制度，吸收辖区老党员、老干部、宗教界人士和热心公益事业的居民参与居（村）事务管理，形成上下贯通、左右相联、信息共享的网格化管理服务格局。

（二）落实优惠政策，确保移民安居乐业

要针对搬迁移民迁入异地后失去土地、草场等基本生产资料，劳动技能单一，普遍缺乏从事第三产业和多种经营的技能，生活存在诸多困难的现状，大力宣传和认真落实省政府户籍制度改革政策，本着自主、自愿的原则，积极帮助移民办理“农转非”手续，并根据省政府关于户籍制度改革的有关政策规定，在一定时期内实行特殊的优惠帮扶政策，实行“四项优惠加六项保障”优惠政策。即对搬迁移民实行“承包地、宅基地、林地、计划生育”四项权益处置机制不变，确保搬迁移民切身利益不受损失。允许移民在承包期内继续保留土地、草场、林地承包经营权，继续享有农牧区宅基地、住房使用权和受益权。5年内继续享受原计划生育政策和奖励扶助政策。在此基础上增加“六项保障”，对搬迁转户移民进入城镇后可同时享受城镇居民应当享有的养老、医疗、教育、住房、就业、社会救助福利服务六项保障服务，即搬迁移民转户后，已参加新农保和新农合的，允许在3年过渡期内继续选择参加新农保和新农合，也可选择参加城镇居民社会养老保险和基本医疗保险；按照子女就近入学的原则，享受与现有城镇学生同等接受义务教育的权利；符合住房保障条件的，可享受城镇保障性住房优

惠政策；与当地城镇居民享有同等的就业扶助政策；生活困难且达到最低生活保障条件的，可申请纳入城镇最低生活保障范围。通过实行上述优惠政策，确保搬迁移民“搬得起，稳得住，基本生活有保障”。同时，各级政府要对搬迁移民有针对性、有组织地进行多种经营技能培训，采取多种形式向农牧民提供就业致富信息，不断提高农牧民适应城镇生产生活的能力，引领搬迁农牧民扩大后续产业，尽快走上一条创业致富之路。

（三）立足便民利民，开展社区服务

要将移民社区（村）基础设施建设纳入《青海省城乡社区服务体系“十二五”规划》，按照统一标准、统一风格、统一模式的总体要求，兼顾地方特色和移民习俗，切实规划建设好移民社区居（村）民委员会办公和服务设施，完善必要的学习、文体、宗教活动场所等配套设施，按照“一站式”服务、“一窗口”办结的模式，广泛开展社会保障、社会救助、社会福利、优抚救济、计划生育、基本医疗、综合治理。同时要从降低房租、减免税收、通水通电等多方面提供便利，吸引更多的商业便民服务网点落户移民社区（村），为搬迁移民提供有偿、低偿、无偿的便民利民服务，方便群众生活，努力把移民社区（村）打造成为功能完善、环境优美、设施齐全、服务优良、人际和谐的生活共同体。要针对移民社区（村）实际，完善福利服务设施，健全社区（村）慈善组织，广泛开展面向老年人、残疾人、五保户、优抚对象、低保贫困人群和流动人群的特殊关爱和服务，确保困难群体、优抚群体享有同等的福利服务，得到更多的关爱，共享改革发展成果。

六、加强对新组建移民社区（村）工作指导和支持帮助

各地区、各有关部门要高度重视移民社区（村）的组建工作，在政策和人力、财力、物力上给予必要的指导和支持。要按照省委办公厅、省政府办公厅《关于进一步加强社区建设的意见》（青办发〔2009〕13号）和省政府办公厅《转发省财政厅关于财政支持基层组织建设和推动社会管理创新意见的通知》（青政办〔2011〕299号）的规定和相关政策要求，认真落实新组建移民社区（村）办公服务用房、工作经费和社区（村）党组织、居（村）民委员会工作人员报酬，足额落实应由地方财政配套的资金。省财政厅、省民政厅要按照相关标准落实好新组建移民社区居委会的工作补助经费。省民政厅、省发展改革委在编制城乡社区服务设施“十二五”规划时，要将新组建的移民社区（村）办公服务设施纳入其中，力争“十二五”期间彻底解决移民社区（村）基础设施落后的局面，并达到城镇社区居委会综合服务中心面积不小于300平方米，农村社区综合服务中心面积不小于200平方米的标准。各级组织、民政部

门要加强对移民社区（村）党组织和自治组织建设的政策和业务指导，帮助移民社区（村）健全组织机构，完善规章制度，强化服务意识，实行居（村）民自治，主动参与基层社会管理，实现基层党组织和自治组织在移民地区的全覆盖。驻移民社区（村）党政机关、驻军部队、企事业单位和人民团体，要按照“共驻共建、资源共享”的原则，大力支持和帮助移民社区（村）工作，努力形成移民社区（村）党组织领导、政府管理、社会参与、居（村）民自治有效衔接和良性互动。

青海省民政厅　青海省财政厅
关于加快推进社区办公服务设施建设的
指导意见（试行）

（青民发〔2012〕244号）

各州（地、市）、县（市、区）民政局，财政局：

为了加快推进社区办公服务设施建设，改善社区办公服务设施硬件条件，提升社区组织有效参与基层社会管理的服务能力，根据中共青海省委办公厅、省人民政府办公厅《关于加强城镇社区建设创新基层社会管理的意见的通知》（青办发〔2011〕68号）和青海省人民政府办公厅《转发省财政厅关于财政支持基层组织建设和推动社会管理创新意见的通知》（青政办〔2011〕299号），现就进一步做好全省社区办公服务设施建设提出以下意见。

一、指导思想

以科学发展观为指导，以加强和创新基层社会管理为目标，通过科学制定建设规划，加大各级资金投入，支持建立社区办公服务设施投入保障机制，着力解决影响和制约社区建设的服务设施滞后和服务功能缺失的问题，努力提升城乡社区服务水平，为推进基层社会管理创新，构建和谐社区奠定坚实基础。

二、基本原则

（一）科学制定规划，合理确定标准

科学制定社区办公服务设施建设整体规划和年度实施计划，明确建设规模、建设标准、投资额度、省级奖补和地方投入，全面推进项目化、标准化、规范化管理，确保建设规模有规可依，奖补标准公平公正，项目建设有序推进。

（二）突出工作重点，统筹城乡发展

社区办公服务设施建设要与城镇规划建设相结合，优先安排人口密集地区无办公服务用房和办公服务用房面积不达标的社区，优先安排工作积极性高、地方支持力度大的地区。同时在条件较好的农村社区试点推进社区服务设施建设。

（三）地方投入为主，省级奖补为辅

明确各级政府在推进社区办公服务设施建设中的主体责任，落实项目建设资

金，同时，省财政每年安排一定数量奖补资金，用于支持引导各地社区办公服务设施建设。

（四）加强项目管理，严格绩效考核

各级民政、财政部门要加强对项目组织实施工作的指导、监督，加强项目管理，确保工程按期保质完工。社区办公服务设施建设省级奖补资金纳入省财政绩效考评范围，实行绩效考核，严格落实奖惩。

三、总体目标

通过实行社区办公服务设施项目建设，到“十二五”末，全省90%以上的城镇社区解决办公服务用房缺失或面积不达标的问题，同时积极探索支持农村社区办公服务设施试点建设，建成一批具有示范带动效应的农村社区服务中心。

四、组织实施

（一）编制建设规划

省民政厅在认真排查全省社区办公服务设施建设状况的基础上，负责编制《青海省社区服务设施项目建设规划方案（2012—2015年）》，报省财政厅审核后分年度组织实施。

（二）明确建设标准

根据《国务院办公厅关于印发社区服务体系建设规划（2011—2015年）的通知》（国办发〔2011〕61号）、《青海省人民政府办公厅印发青海省“十二五”社会服务发展规划的通知》（青政办〔2011〕190号）、《中共青海省委办公厅、青海省人民政府办公厅印发关于加强城镇社区建设创新基层社会管理的意见的通知》（青办发〔2011〕68号）有关规定，提出城镇社区办公服务设施建设标准：

1. 建设规模：每个城镇社区办公服务设施建设规模一般控制在300平方米之内。服务人口多、管辖区域较大的社区，可根据实际适当扩大社区办公服务设施建设规模，争取达到国家规定的每百户20平方米的建设标准。

2. 奖补标准：综合考虑社区办公服务设施建设规模、不同地区建设工程造价、各地投入情况等因素，省财政对各地社区办公服务设施建设给予奖励性补助。原则上在不超过省上确定的建设规模控制范围内，各地按每个社区建设投资总额的一定比例确定，即：西宁市、海西州补助70%，其他地区补助90%。

（三）省级补助资金使用范围

省级补助资金应主要用于社区办公服务基础设施建设，不得用于购置办公设备和与社区办公服务基础设施建设无关的支出。

（四）资金拨付

对各地的补助，由省财政厅统一拨付省民政厅，由省民政厅按项目建设实施计划分两批下达各地民政部门，其中首次下达70%，剩余30%待项目竣工验收后再行拨付。

（五）确定建设方式

允许各地根据本地区社区建设发展规划、土地储备等实际情况，选择新建、合建、购建、改扩建等方式实施社区办公服务设施建设。新建指政府划拨土地产权完全的建设方式；合建指与其他项目联合建设，产权按投资比例划分的建设方式；购建指通过市场直接购买社区服务设施产权的建设方式；改扩建指面积不达标和服务设施不完善的社区居委会，在现在基础上，通过改建、扩建、增加服务和使用面积，使之达到规定标准，完善服务功能的建设方式。

（六）统一名称标识

根据《青海省城乡社区服务体系建设“十二五”规划》，新建社区办公服务设施应当统一规范名称和标识。城镇社区统一名称为“××社区服务站”，农村社区统一名称为“××村社区服务中心”，并统一镶嵌“中国社区”标志图徽（具体式样见附件或登录民政部门户网站下载）。标志图徽大小应与“社区服务中心”标识字体保持一致。

（七）优化服务功能

城乡社区办公服务设施应当具备日常办公、居民议事、综合服务、文体活动、图书阅览、综治警务、档案管理等基本功能，设置“一站式”服务柜台，做到为民服务空间最大化，并为社区居委会正常运转和社区服务配备必要的硬件办公服务设施，建成主体达标、功能齐全、设施配套的综合性、多功能的社区综合服务设施，为辖区居民开展多种便民利民公共服务，为加强和创新基层社会管理提供基础平台。

（八）明确责任主体

省民政厅、省财政厅和各级民政、财政部门为社区办公服务设施项目建设的责任主体部门。省民政厅负责编制建设规划、提出建设标准，指导、督促项目所在州（市、地）、县（市、区）民政部门做好项目筛选、组织实施以及项目建设照片、资料收集归档管理，积极配合财政部门做好项目实施、监督、检查和绩效考核工作；省财政厅负责按时将奖补资金拨付到省民政厅，指导、督促州（市、地）、县（市、区）财政部门指导、监督项目建设，做好资金使用和项目管理绩效考核相关工作。

五、绩效考核

为了确保社区办公服务设施项目建设有序推进，顺利进行，省民政厅、省财政厅共同对项目建设及资金管理实行绩效考核，并严格奖惩措施。

（一）足额落实建设资金

地方各级财政部门要将社区办公服务设施建设资金纳入地方财政预算，足额落实建设资金，并为社区居委会正常运转和服务设施配备必要的硬件办公服务设备，确保项目“规划一个、投入一个、建成一个”。

（二）加强项目规范管理

各级民政、财政部门要切实加强项目工程质量监管，新建和改扩建项目，要严格按照项目招投标程序筛选施工单位，确保工程建设质量。项目完工后所在县（市、区）民政部门要负责做好新建社区服务设施照片、文字资料归档工作。新建、购建和改扩建的社区办公服务设施完工后应当明晰产权，城镇社区办公服务设施项目由县（市、区）民政部门统一办理《房屋产权证》、《国有土地使用证》和《国有资产登记证》，农村社区办公服务设施项目由乡镇人民政府或村民委员会统一办理有关权属证书，确保国有资产不流失。

（三）严格落实奖惩措施

各级民政、财政部门要加强对项目建设质量、工程进度、建设资金落实情况等重点环节的监督检查和绩效考评，确保项目建设有规可依、按标施工、顺利进行、按期完工。原则上当年确定的项目当年必须完工，最迟不得超过次年上半年。凡未按规定时间完工、建设规模不达标、建设质量不合格、地方配套资金不落实或违规截留、滞留、挪用省级奖补资金的，一经查实，要通报批评、责令整改。整改无效的，省民政厅、省财政厅将扣减该县（市、区）的奖补资金，并调减该县（市、区）下一年度建设任务。

附：中国社区图徽式样（略）

二〇一二年十月十二日

宁夏回族自治区党委　人民政府关于进一步加强城乡社区建设的意见

（宁党发〔2012〕33号）

为深入贯彻党中央、国务院关于加强和创新社会管理的战略决策，认真落实《自治区党委　人民政府关于加强和创新社会管理的若干意见》，着力推进新形势下城乡社区建设，强化自治和服务功能，充分发挥社区在社会管理中的基础性作用，促进社会和谐稳定，现提出如下意见。

一、切实增强推进城乡社区建设的责任感和使命感

社区是社会的基本组成单元，是加强和创新社会管理的重心、构建和谐社会的基础和保证。在城乡基层社会结构发生深刻变化的新形势下，社区在社会建设和党的组织建设中的基础性作用更加显著，承担的社会服务和管理任务更加繁重，维护社会和谐稳定的功能更加突出。进入新世纪以来，全区城乡社区建设稳步推进，组织体系日趋健全，居民自治不断规范，社区服务逐步完善，服务水平不断提高，在改善民生、加强基层社会管理、维护社会和谐稳定等方面发挥了重要作用。但面对适应社会改革发展对社区建设提出的新任务、新要求，我区城乡社区建设工作仍然存在着重视程度不够、职责不清、投入不足、队伍不强、服务水平不高等问题，制约了城乡社区在基层社会管理中基础性作用的充分发挥。

当前，我区进入以科学发展为主题，以加快转变经济发展方式为主线，以建设和谐富裕新宁夏、与全国同步进入全面小康社会为奋斗目标，统筹推进新型工业化、城镇化、农业现代化建设的新时期。深入推进城乡社区建设，有利于保障和改善民生、提高居民生活质量，有利于密切党群干群关系、扩大党的群众基础，有利于发展基层民主、巩固基层政权，有利于加强社会管理、维护社会稳定。各级各有关部门要从巩固党的执政基础、提高党的执政能力，适应我区经济社会发展新要求、顺应人民群众过上美好生活新期待的高度，充分认识城乡社区建设的重要性，增强工作的责任感和使命感，切实加强领导，强化措施，明确责任，狠抓落实，推进城乡社区建设又好又快发展。

二、指导思想、基本原则和工作目标

（一）指导思想

以邓小平理论和“三个代表”重要思想为指导，深入贯彻落实科学发展观，紧紧围绕建设和谐富裕新宁夏、与全国同步进入全面小康社会的总目标，牢牢把握最大限度激发社会活力、最大限度增加和谐因素、最大限度减少不和谐因素的总要求，积极推进社区建设理念、体制、机制、制度和方法创新，进一步理顺管理体制，健全服务体系，强化自治和服务功能，推动城乡社区建设质量有新提高、群众满意度有新提升，努力把城乡社区建设成管理有序、服务完善、文明祥和的社会生活共同体。

（二）基本原则

——加强党建，强化领导。坚持围绕中心、服务大局、拓宽领域、强化功能，全面加强城乡社区党的建设，充分发挥社区党组织的战斗堡垒作用。

——以人为本，服务居民。着眼于实现好、维护好、发展好社区居民的根本利益，为居民群众生产生活提供多层次、多样化、均等化服务。

——政府主导，社会参与。发挥各级政府的主导作用，鼓励、支持企事业单位、社会力量和社区居民参与城乡社区建设和管理。

——资源共享，共驻共建。发挥驻社区企事业单位、社会团体在社区建设中的作用，开创社区资源共有共享、共创共建的新格局。

——因地制宜，注重实效。紧密联系各地实际，积极探索创新，使城乡社区建设适应当地经济社会发展实际，满足城乡居民群众基本服务需求，发挥基层社会管理基础作用。

（三）工作目标

积极适应经济社会发展要求，着力完善社区服务管理工作机制，健全服务体系，提高服务水平，到 2015 年，全区 90% 的城市社区达到三星级以上标准，其中 40% 以上的城市社区达到五星级标准；80% 的农村社区达到自治区《农村社区建设标准》（DB64/T740—2011）。

——管理体制更加健全。着力构建以社区党组织为核心、社区居（村）委会为基础、社区管理服务站为平台、其他各类社会组织和社区居民广泛参与的新型社区服务管理体制。到 2015 年，城乡社区党组织、群众自治组织和社区服务站覆盖率达到 100%。

——服务设施更加完备。到 2015 年，努力实现城乡社区服务设施全覆盖，建成全区社区综合服务信息平台，城乡社区信息化服务管理水平明显提高。

——服务体系更加完善。切实强化社区服务功能，努力实现基本公共服务均等化，居民对社区服务满意率不断提高。社区社会组织健康有序发展，服务能力不断增强。大力倡导社区志愿服务，到2015年，志愿者注册率占居民人口10%以上。

——文化生活更加丰富。积极推进社区文化建设，广泛开展形式多样的社区文化活动，全面建成文化共享工程社区基层服务点，完善“农家书屋”功能。到2015年，城乡社区文化活动室覆盖率达90%以上，不断提升社区公共文化服务能力。

——社会秩序更加稳定。全面加强社区社会治安综合治理，深入推进平安社区、和谐家庭建设，构筑社区治安防控体系。建立健全社区居民利益协调、诉求表达、矛盾调处和权益保障机制，促进社区和谐稳定。

——工作者素质更加优良。不断完善社区工作者队伍培养、评价、使用、激励机制，健全社区工作者薪酬待遇、考核评价和权益保护机制。社区工作者职业化、专业化水平明显提升。

三、强化城乡社区自治和服务功能

（四）理顺城乡社区管理体制

1. 切实提高政府公共服务能力。县（市、区）人民政府及其派出机关要大力推进服务型政府建设，在城市探索建立市民服务中心，在乡镇普遍建立民生服务中心，为城乡居民群众提供便捷优质的政府“一站式”公共服务。按照“精街道、镇（乡），强社区”的要求，优化公共资源在城乡社区的配置，把人力、财力、物力更多投到社区。

2. 积极推行公共服务事项准入制度。各地要尽快开展城市社区去行政职能化工作，凡属于县（市、区）人民政府及其职能部门、街道、镇（乡）职责范围内的事项，不得转嫁给城乡社区群众自治组织；凡依法应由城乡社区群众自治组织协助街道、镇（乡）做好与居民利益有关的工作事项，街道、镇（乡）要提供必要的工作条件，帮助社区开展；凡委托城乡社区群众自治组织办理的有关政府公共服务事项，要实行权随责走、费随事转。认真清理精简在城乡社区设立的各种工作机构，整合规范各级党委、政府和有关部门面向城乡社区开展的检查评比达标等活动。对必须通过社区协助落实的有关事项，须经县（市、区）一级效能办审核许可。

（五）提升城乡社区自治能力

1. 加强自治组织和自治制度建设。加快城乡结合部、“城中村”、工矿企业所在地、新建住宅小区和流动人口聚居地的群众自治组织建设，健全机构，形成上下贯通、左右联动的基层群众自治组织体系。大力培育发展社区服务性、公益性和互助性社会组织，鼓励和支持社区居民开展自我服务，并在运营管理、活动场地等方面为其提供支持。全面推广“四议两公开”工作法、“五牙子章”民主理财、“民主议政日”和建立村民监督委员会等生动有效的村民自治创新做法，公开、公示社区政务和事务，切实提升村民自治能力和水平。

2. 深入推进基层民主实践活动。建立完善以城乡社区党组织领导为核心、居民自治为基础、居民广泛参与、各类社区组织互动合作的城乡社区民主治理机制，依法开展民主选举、民主决策、民主管理和民主监督实践活动。积极探索网上论坛、民情恳谈、社区对话等有效形式，吸引居民群众积极参与，保证居民群众依法直接行使民主权利，提高社会基层单元的和谐度。加强城乡社区共青团、妇联、残联等群团组织建设，充分发挥其在社区自治中的组织和带动作用。

（六）加强城乡社区服务工作

1. 着力推进政府基本公共服务全覆盖。完善社区救助服务，让困难群众享有基本生活和服务保障；加强社区就业服务，重点解决“零就业家庭”就业困难；强化社区卫生服务，为居民提供安全、有效、便捷、经济的公共卫生服务和基本医疗服务；开展社区计生服务，提供生殖健康、优生优育等咨询指导；促进社区教育服务，提升居民整体素质；拓展社区体育服务，积极实施全民健身计划；深化社区安全服务，增强社区社会治安和突发灾害（事件）防控能力；规范地名命名，打造社区地名公共服务工程。

2. 积极开展社区居家养老服务。加强社区居家养老服务机构建设，逐步建立以居家养老为基础、社区照顾为依托、机构养老为补充的社区养老服务体系。建立社区老年人档案，掌握社区内不同类型老年人群体，特别是高龄、空巢老人的实际需求，提供日间照料、医疗保健和精神慰藉等个性化服务，让老年群体不出社区就能享受到方便、快捷、周到的服务。

3. 深入开展便民利民服务。各级政府商务部门要积极引导各类商业服务企业按照布局合理、便民利民的要求，在城乡社区设立各种便民商业服务网点，满足社区居民的日常购物和生活需求。通过政策引导和制度建设，推动驻社区单位将文化、教育、体育等活动设施向社区居民开放，实现社区服务性、公益性资源共建共享。

4. 加强农村社区生产服务。利用农村社区服务站，开展农技推广、农资供应、劳动力转移就业、经济信息咨询等服务，促进农村经济发展。农村社区党组织、村委会要发展多种形式的集体经济，积极培育发展各类农村专业经济组织，提升农民生产组织化水平，推进农业产业化和现代化，促进农业增产、农民增收。

（七）加强城乡社区管理工作

1. 优化布局规模。将城乡社区纳入城乡建设规划，按照便于管理、便于服务、便于居民自治的原则和“一居（村）一社区”模式，确定城乡社区范围，加快构建横向到边、纵向到底的服务管理网络。

2. 加强分类管理。根据各类社区的不同特点，因地制宜，提高社区管理的针对性和有效性。以商品住宅为主的社区要积极搭建居民互动交流平台，大力开展居民自治管理活动，着力提高居民参与程度。以拆迁安置和保障性住房为主的社区要充实社区工作力量，加大救助帮困力度，加强矛盾纠纷调处工作。以老旧住宅为主的社区要加强安全设施改造和服务设施建设，提升物业管理水平，切实改善居住环境。城中村（村改居）社区要改善公共服务条件，引导居民转变生活方式，尽快融入城市生活。企事业单位自建自管社区要强化驻区单位责任，积极推进社区社会化管理。

3. 增强维稳能力。加强社区人民调解组织和专职人民调解员队伍建设，积极发展兼职人民调解员，形成全覆盖的人民调解组织网络，建立健全矛盾纠纷预防化解机制。加强流动人口和特殊人群的服务管理，建立健全实有人口动态管理机制。建立社区维稳信息员、治安巡逻员、矛盾纠纷调解员、社工服务员等队伍，进一步强化群防群治工作。加快推进社区安全技防建设，努力提高社区技防工作智能化、网络化水平。完善应急处置机制，提高社区应对突发事件、群体性事件的能力。

4. 加强文化建设。积极开展“学习型社区”创建活动，加快完善便于居民读书、阅报、上网和进行文体娱乐等活动的室内外文化活动场所；符合配建标准条件的社区，普遍配置体育器材或者健身路径。利用春节、端午、中秋等民族传统节日和重大纪念日，组织居民开展节日民俗、文化娱乐等群众性文体活动，弘扬中华民族优秀传统文化。

5. 加强环境治理。以建设“资源节约型、环境友好型”社区为目标，健全城乡社区环境保护管理制度，维护社区环境整洁有序。结合新农村建设，积极推进农村环境综合整治，改善农村人居环境。

6. 加强民风建设。按照“抓党风、带政风、促民风”的总体要求，以城乡社区为着力点、建设社会主义核心价值体系为根本、思想道德建设为重点、法制教育为基础、民主管理为手段、民生改善为动力、典型示范为榜样、基层组织建设为保证，建设“遵规守法、明礼诚信，淳朴向善、理性包容，民族团结、勤劳致富”的优良民风，进一步优化发展环境、促进社会和谐，推动经济发展。

四、加强城乡社区基础保障能力建设

（八）加强城乡社区党的建设

1. 建立健全基层组织。各级党委要把城乡社区党建工作纳入当地党建整体布局，健全和优化社区党组织设置，采取单独组建、区域联建、城乡共建等方式组建社区党组织，重点加强流动人口聚居地、城乡结合部、新建住宅小区、社区内非公有制经济组织和新社会组织的党组织建设。选优配强党组织书记，建立健全社区党组织决策议事、党员教育、管理服务、联系服务群众等制度，形成有效发挥社区党组织领导核心作用和党员先锋模范作用的长效机制。

2. 发挥领导核心作用。城乡社区党组织要领导社区居民自治组织，推进社区居民自治；领导社区群众组织，支持和保证其依照各自章程开展工作；密切联系群众，及时反映群众的意见和要求，化解社会矛盾，维护社区稳定；指导社区非公有制经济组织、新社会组织中的党组织开展党建工作，组织协调辖区单位党组织开展区域性党建工作；加强自身建设，做好社区党员的教育管理和发展党员工作。

3. 构建区域化党建格局。探索建立街道（镇）、城市社区“大委员制”和街道（镇）、城市社区党建工作协调委员会（党建工作联席会）、党员代表大会（党员议事会）制度；凡条件成熟的城市社区，要及时成立社区党总支或党委，选聘驻区单位党组织负责人担任街道（镇）、社区党组织“兼职委员”，把辖区内各个党组织联合在一起，统一研究区域内党组织的活动目标、活动方式、活动内容，推进资源共享、力量整合。建立和落实机关事业单位在职党员向居住地社区报到制度、志愿服务制度、社区表现评价和反馈制度，形成“工作在单位、活动在社区、奉献双岗位”的党员管理新机制，充分发挥党员干部在社区管理服务中的先锋模范作用。

（九）加强城乡社区基础设施和信息化建设

1. 加强基础设施建设规划。各市、县（区）人民政府要将城乡社区组织工作用房和居民公益性服务设施建设纳入城乡建设规划、土地利用规划和社会发展专项规划，与社区卫生、警务、文化、体育、养老等服务设施统筹规划建设，并对建设资金来源、产权归属和使用管理方式等作出明确规定。

2. 加强城乡社区服务设施建设。城市新建小区和旧城改建区，要认真落实国家10部委《关于进一步做好社区组织的工作用房、居民公益性服务设施建设和管理工作的意见》（民发〔2005〕85号）和自治区《关于加强社区组织工作用房和居民公益性服务设施建设与管理工作的意见》（宁政办发〔2006〕208号）中有关商用开发与公益建设同步的规定，开发企业要无偿提供城市社区群众自治组织工作用房和居民公益性服务设施。各地要对2006年以来没有执行和落实国家、自治区有关政策规定的，采取有力措施予以清偿，明确产权归属。力争到2015年底，实现城市社区基础设施建设全覆盖，其中新建或改扩建的社区组织工作用房和居民公益性服务设施面积不少于500平方米，条件好的地方可达到

800 平方米以上。

农村社区服务设施建设要依托现有村级组织活动场所、空闲校舍等，实施必要的改扩建或新建，避免资源闲置和浪费。要按照村社布局规划，因地制宜，分类推进，对需长期保留的中心村、重点村重点建设，建成一批设施完善、功能完备的精品示范社区，发挥示范带动作用；基础相对薄弱的着力规范建设，改善发挥功能的基本条件，建成标准型社区；尚不具备条件的着力夯实基础，能够提供基本的社区服务，建成简朴型社区。力争到 2015 年底，全区 80% 的农村社区组织工作用房和居民公益性服务设施面积达到 200 平方米以上，符合"六室一场两栏"（村"两委"办公室、多功能室、社区卫生计生服务室、图书阅览室、文体活动室、社会组织和专业站点服务室，户外文体活动广场，宣传栏、公开栏）的基本建设标准。

3. 积极推进服务管理信息化建设。大力整合市、县（区）、街道、镇（乡）、社区面向群众、驻社区单位的服务内容和流程，建成连接自治区、市、县（区）、街道、镇（乡）、社区五级的社区综合信息管理和服务平台，实现数据一次收集、资源多方共享；采取政府引导、市场化运作模式，积极推进"96890"宁夏智能化社区综合服务信息平台建设，力争到 2015 年底，建成集党的建设、行政管理、社会事务、社区居家养老等便民服务为一体，以县（市、区）为单元的社区信息服务系统，全面支撑社区服务和管理工作。

（十）加强城乡社区工作队伍建设

1. 切实优化结构。采取面向社会公开招聘、从街道、镇（乡）机关下派等方式，不断充实社区工作者队伍，努力培育一支结构合理、素质优良的社区工作者队伍。鼓励党政机关和企事业单位优秀年轻干部到城乡社区帮助工作或建立经常性联系制度；鼓励高校毕业生、复转军人中的优秀人才到城乡社区担任专职工作人员；鼓励党政机关、企事业单位在职或退休党员干部、社会知名人士参与城乡社区成员选举。探索实行"一社区一大学生"计划，根据岗位实际需求，面向城市社区统一招录一定数量的大学生社区工作者，逐年增加高校毕业生进入社区工作者队伍比例，力争到 2015 年实现"一社区一大学生"的目标，并逐步建立和完善从社区大学生中招录公务员制度。切实加大城乡社区工作者培训力度，每年至少对城乡社区主要负责人进行一次培训，其他成员每届至少接受一次在岗培训，不断提高其服务居民、管理社区的能力。

2. 建立完善社区工作者待遇正常增长机制。按照《中共中央办公厅、国务院办公厅关于加强和改进城市社区居民委员会建设工作的意见》（中办发〔2010〕27 号）和《自治区党委办公厅人民政府办公厅关于加强和改进城市社区居民委员会建设工作的实施意见》（宁党办〔2011〕31 号）有关要求，结合当地经济发展实际，妥善解决城市社区党组织和居民委员会成员的待遇问题。社区工作者工资待遇采取政府购买服务的方式实施。城市社区工作者由街道办事处与其签订劳动合同，明确双方工资报酬、社会保险等权利义务。城市社区工作者的工资原则上参照我区2012年机关事业单位新录用工作人员工资标准确定为2000元，农村继续按照不低于上年度当地市、县（区）农民人均纯收入的1.5倍落实好村党组织和村委会成员的报酬，有条件的地方可适当提高标准并自行负担。建立和完善社区工作者工资正常增长的长效机制，今后社区工作者工资标准将综合考虑经济发展水平、城镇居民生活费支出、个人缴纳社会保险费、机关事业单位当年新录用工作人员工资水平和农民人均纯收入等因素，由自治区组织、民政、财政、人力资源和社会保障部门适时进行相应的调整。全面落实“五险一金”和解除或终止劳动合同经济补偿，城市社区工作者在社区工作期间，以职工身份参加养老、医疗、失业、工伤、生育五项社会保险，各级财政对用人单位缴纳部分进行全额补贴，个人缴纳部分从工资中扣除。农村社区工作者按照现行有关政策，参加城乡居民养老保险、医疗保险。社区工作人员参加城乡居民社会保险的，符合养老金待遇领取条件，可比照村干部基础养老金补贴办法，享受城乡居民养老保险待遇。

3. 健全激励机制。积极把城乡社区优秀工作人员培养发展成为党员，推荐符合条件的优秀社区工作人员担任各级党代会代表、人大代表、政协委员和劳动模范。对工作成绩突出、居民群众满意的社区工作人员及时给予宣传、表彰和奖励。加大从城乡社区优秀工作者中考录国家公职人员和选任街道（乡镇）机关、事业单位领导干部的力度。建立新录用公务员到城乡社区（挂职）锻炼制度。

（十一）加大城乡社区建设经费保障力度

1. 加大政府投入。各级人民政府要将城乡社区服务设施建设、信息化建设、工作经费以及人员报酬等项经费列入财政预算，完善城乡社区经费保障机制，经费投入要向困难地区和农村地区倾斜。按照《自治区城乡社区服务体系建设“十二五”规划》，自治区本级福利彩票公益金每年提取15%，自治区财政每年至少安排5000万元作为引导资金，采取以奖代补形式用于城乡社区服务基础设施建设和工作服务设备配置。

2. 保障运转经费。建立城乡社区运转经费自然增长机制，市、县（区）政府要切实保证每个城市社区运转经费，川区每年不低于5万元、山区不低于3万元；要认真落实自治区党委、人民政府《关于完善村级组织运转经费保障机制加强村级组织建设的意见》（宁党办〔2009〕110号）中规定的村办公经费标准，有条件的地方可逐步提高，确保村级组织的正常运转。自治区财政对城乡社区运转经费在转移支付中作为测算补助因素之一。

3. 强化经费监管。街道、镇（乡）要设立社区财务专账，各级财政列支的社区工作经费、社区服务收入和社会捐赠资金等均纳入专账管理，实行专款专用，分账核算，并定期向广大居民公开使用情况，接受居民群众监督。

五、切实加强对城乡社区建设工作的领导

（十二）加强组织领导

各地和各有关部门要建立健全党委领导、政府负责、组织部门抓总引领、民政部门牵头、相关部门配合、社会广泛参与的城乡社区建设工作体制和机制，健全完善领导机构，把城乡社区建设工作作为履行社会管理和公共服务职能的重要内容，纳入重要议事日程和效能目标管理考核。建立各级领导干部城乡社区建设包保机制和联系点，加强对社区建设工作的指导和帮助。

（十三）强化部门配合

各级民政部门要在当地党委、政府统一领导下，充分发挥牵头指导作用，搞好组织协调和服务。各级教育、科技、公安、司法、人力资源和社会保障、城乡建设、文化、卫生、人口和计划生育、体育、环境保护等部门要强化责任意识，把支持和帮助城乡社区建设作为为民办实事的重要内容予以落实。各级发展改革、财政、金融、税务、工商等部门要按照各自职能，进一步制定促进城乡社区发展的政策措施，积极支持城乡社区建设。充分发挥各级工会、共青团、妇联及残疾人联合会、老龄协会、计划生育协会、慈善会等群众组织的优势，积极参与社区建设。

（十四）健全考评机制

要进一步完善城市社区建设考核评估办法，在深入开展星级社区创建活动的基础上，加大对市、县（区）的考核评估，建立行之有效的奖惩机制，促进城市社区建设再上新台阶。落实《自治区农村社区建设考核奖励办法》，认真组织开展考核评估工作，兑现奖惩措施，促进农村社区建设全面有效开展。建立表彰奖励制度，对积极支持和大力推进社区建设，取得显著成绩的单位和个人，各级党委、政府要定期给予表彰奖励。

二〇一二年八月十三日

第 三 部 分

理论研究和调研报告

农村社区建设是中国农村社会转型中的重大制度创新

——苏、鲁、黑、陕四省农村社区建设情况调研报告

（2012 年 9 月 17 日）

根据中农办的总体安排，7 月下旬至 8 月初，民政部会同国家信访局联合组成调研组，对江苏、山东、黑龙江、陕西四省的现代农业制度创新工作，特别是农村社区建设工作进行了专题调研。调研组到江苏南京江宁区、泰州姜堰市、苏州太仓市，山东日照市、潍坊诸城市、青岛胶南市，黑龙江哈尔滨道里区、伊春市，陕西西安高陵县、咸阳泾阳县等地的 20 多个社区进行了实地调查，通过召开座谈会、听取基层干部介绍、走访居民群众、与专家学者交流等，了解到大量第一手材料，感到我国农村社会正处在快速转型过程中，围绕土地流转、集体资产处置、现代农业发展、农村基层组织建设、社会管理等问题，涌现出一大批探索实验和创新成果，而农村社区建设则是其中最重要的制度创新成果之一，迫切需要总结梳理，从中央层面出台相关政策，进一步推动农村社区建设工作。现将有关情况报告如下。

一、农村社区建设是适应我国农村经济社会发展需要的一种新型社会管理方式

民政部统计，全国有 30% 左右的农村地区开展了农村社区建设工作。据江苏、山东、黑龙江、陕西民政厅的同志介绍，从 2006 年开始，按照党的十六届六中全会和十七大精神以及民政部的安排部署，四省普遍开展了农村社区建设试点或实验工作，有的是以县为单位开展实验，有的是以地市为单位整体推进。四省虽然进度不一，路径有所不同，但大家都认为，随着工业化、城镇化和农业现代化进程加快，我国农业农村工作进入新阶段，农村社会正在发生重大变化，传统的以村庄为单元的管理体制已不适应农村经济社会发展的需要，迫切需要推行社区化的管理服务新体制，推行农村社区建设已成为当务之急。山东省胶南市市长路玉军说："我们推进农村社区建设，主要基于三方面的考虑，一是上级的要求，二是胶南实际发展的需要，三是农民群众的期盼。"

（一）农村社区建设为新形势下组织、凝聚农民群众提供了新的纽带

20世纪80年代社改乡、队改村是农村基层管理体制的重大改革，促进了农村经济社会发展。但随着工业化、城镇化和市场化发展，农民就业方式、分配方式、村民与村集体的关系都出现了一些新情况，传统的村庄管理方式遇到了挑战，不少地方村级组织的号召力和凝聚力有所下降。日照市副市长万同介绍说："家庭承包之后，基层组织和乡村干部与农民群众的联系减少，农业税取消后，基本没有了。开展农村社区建设之后，政府的管理重心下移，服务资源下沉，为农民提供了许多服务，与农民的联系增多，增强了农民群众对乡村组织的认同感、归属感，我们感到，这是新形势下团结、组织农民群众一种比较有效的方式。"

（二）农村社区建设为把政府公共服务尽快延伸覆盖到农村提供了新的平台

调研中，大家一致反映，长期存在的城乡二元结构使我国城乡之间存在巨大的差别，有限的政府公共资源大多集中在城区和乡镇（街道）驻地，公共服务分配非常不均衡，一些事关农民切身利益的生产生活问题无法及时得到解决，绝大多数农村地区存在公共服务产品供给短缺现象。除水、电、路等"硬件"基础设施严重不足外，环境卫生、教育、文化、医疗、社会保障、社会治安等"软件"公共服务也基本上属于"被遗忘的角落"。开展农村社区建设，不仅加强了农村基础设施建设，改变了农村落后面貌，而且搭建起了政府社会管理和公共服务的平台，把农民群众需要的各种公共服务延伸覆盖到了农村，促进了基本公共服务均等化。泾阳县樊家村村民们说："过去办什么事情都要跑到乡镇，甚至跑到县城，搞了社区后，公家人下来了，申请低保、办个证、领个照在社区就解决了，省事多了，村里还建了卫生室、警务室、图书室、文化广场，现在的生活比过去舒坦多了。"

（三）农村社区建设为深化和拓展村民自治提供了新的空间

近些年来，村民自治遇到了一些新的情况，在中西部地区尤其是一些传统的村庄，大批农民离开土地进城务工经商，有些举家迁离农村，导致农村人口减少，"空心村"现象比较明显，再加之有些村庄原本就规模小、人口少，原来行之有效的村民自治遇到挑战，村民会议开不起来，找不到合适的人担任村干部。在经济发达地区，包括中西部地区的城郊结合部的一些村庄，村办企业和驻村企业越来越多，新的经济组织、社会组织不断涌现，外来人口大量涌入，在南京、苏州等地有的村外来人口超出本村人口数倍之多，传统的村庄体制难以把他们纳入管理服务范畴。而社区建设则有效地解决了上述问题，"空心村"等传统村庄以"多村一社区"的方式建立平台，整合了管理职能和服务资源，扩大了选人用人范围，赋予了村民自治新的活力；在外来人口多的村庄，通过推行社区化管理，将外来人员、驻村企业和所有经济组织、社会组织纳入社区管理服务的范畴，拓展了村民自治的范围，强化了村级组织的自治和服务功能。

（四）农村社区建设为推进社会主义新农村建设提供了有效途径

基层同志普遍反映，农村社区建设为农村经济发展、社会力量参与新农村建设、提高农民生活水平发挥了重要作用。胶南市丁家寨社区书记说："新的社区建立后，我们成立了土地流转中心，把分散的几个村的土地整合起来，建立了万亩蓝莓产业区，提高了农业专业化水平，大大增加了农民收入。"咸阳市把各有关部门投入农村社区建设的资金捆绑使用，使用效益明显提高，同时组织动员驻村企业、在外经商办企业的能人帮助发展农村经济，兴办公益事业。泾阳县樊家村书记介绍说："村里的社区服务中心有1500多平方米，花了200多万元，上级给的钱只有五六十万元，其他的都是各方面凑的，搞农村社区，调动了大家的积极性。"胶南市张家楼镇党委书记杨亦武说："新农村建设为农民群众提供了一个良好的长期愿景，需要一步步实现，而农村社区建设则提供了有效的载体和途径，把这种愿景变为了现实，让农民看得见、摸得着。"

二、苏、鲁、黑、陕四省推进农村社区建设的主要做法和经验

我们所调研的四个省，既有东部发达地区，也有中西部欠发达地区，农村社区建设已从试点实验阶段发展到全面推进阶段。各地从本地实际出发，大胆探索，积极推进，取得了明显成效。其主要经验和做法：

（一）党和政府发挥主导作用

我们所到之处，各级领导都高度重视农村社区建设工作，采取了多种措施加以推进。一是建立协调有力的领导机构和工作机制。四个省都成立了以副省级以上领导为组长的社区建设领导小组，其中黑龙江省由省长担任组长。地（市）、县（市、区）和乡镇等都普遍成立了党政主要领导为组长的农村社区建设工作领导小组，明确了组织、民政等相关部门的职责，初步形成了党政领导挂帅、民政部门牵头、相关部门参与的领导体制和工作运行机制。江苏全省13个省辖市、106个县（市、区）全部建立了社区建设领导（协调）小组，有1242个街道、乡镇建立了社区建设指导小组，占总数的93%。日照市东港区还专门成立了社区建设管理局，负责统筹推进城乡社区建设工作。二是出台推进农村社区建设的政策文件。山东省委、省政府制定下发了《关于推进农村社区建设的意见》，江苏省委、省政府出台了《关于加强新形势下城乡社区建设的意见》，黑龙江省委、省政府办公厅转发了《农村社区建设试点工作方案》，陕西省政府办公厅出台了《关于开展农村社区建设试点工作的通知》，对农村社区建设作出了专门部署。在市县层面，我们所调研的县（市、区）均以党委、政府名义出台了推进

农村社区建设的工作意见，试点乡镇也制定了相应的措施和制度规范。青岛市委、市政府先后下发了《关于加快统筹城乡发展的意见》、《关于加快农村新型社区建设的意见》，把农村社区建设作为统筹城乡发展的重要途径，并提出了5年建成500个新型农村社区和1000个农村社区公共服务平台的目标任务。三是加大资金投入。很多地方把农村社区建设纳入当地经济社会发展规划和财政预算，建立了稳定的资金投入机制。陕西省将城乡社区建设列入省委、省政府2008年至2012年“民生八大工程”，并纳入10个重点建设项目给予优先保障。按照规划，从2008年到2012年，公共财政计划投入27.6亿元，其中省级投入20.2亿元，市县配套7.4亿元，建设1.25万多个农村社区服务中心，占全省行政村总数的45%以上。江苏省民政厅会同财政厅下发了《江苏省城乡社区建设省级“以奖代补”专项资金补助办法》，自2011年起，省级财政每年安排1亿元预算资金，采取项目化的补助方式进行引导推动，同时，通过资金引导和项目运作，撬动了市县、乡镇加大财政投入，2011年各地累计投入7.89亿元。其中：市级层面1.21亿元，县（市、区）层面6.68亿元。山东省每年拿出2000万元用于农村社区建设奖励补助，日照市将农村社区建设及运转经费列入财政预算，累计投资3.3亿元用于农村社区服务中心建设，青岛市在市级和区（市）级分别设立新型农村社区建设专项资金，给予每个新建农村社区一次性奖补资金200万元。在加大政府财政投入的同时，各地积极发动村集体和农民群众投入，鼓励企业投入，争取社会捐赠，探索建立了公共财政、集体积累、企业和社会力量等多元投入的经费投入机制。四是建立农村社区工作考核奖励机制。多数地方都把农村社区建设工作任务分解落实到了党委、政府相关职能部门，纳入了目标考核范围。如青岛市将农村社区建设纳入了市直部门和区、市领导班子目标绩效考核，制定出台了《青岛市和谐城乡建设行动考核办法》，其中对和谐村庄（社区）的规划编制、社区建设、社区管理和公共服务等方面的考核工作作了详细规定。太仓市副市长周文彬说：“推进农村社区建设，领导重视是关键，因为建社区的目的是服务百姓，只有领导重视了，才能把各种政策、权力、资源下放到社区，才能把各项工作干好。”

（二）科学编制社区建设规划

各地普遍反映，我国农村数量众多、自然地理环境不同、人口规模大小不一，而且随着经济社会发展和城镇化进程加快，又出现许多城郊村、城中村、“空心村”等，农村社会结构分化严重，农民群众的需求也呈现出多样化，因此，农村社区建设必须从农村实际出发，充分考虑当地经济社会发展水平、地区差异、农民需求和政府的财力，制定符合农村特点的发展规划，合理确定农村社区布局和建设规划，按照规划逐步推进，不能搞一刀切、急于求成。山东省根据本省村庄数量多、人口规模小等特点，按照规划先行的原则，以县（市、区）为单位，于2010年7月全部完成规划任务，全省共规划农村社区17669个，涵盖71436个建制村，平均每个社区覆盖3600余人，服务半径一般不超过2—3公里。日照市民政局局长何子安介绍说："研究编制农村社区规划非常重要，它不仅可以增强农村社区建设的科学性、权威性，让农村干部和群众心中有个蓝图，按照蓝图进行行动，而且可以整合管理职能和服务资源，减少资源浪费，让每个村民都能分享农村社区发展带来的变化。"陕西省制订农村社区建设方案，农村社区建设标准（试行）等规章制度，根据各地实际细化量化标准。按照陕南、陕北和关中三大自然区域特点，有针对性地设计了农村社区服务中心建设模式指导方案，供各地参考。确定项目时，要求优先考虑距离城镇相对较远、经济发展缓慢、群众生活不便利的村，居住相对集中、人口较多的村，村"两委"班子积极性高、群众基础较好、村民自治规范的村，充分尊重广大群众意愿，不搞一刀切，成熟一个建设一个，建成一个巩固一个。

（三）因地制宜确定社区建设模式

在尊重农民群众意愿的基础上，四省根据人口规模、文化习俗、服务半径和产业发展等要素，探索形成了几种不同的农村社区建设模式：一是"一村一社区"模式。江苏、黑龙江、陕西绝大多数地方都推行了此种模式。以行政村为基础，建立社区服务中心，村党组织和村委会与社区服务中心实行一套人马、两块牌子，村"两委"成员与社区干部交叉任职，在不改变村民自治架构的情况下，建立健全了农村新型社区管理和服务体系。二是"多村一社区"模式。这种情况在山东和村庄规模比较小的地方比较普遍。基本做法是选择一个规模大、经济基础较好的村为中心村建设农村社区服务中心，辐射半径一般在2—3公里、人口在3000—5000人，为周边群众提供基本公共服务和生产生活服务，打造起"两公里服务圈"。保留社区内各行政村党组织和村委会，在社区层面设立社区党组织和议事协调组织，管理各行政村和其他单位党组织、社会组织，统筹协调辖区内的经济发展、社区管理和服务等事项。在社区层面建立人口、土地、户数、资产、债权债务及村干部等台账，坚持"五不变"政策，即土地承包关系不变、各项承包租赁合同不变、资产和债权债务不变、原村村名不变、原村民福利待遇及优惠政策不变。三是"村转居型"模式。在城近郊区、乡镇驻地和一些经济发展较快的地区，这种情况比较普遍。在这些地方，由于城镇化发展、城中村改造和重点项目实施建设等原因，土地已所剩不多，从事农业生产的农民越来越少，农民的生活方式、居住方式变化也很大，一些城镇居民与村民插花居住。对这样的社区，有的采取一步到位，撤销原有的村党组织和村民委员会，设立社区党组织和社区居民委员会，对原有的集体资产进行股份化改革，量化到农户和个人；有的采取过渡方式，撤销原来的村党组织，设立新的社区党组织和社区居民委员会，在村民居住比较集中的地方建设社区服务中心，为所有村民和居民提供公共服务和其他服务。原来的村民委员会保留，对原有集体资产进行管理。

（四）打造社会管理和公共服务平台

各地以建设社区服务中心为切入点，推动政府公共资源和管理职能向农村延伸，为农民提供各种服务。社区服务中心的功能是多用途的，大都集管理、服务、教育、活动等于一体，既要满足村级组织或社区组织办公、服务需要，又要满足农民群众活动、交流需要。诸城市委书记陈汝孝介绍说："在村民集中居住的地方建设社区服务中心，不仅可以依托这个平台把政府需要的社会管理和公共服务职能下沉到社区，为农民群众提供各种公共服务，而且可以依托这个平台，组织群众开展土地流转、读书看报、协商议事等生产生活服务活动，让居民看得见、摸得着、用得上，既突破了单纯村级组织办公场所的概念，又强化了社区的自治和服务功能，是一举多得的好事。"关于建设方式也是多种多样，有的地方是新建、有的地方是改建或扩建，建设资金主要来源于地方财政投入，个别地方则由企业或个人捐建。我们所到的社区发现，在社区服务中心里实行了"一站式"服务，由政府派驻人员或村干部向村民提供医疗卫生、人口计生、社会保障、司法调解、农业技术推广、土地流转和体育文教等多种服务，同时鼓励吸引村民个人在社区综合服务设施内或周围开展日用品超市、农资超市、再生资源回收等商业性服务，有的地方还把邮局、电信、银行、保险等服务引进社区，解决了长期困扰农民群众的一些生活难题，突破了过去单纯依靠村集体和村民自我服务的局限，使得农村居民在家门口也能像城里人一样享有政府公共服务、社会公益服务和便民利民商业性服务。目前，江苏全省已建成农村社区综合服务中心（站）10570个，平均建筑面积约600平方米。山东全省已建成农村社区服务中心12912个，平均建筑面积503.2平方米。陕西全省已建成社区服务中心3833个，改建、扩建村级活动场所8000多个。黑龙江省已建成农村社区服务中心1865个，室外文体活动广场3367个，便民服务站8904个。调研所到县（市、区）的社区服务设施覆盖率大多已达到80%以上，得到农民群众的普遍欢迎和认可。

（五）普遍推行社区化管理和服务

我们在调研中发现，与以往不同的是，各地以社区建设为契机，推行了一种全新的管理模式，即社区化管理和服务模式。一是普遍实行"一委一村一中心"，即构建以社区党组织为核心、社区村委会为基础、社区服务中心为依托的城乡社区管理体系，下移管理重心，推动人员、经费、资源"三下沉"。日照市按照服务类别、服务内容、承办方式、办事流程、委托或授权部门等，将社区管理服务事项4大类30小类104项下放下沉至社区，其中社区直接办理48项，社区代为办理56项，促进政府服务职能和村民自治功能向社区转化，确保将管理重心下移到社区，村民自治功能体现在社区。二是实行“无缝隙”管理和服务，即将原有村民、流动人口、农村各类经济组织和社会组织以及驻区单位都纳入农村社区的管理和服务范畴，从而在传统的农村地区实现了对全部地域、全体人员和各类组织的“无缝隙”管理服务。三是建立多元治理机制，即由政府组织、村民群众、驻区单位和外来人口共同参与社区管理，将农村社区建设的各项事务纳入社区协商议事范围。青岛市民政局局长姜军建介绍说：“过去村庄管理，只管理户籍在农村的本村村民，现在要管理包括本村村民在内的所有农村居民；过去村级组织只要把本村村民服务好了，农民群众和上级政府就满意了，现在则不同了，不仅要服务好本村村民，还要服务好外来人员，既要服务好本村经济组织和企业，也要服务好其他经济组织、社会组织和驻村企业，服务对象增加了，服务要求提高了，单纯依靠村级组织和村民的自我管理和自我服务已经不够了，必须依靠社区平台，把政府的管理和服务、社区的管理和服务以及村民的自我管理和服务有机结合起来，才能适应当前社会发展的需要，满足多元主体的不同需求。”

（六）不断深化和拓展村民自治

农村社区建设与村民自治是什么关系，这是一个不容回避的问题。各地在实验过程中，也出现过不同的认识，有的认为开展农村社区建设就是要取代村民自治，用社区管理来取得村庄管理；有的认为开展农村社区建设就是要把社区建设嫁接到村民自治上，实现有机结合。在实践中大家感到，农村社区建设与村民自治并不矛盾，也不是谁取代谁的问题，而是在村民自治中引入一种新的理念、新的原则，在不打破村民自治架构的前提下，进一步完善村民自治，延伸和拓展村民自治。如在社区组织方面，多数地方以村党组织和村委会为基础，建立健全社区党组织，有的地方直接把村党支部（党委、总支）和村委会过渡为社区党组织和自治组织，有的地方则打破村庄界限，改变党组织设置方式，在社区设立党委或党总支，把支部建在原有村庄、产业链、经济组织或社会组织、社区服务中心等，在社区设立社区议事协商委员会或社区发展理事会，由原村委会主任、经济组织和社会组织负责人、驻村企业代表、党员和村民代表等组成，统筹协调超出原有村庄的事务和本社区的自治事务。在社区自治内容方面，各地普遍把社区建设事项纳入自治范畴，不仅拓展了村民自治内容，也创新、丰富了自治方式。如诸城市推行了“四务公开”、“五制管理”制度，即社区党务、自治事务、财务、服务四公开，社区党委初议制、联席议事制、决策听证制、公开办事制、定期评议制。胶南市普遍推行了“四审四议两公开”工作机制，“四审”即重大决策事项审查、重要事项用章审核、财务审接、村主要干部经济责任审计制度，“四议”即党组织提议、“两委”商议、党员大会审议、村民会议或村民代表会议决议，“两公开”即村务公开、财务公开。太仓市以推进社区建设为契机，积极探索政府行政管理和基层群众自治有效衔接和良性互动的途径和办法，严格界定政府行政管理事项和权力边界，依法明确自治组织自治事项和协助事项，通过签订协助管理事项协议书等形式落实各自责任，产生了良好的社会效果。胶南市张家楼镇2011年共涉及63个村2400万元社区建设项目，从工程立项、招投标到工程施工、验收，全部纳入议事决策范围，规范又透明，既是群众最迫切需要的，也是在群众参与支持下完成的，既体现了村民自治原则，又推进了社区建设和发展。

（七）努力改善农村人居环境

开展新农村建设以来，农村面貌已有较大改观，但由于农村缺乏相应的管理制度和管理机制，存在着农村垃圾处理、生活环境整治等无经费、无人管、无人干的现象，各种垃圾得不到相应处理，部分农村的环境现状依旧“脏、乱、差”。在推进农村社区建设过程中，各地以农村基础设施建设和整治农民生活环境为重点和突破口，结合新农村建设，深入开展农村环境综合整治，通过道路硬化、沟渠整治、改水、改灶、改厕等，改善农村居民居住环境。利用社区宣传栏、公开栏等，积极做好农村环境保护和治理宣传力度，提高农村居民的环境保护意识，调动农民参与农村环境保护的积极性和主动性，共建美好家园。姜堰市溱湖社区主任深有感触地说，以前我们村里的卫生情况是“垃圾靠风刮、污水靠蒸发”，村干部召集村民来处理垃圾，根本就没人搭理，我们以建社区为契机，集中精力把村里的环境整治好了，村民得到了实惠后，也积极行动起来，现在村里哪里脏了，不等村干部召集，附近村民或村民志愿者就主动地打扫干净了。有些农村社区还制定了社区卫生公约，成立农民卫生保洁队，维护农村道路，清扫生活垃圾，建立了农村社区环境卫生养护的长效机制。

三、推进农村社区建设过程中存在的问题

从调研情况看，四省虽然推进力度很大，也采取了多种措施，但总体而言，农村社区建设尚处于起步阶段，存在一些亟待研究解决的问题，与城市社区建设相比还有相当长的一段路要走。

（一）对推进农村社区建设思想认识不一

有些人对推进农村社区建设的必要性、重要性认识不足，认为农村社区建设就是城镇化，照抄照搬城市社区的做法，甚至简单理解为“村改居”、“合村并

居”和集中居住小区化管理；有些人认为农村社区建设就是单纯地通过建设“社区服务中心”将公共服务引入农村，无非就是增加了一个管理机构；有些地方因政府宣传发动不够，村民缺乏参与意识，社会力量缺少参与渠道。

（二）工作中存在急于求成、简单化倾向

有的地方对农村社区建设的长期性和艰巨性认识不足，脱离本地实际情况，把社区建设作为短期目标来要求和部署，极少数地方为追求政绩定指标，甚至采取“大会战”的方式来推进；有的地方在规划社区和农居设计时，忽视农村特色、地域特征和文化传统，生搬硬套城镇建设模式和标准，甚至毁掉了一些具有历史文化和景观价值的传统建筑；个别地方打着建设农村社区的旗号，盲目在农村地区大拆大建，强迫农民上楼，损害群众利益。

（三）财政资金投入有限，经费缺口较大

从调研的几个地方的农村社区建设资金投入来源来看，中央层面缺乏专项资金投入，各县（市、区）和农村集体承担了总投入的绝大部分，还有一小部分资金来自于社会捐助。整体来看，农村社区基础设施建设和社区运转经费缺乏有力的制度保障，投资主体不明确，资金总量不足，尚未形成把更多的人力、财力、物力投向基层的保障机制，分散在各部门的少量投入也缺乏统筹协调，资金使用效益普遍不高。有些地方存在着投入不足无法建设，即使建设好了，也存在后续资金和管理服务费用的缺口，导致日常服务和管理工作难以有效开展。

（四）村民权益上的一些隐忧急需政策依据和制度规范

在新农村建设中，一部分村民已搬入新社区，还有一部分村民仍留在原来的地方，于是在同一区域出现了新社区的居民委员会与农村的村民委员会并存的情况；已搬入新社区的村民和尚未搬迁到新社区的村民，在宅基地和耕地的占有、使用以及与新建社区服务设施距离远近、支配利用上存在很大差异；新修订的村委会组织法已允许居住一年以上的外来人口参加村委会选举，这部分人与原有村民在参与和分享社区管理和服务权益上缺乏明确的政策依据；在社区建设过程中，如何分配集体经济收益，如何分担村级组织运转经费，如何解决社区服务设施运维经费，没有明确的依据；在“多村一社区”模式中，多数地方未触及原行政村的土地承包关系和集体资产的处置，始终处于悬置状态，时间久了势必产生矛盾和纠纷。

四、几点思考和建议

开展农村社区建设，是我国农村经济社会发展到一定阶段的必然要求，有利于完善乡村治理机制、推进城乡基本公共服务均等化、繁荣农村基层精神文化和巩固党在农村的执政基础。如何把这项任务落实好、完成好，惠及亿万农民群

众，是摆在各级党委、政府及有关部门面前的一项重大课题。通过调研，我们感到，为确保农村社区建设健康有序发展，当务之急要做好以下几方面的工作。

（一）在中央层面尽快研究出台农村社区建设政策文件

自2006年以来，按照党的十六届六中全会的部署，民政部在全国范围内选择了304个县（市、区），开展了农村社区建设实验工作，各省（区、市）也相应开展了实验工作。目前，实验工作已进行了五年，积累了不少成功经验和好做法。天津、辽宁、吉林、黑龙江、江苏、浙江、安徽、福建、江西、山东、广西、海南、重庆、陕西、宁夏等15个省（区、市）以党委政府名义下发了关于开展农村社区建设实验或推进农村社区建设的政策文件；其他省份也以省级社区建设领导小组或民政厅（局）的名义对农村社区建设试点实验工作进行了部署。一大批市、县（市、区）制定了推进农村社区建设的政策意见和布局规划。民政部等部门在总结实践经验基础上，研究起草了《关于积极推进农村社区建设的指导意见》。2011年8月18日，中央政治局常委会第162次会议专门进行了审议，会议要求民政部商相关部门对农村社区建设有关问题再作深入研究，修改成熟后再报中央审议。按照中央政治局常委会讨论意见和要求，民政部会同相关部门对意见稿又进行了修改，形成了《关于加强农村社区建设试点工作的意见》。我们认为，当前出台指导农村社区建设政策文件的时机已经成熟，建议尽快出台该文件，通过中央政策统一思想认识，用政策规范各地做法，用政策维护农民合法权益，为更好地推进农村社区建设提供政策依据。

（二）坚持党在农村的基本政策不动摇

开展农村社区建设，是农村基层社会管理领域的重大变革，涉及农村工作的方方面面，也涉及许多农村政策的调整，几乎每一项变革都涉及农民群众的切身利益，因此必须慎而又慎，不可轻易变动。从调研情况看，有两项基本政策必须长期坚持不能动摇：一是村民自治制度。开展农村社区建设，不是否定经过实践证明行之有效的村民自治这种治理方式，也不是用社区建设取代村民自治，而是对村民自治的一种拓展和完善，是在村民自治架构下引入社区治理的一些理念、原则和方式，采取政府力量与社会力量合作、政府管理与群众自治衔接、社区管理与居民自我管理结合的方式，促进社区的发展与进步，提高农村居民的生活水平和质量。因此，在推进农村社区建设的过程中，原则上以村民委员会辖区为范围，在现有村党组织和村民自治组织领导下，增强农村社区自治和服务功能，逐步建立健全以农村社区党组织为核心、自治组织为主体、农民群众和社会力量广泛参与的农村社区治理结构。即使村庄规模较小、村民户数较少、采取“多村一社区”推进社区建设的地方，也必须严格按照法律规定的程序调整和撤并村庄，不得盲目推行撤村并点，不得强行推行集中居住，不得损害农村集体和农民群众的合法权益。对涉及群众利益的社区布局规划、社区服务设施建设、社区服务项目、社区公益事业和公共事务等重大事项，要及时纳入自治范围，充分听取村干部和村民群众的意见。二是农村基本经营制度。要保持农村土地承包关系稳定并长久不变，管好用好农村集体资金、资产、资源，不得借口农村社区建设侵害农民土地承包权、宅基地使用权、土地流转权、滩涂林地所有权、集体资产收益权等权益，不得借口强化社区“统”的功能，强迫农民进行土地流转、集中居住和宅基地置换，即使腾退出的土地、宅基地及其收益也要用于农村社区建设，保障和改善农民群众生活，切实维护原有村民、村干部、农村集体经济组织及其成员的合法权益。

（三）加大中央及各级政府财政对农村社区建设资金投入力度

虽然农村社区建设属于地方事权，但它涉及农村治理方式，事关党在农村执政地位，事关农村和谐稳定，因此，无论从中央政府到地方政府都应加强对农村社区建设的组织领导和经费投入，以弥补长期以来农村社区发展方面的“欠账”，特别是在农村基础设施、服务设施和公共服务方面投入的不足。一是建议在中央财政预算中设立农村社区建设试点工作经费。许多地方党政领导和基层干部建议，要像开展农村税费改革试点一样开展农村社区建设试点，从单纯民政部门行为上升为党和政府行为。按照国务院颁布的《社区服务体系建设规划（2011—2015 年）》提出“继续开展农村社区服务试点，加强资源整合，推进农村社区综合性公共服务设施建设，促进城乡基本公共服务均等化”的要求，从上到下落实试点经费，进一步加大试点实验力度，为全面铺开积累经验。二是建立健全农村社区建设资金投入长效机制。根据财权与事权一致的原则，按照农村社区建设的财政需求及其特点，合理划分各级政府的建设责任及财政支出比重，建立中央和省市及地方各级政府按比例合理负担农村社区建设投入的财政分担机制，将农村社区建设纳入公共财政保障范围，列入各级政府财政预算，构建农村社区建设财政投入保障机制；按照各地制定的农村社区建设规划，有序整合部门资金，实行捆绑使用，提高资金利用整体效益；鼓励企事业单位、社会团体、个人和外资以多种形式捐赠或兴办社区公益事业，逐步建立以财政资金为主，单位帮扶资金、“一事一议”筹资筹劳、社会各界捐助为补充的多元化投入机制。

（四）因地制宜，突出重点，分类实施，严禁“一刀切”

加快农村社区建设是统筹城乡发展的有效平台，符合城镇化发展的客观规律，符合当前农村改革发展需要，但同时，也应认识到我国目前仍然是一个农业大国，区域经济社会发展很不平衡，各地农民富裕程度、地方财力、文化风俗等千差万别，因此，建设农村社区是一个长期的过程，绝非一朝一夕之功，不应操之过急、急于求成。应按照农村社区建设规划，采取因地制宜、量力而行、循序渐进的原则，允许看、鼓励试，通过以点带面、示范引导、逐步推进的方式，积极稳妥地予以推进。在推进中，应优先在城近郊区、乡镇所在地、中心村、经济较为发达的农村地区开展，然后向传统的农村地区拓展；根据政府财力和大多数农民群众的意愿，自行选择推进路径和模式，集中人力、物力、财力做好农民群众迫切需要的事项，尤其是依托社区综合服务设施，率先把政府公共服务延伸到农村，送到农民家门口。不得违背群众意愿推行农民集中居住，严禁平调、侵占农民集体资产，严禁超出农村财力和农民承受力搞形象工程或政绩工程，真正把农村社区建设办成一项得民心、顺民意的惠民工程。

（调研组成员：王石奇、王金华、贺更行、沙亮、马晓慧、孙宝印）

关于浙江农村社区建设情况的调研报告

（2012 年 11 月 30 日）

2012 年 11 月 14 日至 16 日，蒋昆生司长率领调研组一行 4 人赴浙江省杭州、湖州和嘉兴等地对农村社区建设情况进行了调研，并就全省的农村社区建设情况进行了座谈交流。调研情况表明，浙江各级党委、政府对农村社区建设高度重视，加强领导，强化措施，大胆探索，积极推进，农村社区建设覆盖面稳步扩大，实践成效日益明显，实践形式更加多样，农村社区在创新社会管理中发挥了重要的基础性作用，受到基层干部群众充分肯定。现将有关情况报告如下。

一、主要做法

2006 年下半年农村社区建设试点工作开展以来，浙江省按照中央要求和民政部部署，积极开展农村社区建设试点工作。2008 年 12 月，浙江以省委、省政府名义召开了全省农村社区建设推进大会，并出台了《中共浙江省委　浙江省人民政府关于推进农村社区建设的意见》，其后农村社区建设在全省铺开，其主要做法是：

（一）加强组织领导，建立健全农村社区建设推进机制

浙江各级党委、政府坚持把农村社区建设摆上重要议事日程，着力健全领导体制和工作机制，形成推进工作的合力。一是建立领导体制和工作机制。2008 年 12 月，为了适应统筹推进城乡社区建设要求，浙江省成立了由省委副书记担任领导小组组长、省直 27 个部门组成的城乡社区建设领导小组，形成了党政领导、民政部门牵头、相关部门参与的领导体制和工作运行机制；11 个省辖市，90 个县（市、区）全部成立了相应的领导机构和工作机构，90% 以上的乡镇（街道）建立了社区建设指导小组。二是严格落实责任。各级党委、政府坚持把农村社区建设纳入新农村建设总体规划，一同部署、一同考核、一体推进；坚持把农村社区建设任务分解到相关职能部门，纳入了目标考核范围，形成一级抓一级、层层抓落实的格局。比如，嘉兴市从 2008 年起就把农村社区建设列入各级领导班子和领导干部实绩考核内容，金华市还专门制定了农村社区建设工作考核暂行办法。三是努力扩大社会参与。各级各地区充分发挥农村群众的主体作用和首创精神，鼓励引导村级党组织、自治组织、集体经济组织、驻村单位、社会组

织和外来人口共同参与社区建设和管理，整合农村社区各类资源，形成多元治理机制，共推农村社区发展。比如，温岭市在全市农村普遍实行民主恳谈制度，广泛听取群众意见和建议；慈溪市探索组建“和谐促进会”等农村社区组织扩大外来新居民参与社区管理。

（二）加强改革创新，科学规划农村社区发展

2010年5月，浙江省城乡社区建设领导小组下发了《关于农村社区布局规划编制的指导意见》，要求各地区根据自然文化资源、经济社会发展水平、居民生活习惯等不同情况，合理确定农村社区建设布局，因地制宜、循序渐进推进农村社区发展。一是编制农村社区建设规划。各县（市、区）按照统筹城乡发展、聚居人口适度、服务半径合理、资源配置有效、功能相对全等原则，确定了“一村一社区”、“几村一社区”、“一村多社区”三种模式，编制了农村社区建设规划，明确各类农村社区服务设施设置原则和配建标准，统筹规划农村社区建设的基础设施、公共服务设施和公益事业发展。目前，全省75%的县（市、区）、86%的乡镇完成了规划编制，增强农村社区建设的科学性、权威性，也让农村干部和群众心中有个蓝图。二是创新农村社区管理体制。各地区针对农村社区建设的不同模式，建立健全了农村新型社区管理体制。针对“一村一社区”模式，以行政村为基础，建立社区服务中心，村党组织和村委会与社区服务中心实行一套人马、两块牌子，村“两委”成员与社区干部交叉任职。针对“多村一社区”模式，保留社区内各行政村党组织和村委会，在社区层面设立社区党组织和议事协调组织，管理各行政村和其他单位党组织、社会组织，统筹协调辖区内的经济发展、社区管理和服务等事项。针对“一村一多社区”模式，在人群聚集的村落设立社区服务站，依托村民小组力量统筹协调辖区内的经济发展、社区管理和服务等事项。三是强化分类指导、稳步推进。根据农村社区建设规划，各地区积极稳妥地推进农村社区建设。在推进方式上，从城郊村、集镇村、中心村到一般村稳步渐进。在推进内容上，根据政府财力和多数群众意愿，优先做好农民群众迫切需要的事项。各地普遍采取领导包片、部门包村，建立联系点、下派工作组等形式加以指导；杭州、绍兴等地还通过开展观摩活动、城乡结对帮扶等形式促进农村社区建设。

（三）完善经费保障机制，加大农村社区建设资金投入

浙江省各级建立了以财政为主，多渠道、多元化的农村社区经费投入机制，加大对农村社区建设的投入。一是加大公共服务设施投入。2009年4月，浙江省城乡社区建设领导小组下发《关于加强农村社区服务中心建设的通知》，要求把社区服务中心建设纳入财政预算，明确建设进度。2011年全省农村社区建设经费就接近10亿元，仅省级福彩公益金每年就安排2.05亿元资助城乡社区服务设施建设。目前，全省已建立874个乡镇社区服务中心（占乡镇总数的91%）、16032个村级社区服务中心（覆盖20900个行政村，占行政村总数的72%）。二是提升农村基础设施水平。浙江省结合社会主义新农村建设深入实施了“千村示范、万村整治”工程，加强路、水、电、农田改造、垃圾和污水收集处理等基础设施建设，加强广电网、电信网、互联网等网络建设，加强文化娱乐、卫生计生设施建设，改善农民生产生活条件。丽水、衢州等地通过资金捆绑、项目整合，对各部门投入的资金集中投放、整合使用，保证了各级各部门投入资金效益最大化的发挥。三是完善农村社区运转经费保障。浙江省将村级转运经费和人员报酬补助全部纳入财政预算的范围，建立和完善资金稳定、管理规范、保障有力的村级组织运转经费保障机制，保障水平位居全国前列。此外，许多地区通过补助、贴息、收费减免、购买服务、结对帮扶等形式带动农村集体经济发展，增强村集体的造血功能。

（四）发展社区服务，满足农村居民多样化的需求

浙江省于2011年6月制订了城乡社区服务业“十二五”发展规划，又于2012年2月制订了城乡社区服务业统计监测方案，强化政策措施，不断完善服务功能、拓展服务领域、创新服务方式、提升服务水平。一是健全公共服务体系。各地区积极整合办事机构，推动政府公共资源和管理职能向农村延伸，把与群众生产、生活息息相关的社会事务、劳动保障、卫生计生等100多项服务事项统一纳入农村社区“一站式”服务大厅，形成了“一门受理、分级办理，全程代办、承诺办结”的农村社区便民服务机制。丽水、衢州等经济欠发达地区还积极完善为民代理服务的有效办法，使偏远农村的群众也能享受到基本公共服务；宁波、临海等地还探索建立一村（社区）一法律顾问制度，满足农民群众对法律的需求。二是发展互助服务和志愿服务。浙江省积极加强村党支部和村委会建设，加强村级干部队伍建设，实现全省每个村至少有一名大学生“村官”，明确了农村社区专职工作者的招聘录用、培训管理、绩效评价、待遇经费等，增强村级组织服务群众的能力；开展社区志愿者注册登记，支持和鼓励各类组织和个人参与农村社区志愿服务，全省建立社区志愿服务组织1.2万个，登记注册志愿者91万人，年参加志愿服务活动200万人次。各地区采取“培育+补贴+奖励+购买”方式扶持参与社区服务的社会组织；鼓励驻农村社区单位参与社区服务，实现资源整合利用。三是发展市场服务。各级各地区采取资金扶持和政策倾斜引导农村社区市场服务发展，其中，省级财政平均每年安排近1700万元补助农村社区连锁超市和便利店建设，杭州、宁波等地通过税收减免等措施把邮局、电信、银行、保险等服务引进社区。各地普遍通过房租减免等措施鼓励吸引村民个人在农村社区综合服务设施范围内或周围开展日用品超市、农资超市、再生资源回收等商业服务。

二、农村社区建设的基本成效

通过考察浙江的农村社区建设实践，我们认为，农村社区建设是适应我国农村经济社会发展需要的一种新型社会管理方式，其作用至少体现在以下几个方面。

（一）农村社区建设推动了政府公共服务均等化

一方面，农村社区建设搭建起了政府社会管理和公共服务的平台，把农民群众需要的各种公共服务延伸覆盖到农村，突破了过去单纯依靠村集体和村民自我服务的局限，使得农村居民在家门口也能像城里人一样享有政府公共服务，缩小了城乡差别，方便了群众。用浙江省长兴县民政局局长范龙云的话说："过去老百姓办什么事情都要跑到乡镇，甚至跑到县城，搞了农村社区后，基本上做到了小事不出村，大事不出乡。"另一方面，政府公共服务下移也促进了政府由管理型向服务型转变，密切了干群关系。据浙江省临安市民政局相关人员介绍，过去群众到乡镇办事是门难进、脸难看，现在乡镇建成了社区服务中心，乡镇干部必须在中心敞门为群众提供服务，老百姓满意了。

（二）农村社区建设推进了城镇化稳步发展

城镇化是农村未来发展方向，也是党和国家的重要战略部署。开展农村社区建设，推动了各级政府制订农村社区建设规划和村庄发展规划，促进了政府加大对农村基础设施和农村公共服务中心的投入，带动了农村商业服务中心的发展，实现了公共服务资源和社区服务资源的有效配置。农村居民在规划引导下、政策鼓励下以及生活便捷的需要，积极向乡镇、向中心村聚集居住，为农村城镇化发展注入了动力。我们调研所到之处，社区服务中心及其周边都成为农村居民生活的聚集区。此外，开展农村社区建设，打破了原来的村庄管理模式，从而在传统农村地区实现了对全体人员和各类组织的"无缝隙"管理，打破了户籍制度的壁垒，为农村居民向城镇或周边跨组、跨村、跨镇集聚消除了制度障碍。用嘉兴市副市长祝亚伟的话说："过去一个人跑到另一个村去居住，如果户口不迁移，他没办法享受与其他村民一样的待遇，成为村庄里的边缘人，而开展农村社区建设则解决了这个问题，无论他到哪里都可以享受一样的服务，所以老百姓也就更愿意搬到乡镇去住了。"

（三）农村社区建设促进了村民自治深化

首先，在农民与村集体作为生产共同体瓦解之后，农村社区建设则为新形势下组织、凝聚农民提供了新的纽带，促使了农民与村级组织、农民相互间作为一个生活共同体的形成，增强了农民群众对乡村组织的认同感、归属感，增强了村民自治的内生动力。据嘉兴市民政局相关人员介绍，开展农村社区建设后，村民对村里的事更关心了，村民参选率与以前相比都有大幅提高。其次，开展农村社区建设，通过推行社区化管理，将外来人员、驻村企业和所有经济组织、社会组织纳入社区管理服务范畴，打破了村民自治的封闭性，扩大了村民自治的社会参与范围。最后，农村社区建设带动了农村各类组织的发展，提高了农民群众的组织化程度，促进了村民自治向社区组织自治的拓展。比如，嘉兴市开展农村社区建设以来，全市成立专业经济合作社931家；温州市农村社区建设较好的村基本上都成立了村民理事会，群众遇到问题都找理事会解决，理事会解决不了的才去找政府，有效促进了村庄和谐。

（四）农村社区建设改善了农村人居环境

长久以来，由于农村缺乏相应的管理和服务机制，存在着农村垃圾处理、生活环境等无经费、无人管、无人干的现象，农民公共意识淡薄，农村环境“脏、乱、差”。而在农村社区建设过程中，各地以农村基础设施建设和环境整治为重点和突破口，改善了农村居住环境，提高了农村居民的环保意识，调动了他们共建美好家园的积极性和主动性。对此，浙江省长兴县吴山村村民汤英旭特别有感触：“过去我们村是污水满地流、臭气熏晕头，自从开展农村社区建设，环境整治好了，村民也不好意思乱扔垃圾了，村里还成立了卫生保洁队，村里确实干净了，大家的心情也更好。”

虽然，农村建设取得了长足的进步，但调研中许多干部群众反映，总体而言，农村社区建设尚处于起步阶段，与城市社区建设相比还有相当长的路要走，让农村居民真正享受均等的公共服务还需加倍努力。一是相比较于城市社区，农村社区基础设施建设和运转经费缺乏有力的制度保障，农村社区建设的投入仍需进一步加大，农村社区基础设施建设的滞后性仍很明显。二是农村社区公共服务的专业化程度不高，服务质量有待提升，服务内容仍需丰富。三是少数基层干部对农村社区建设的认识还存在一些偏差，借农村社区建设之名行大拆大建之风，损害了农民群众的利益。四是一些影响农村社区建设顺利发展的体制机制问题亟待解决，深层次问题的解决不仅需要基层积极探索去解决，更需要顶层设计。

三、下一步工作的设想与打算

当前，全国有30%左右的农村地区开展了农村社区建设工作，有的是以县为单位开展实验，有的是全省全面推进。虽然各地进度不一，路径有所不同，但大家普遍认为，随着工业化、城镇化和农业现代化进程加快，农村社会正在发生重大变化，迫切需要推行社区化的管理服务新体制，全面推行农村社区建设已成为当务之急。当前要做好以下几方面的工作。

（一）进一步建立健全领导体制和工作机制，统筹城乡社区发展

应在中央层面建立统筹城乡社区建设的领导（协调）机构，完善党委领导、政府负责、民政部门组织协调、有关部门各负其责的领导体制和工作机制。应鼓励和引导党政机关、社会团体、企业事业单位和社会各界参与到农村社区建设之中，形成协同推进的良好局面。坚持村党组织领导的充满活力的村民自治机制，增加农村社区自治和服务功能，完善以村党组织为核心、自治组织为主体、农村居民广泛参与农村社区治理结构。

（二）在中央层面尽快研究出台农村社区建设政策文件

自从2006年农村社区建设试点工作开展以来，全国已有17个省（区、市）以党委、政府名义下发了关于开展农村社区建设实验或推进农村社区建设的政策文件，其他省份也以省级社区建设领导小组或民政厅（局）的名义对农村社区建设工作进行了部署，市、县、乡层面也出台了大量的政策文件。各地区按照要求和部署，积极开展农村社区建设，积累了许多好经验和好做法，大家对农村社区建设的意义、内容和形式形成了较为一致的认识。因此，中央制定出台农村社区建设政策文件的时机已经成熟。一方面可以把实验成果固化下来，把各地成熟的经验做法上升为政策；另一方面可以用中央政策统一思想认识，用政策规范各地做法，用政策维护纠正少数地区的错误认识和做法，维护农村居民的合法权益，为更好地推进农村社区建设提供政策依据。

（三）尽快全面推开农村社区建设

为此，我们将按照“抓两头带中间”的工作思路，推进农村社区建设。一方面，抓宣传发动，通过召开农村社区建设片会议交流各地成功做法和经验，在此基础上召开全国性的农村社区建设推进大会，对全面推进农村社区建设作出部署；另一方面，抓农村社区建设示范单位创建工作，按照“成熟一个，命名一个”的原则，推出一批农村社区建设示范单位，发挥示范带动作用，促进农村社区建设整体水平的提高。

（四）加强农村社区建设的理论研究和实践探索

一是加强对农村社区建设研究，组织理论工作者和实务工作者展开交流研讨，为农村社区建设提供理论支撑和智力支持；二是鼓励和支持一些地方开展农村社区制度创新和实践创新，不断丰富农村社区建设的实践形式；三是做好各地成功经验的总结提升和经验交流活动，引导各地相互学习、共同提高。

（五）加大投入，推动农村社区综合性服务平台建设

一是开展农村社区服务基础设施调查工作，切实掌握农村社区建设的现状；二是推动建立中央和地方政府按比例合理负担农村社区建设投入的财政分担机制，扩大各级福利彩票公益金投入农村社区建设的比重；三是积极推进农村社区服务规范化建设，推动城乡公共服务均等化，完善社区服务的功能、领域和水平。

（调研组成员：蒋昆生、黄观鸿、冯军贤、郝海波）

关于社区工作者队伍建设有关情况的调研报告

北京市民政局

为加快建设高素质、专业化的社区工作者队伍，按照市委办公厅、市政府办公厅《关于全面加强城乡社区居民委员会建设工作的意见》（京办发〔2011〕26号）精神，2012年下半年，在李万钧书记的率领下，我们先后到昌平、海淀、西城等区县进行了广泛调研，全面了解我市社区工作者队伍建设现状，查找分析存在问题，认真研究推进社区工作者队伍建设的对策建议。现将有关调研情况报告如下：

一、我市社区工作者队伍建设基本情况

从2000年以来，随着社区建设的全面开展，北京市社区工作者队伍建设经历了从无到有、从以兼职人员为主体到以专职人员为主体的发展和飞跃。特别是近年来，在市委、市政府的高度重视下，按照“一分三定两目标”的要求，北京市社区工作者队伍无论从人员构成、规范管理方面，还是在工资待遇、工作条件方面都取得了显著成效，逐渐成为深化居民自治、服务居民群众、化解社会矛盾、维护社会稳定的重要中坚力量，为首都改革发展稳定大局和圆满完成奥运会、国庆60周年庆典等各项重大任务作了积极贡献。

（一）社区工作者制度体系基本确立

近年来，市委、市政府高度重视社区建设，紧紧围绕社区居委会建设、社区工作者队伍建设等方面，制定出台了一系列政策措施，有力推动了社区工作者队伍职业化、专业化发展。2002年，市人事局、市民政局、市劳动和社会保障局下发了《北京市社区专职工作者管理意见》，明确了社区专职工作者的选举和聘用、条件、管理等内容。2005年，市委组织部、市民政局、市劳动和社会保障局、市财政局下发的《关于进一步加强社区专职工作者队伍建设的指导意见》，将专职从事党务工作的社区党组织书记、副书记和党务工作者纳入社区专职工作者范围，并就社区工作者配备、待遇、管理作出了进一步规范。同时，下发了《关于北京市社区专职工作者参与社会保险有关问题的通知》、《关于北京市社区专职工作者建立住房公积金有关问题的通知》，完善了社区工作者的薪酬体系。

2008 年，在总结多年实践经验基础上，市委办公厅、市政府办公厅下发了《北京市社区工作者管理办法（试行）》，将社区专职工作者更名为社区工作者，把社区服务站专职工作人员纳入社区工作者范畴。同时，系统规范了社区工作者的选聘、待遇、管理、表彰、奖励等相关工作制度，标志着北京市社区工作者制度体系基本形成。2011 年，市委办公厅、市政府办公厅下发的《关于全面加强城乡社区居民委员会建设工作的意见》（京办发〔2011〕26 号），结合当前创新社会管理的新形势新任务，对社区工作者队伍建设提出了新的要求，明确了未来十年的工作思路，成为新时期指导北京市社区工作者队伍建设的纲领性文件。2011 年底，北京市首次召开社区工作者大会，并将 2012 年确定为全市社区工作者队伍建设年，全面加强首都社区工作者建设。2012 年，按照全市社区工作者大会的部署，制定出台了社区工作者培训办法、招聘办法和考核评议办法等政策措施，社区工作者制度体系更加完善。

（二）社区工作者队伍结构日趋优化

根据市委、市政府的统一部署和要求，北京市从 2000 年开始，先后开展了第五、第六、第七、第八届社区居委会选举，组织了 7 次社区工作者公开招考，积极鼓励大学毕业生、专业社工、复转军人等社会优秀人才投身社区工作，一大批素质过硬、能力突出的优秀人才充实到社区工作者队伍。仅近四年来，全市共招聘 7067 名大学毕业生到社区工作，社区工作者专业化程度大幅提高，年龄结构结构、学历结构、专业结构更加优化。截至目前，全市共有社区工作者 29702 人，其中社区党组织 4570 人、社区居委会 16961 人、社区服务站 8171 人；村委会成员 12092 名。社区工作者中大专以上学历占 71%，中共党员约占 50%，平均年龄 40 岁；共有市级党员代表 6 人，区（县）党员代表 259 人；市人大代表 11 人，区（县）人大代表 178 人；区（县）政协委员 13 人；全国劳动模范 7 人，北京市劳动模范 28 人。北京市获得国家助理社会工作师和社会工作师水平证书的人员共有 5612 人，其中有 3200 人集中在社区工作者队伍中。此外，在选举过程中，各区县积极鼓励社区民警通过民主程序担任社区居委会成员，组织流动人口参与社区居委会选举，提倡社区居委会成员和业主委员会成员交叉任职，使得社区工作者来源渠道更加宽广，人员结构更加合理。近期，为贯彻落实中共中央办公厅、国务院办公厅《关于加强和改进城市社区居民委员会建设工作的意见》（中办发〔2010〕27 号）和京办发 26 号文件精神，市民政局、市人力资源和社会保障局、市教育委员会、市财政局制定出台了《北京市社区工作者招聘办法》（京民基发〔2011〕586 号），明确要建立社区工作者公开招考工作常态化机制，每年定期组织公开招考工作，加快推进社区工作者专业化步伐。

（三）社区工作者日常管理更加规范

截至目前，北京市已经建立了一系列较为规范的社区工作者管理制度。一是教育培训制度。市民政局出台了《北京市社区工作者培训方案》，按照分层培训、分级培训的原则，健全完善了社区工作者教育培训制度。编写了一套（10册）社区工作者培训教材，确定16所院校和76名专业院校师资，每年组织社区工作者参加一次市级综合培训，参加区县级专项工作培训若干次，实行全市统一教材、统一培训、统一考试、统一颁证，有力提高了社区工作者队伍的专业化水平。2011年，为加强社区工作者教育培训，市民政局、市人力资源和社会保障局、市财政局下发了《北京市社区工作者培训办法》（京民基发〔2011〕493号），对社区工作者培训实行项目式管理，并组织编写了社区工作者培训系列教材——《社区居民委员会建设》、《社区工作概论》。从2012年起，每年选派100名优秀社区工作者到北京大学进修学习，极大提高了社区工作者社会工作理论水平。二是表彰奖励制度。为充分调动广大社区工作者的积极性、主动性、创造性，从1983年以来，北京市每年对先进社区居委会和社区居委会主任进行一次表彰奖励。截至2011年底，全市已表彰社区居委会先进集体3178个次，先进个人4964人次。2011年，为推动社区创先争优，市民政局发起了“创先争优，共促和谐”——迎接建党90周年社区系列公益活动，积极开展“和谐社区杯”党史知识竞赛，开展“传唱红歌、重温经典”革命歌曲社区合唱大赛，开展“永恒的红色记忆——纪念建党90周年”作品征集活动，开展“百部爱国主义教育优秀影片进社区”巡映活动，极大调动了社区工作者的工作热情。三是考核评议制度。在总结多年社区工作者考核评议工作经验基础上，2012年，市民政局、市人力资源和社会保障局下发了《北京市社区工作者考核评议办法》（京民基发〔2012〕296号），建立了以群众满意率为导向的社区工作者考核评议机制，将考核结果作为社区工作者续聘、奖惩、高校进修学习、推荐市级先进、干部选拔、公务员招录、事业单位招聘等方面的重要依据。同时明确，社区服务站专职工作人员年度考核被确定为不合格等次的，应予以辞退，引导其另行择业；社区居民委员会成员年度考核被确定不合格等次的，不得享受年度考核奖金，连续两年被确定为不合格等次的，应责令其辞职，不辞职的应依法启动罢免程序。四是档案管理制度。为加强对社区工作者的管理，各街道（乡镇）普遍建立健全了社区工作者工作档案，统计和掌握社区工作者基本情况、在社区工作起始时间、岗位变化情况、考核评议、培训和表彰等情况，并建立数据库，实现了社区工作者管理的信息化、规范化。

（四）社区工作者队伍建设保障有力

近年来，北京市各级党委、政府和主管部门着眼创新基层社会管理、构建社会主义和谐社会首善之区，对社区工作者队伍建设给予了强有力的指导、支持和保障。一是社区工作者福利待遇大幅提升。近年来，北京市不断完善社区工作者福利待遇政策，多次调整提高社区工作者待遇，社区工作者整体待遇水平不断提升。目前，北京市社区工作者待遇原则上不低于所在区县全额拨款事业单位的平均水平，享受“五险一金”待遇。全市社区工作者月平均收入约3900元，其中正职月平均实际收入（不包括社会保险、住房公积金等项目）为2900—3400元，副职为2600—3100元，一般工作人员为2200—2700元，获得社会工作师职业水平证书的，每人每月补贴300元，助理社会工作师每人每月补贴200元。有的区县还建立了社区工作者体检、供暖补贴、带薪休假和困难补助等制度，从生活上关心关注社区工作者，有效解除了他们的后顾之忧。二是退离居委会老积极分子生活待遇逐步改善。退离居委会老积极分子是社区居委会工作的先行者。北京市共有退离居委会老积极分子2582人，70岁以上的占80%以上。根据市政府有关政策，市民政局多次调整提高了生活补贴标准和医疗待遇标准。从2005年开始，退离居委会老积极分子参照城市“三无”人员标准享受城市医疗救助政策。2012年，市民政局、市财政局、市人力资源和社会保障局联合下发了《关于调整退离居委会老积极分子待遇政策的通知》（京民基发〔2012〕467号），明确参照2012年最低退养生活补助费标准提高退离居委会老积极分子生活补贴标准，参照本市特困人员医疗报销标准调整医疗待遇，同时下发了《关于做好重大节日退离居委会老积极分子走访慰问工作的通知》，建立居委会老积极分子走访慰问制度。三是社区工作者办公条件显著改善。各区（县）积极通过新建、改扩建、购买、租赁、置换等形式，不断改善社区用房条件。目前，全市有2043个社区办公和服务用房达到350平方米，占社区总数的74%。此外，全市建立了覆盖市、区（县）、街、居（村）四个层次的社区公共服务信息网络，所有社区居委会都配备了电话、电脑，有的社区还配备了传真机、复印机，极大提高了办事效率。

二、当前社区工作者队伍建设存在的主要问题

（一）社区工作者社会地位需要提高

由于社区工作者既不是机关公务员、事业单位职工，也不是企业职工，而是属于群众性自治组织工作人员，所以社区工作者的社会地位和职业认同感不是很高。一方面，社区工作者待遇偏低。特别是新招录的大学毕业生，每月平均工资在2200元左右。由于北京房租价格较高，外地生源的应届毕业生没有经济基础，大部分工资用在租房上面，且他们的用餐、就医、供暖、交通、通信等没有任何补贴。另一方面，社区工作者普遍对社区工作前途缺乏信心。由于社区工作者职

业定位不明确，上升渠道有限，最多只能担任居委会主任、服务站站长，对于广大社区工作者特别是年轻的大学生社工而言，与他们的职业预期有很大差距。与之相比，大学生村官助理期满后的出路问题有明确政策，政府机关公务员、事业单位和部分国企每年都将部分录用名额留给大学生村官，并优先录用。由于以上原因，再加上一些大学生社工的适应能力相对欠缺，到社区工作后落差较大，导致社区工作者队伍不够稳定。据不完全统计，2009 年和 2010 年市社会办组织招考的大学生社工流失率在 40% 左右，2011 年我局组织招考的 1000 名社工，目前有 886 人在岗。

（二）社区工作者管理制度还需要健全完善

一是社区工作者职数配备需要优化。社区居委会成员及下属委员会工作人员、社区服务站专职人员、协管员，以及各部门下派到基层的其他力量缺乏有效整合，社区工作者的来源渠道也不够广泛。二是社区工作者考核评议机制需要进一步落实。目前，还有部分社区工作者工作积极性不高，缺乏对社区事业的高度责任感和对居民群众的强烈服务意识，致使工作效率不高，服务质量有限，影响了群众对社区居委会的评价。三是社区工作者弹性工时制度尚未全面建立。由于社区工作者上下班时间与机关企事业下班时间基本一致，一些居民群众觉得到社区居委会办理事务不太方便，希望社区居委会能够改进工作方式，延长工作时间，更好为居民服务。

（三）社区工作者的整体素质和工作能力有待提高

全市社区工作中持有社会工作职业水平证书人员比例仅为 11%，在社区实际工作中，传统的工作方法和手段仍占主导，专业社会工作技术和方法在社区工作中的运用不够；一些社区工作者的计算机操作水平不高，在熟练运用信息系统方面存在困难，影响工作效率的提升；现有社区工作者的专业水平和专业技能应对复杂多样的社会问题，提供个性化、系统化专业服务的能力需要进一步提升。

三、关于加强社区工作者队伍建设的建议

（一）提升社区工作者地位

明确社区工作者的职业定位，提升社区工作者的社会地位，是近年来北京市人大代表、政协委员提案建议关注的热点，也是广大社区工作者的共同心声和愿望。国家《社会工作者职业水平评价暂行规定》的出台，为提高社区工作者的地位提供了难得的机遇。按照中央和市委、市政府的要求，重点从以下三个方面予以推进：一是建立社区工作者职业体系。适应首都建设中国特色世界城市的需要，积极将社区工作者纳入社会工作者职业序列，进一步健全完善社

区工作者职业规范、薪酬待遇体系、考核评价体系，提高社区工作者的地位。同时，结合首都实际，制定社区工作者职业资格认定标准，探索对于符合一定条件、具有丰富社会工作实践经验的社区工作者，给予其与取得社会工作者职业水平证书人员同等待遇。二是提高社区工作者福利待遇。根据首都经济发展状况，进一步完善社区工作者待遇结构，明确取暖费、加班补助等项目，探索建立科学有效的收入增长机制，推行社区工作者体检、带薪休假和生活困难补助制度，确保社区工作者工资待遇水平不低于所在区（县）上年度执行事业单位工资制度的全额拨款事业单位、按照国家和本市有关规定执行的待遇水平。三是畅通社区工作者出口渠道。加强政策研究，加大从优秀社区工作者考录公务员和选任街道（乡镇）机关、事业单位领导干部的力度，每年推出一定数量的岗位，面向社区工作者定向招考，拓宽社区工作者发展空间。如，明确提出进入社区工作的高校毕业生工作期满考核优秀的，可以在通过相应考试后优先录用为政府公务员，或者优先推荐进入各级事业单位，各街道办事处可以定向、优先招录大学生社工。此外，还要积极把优秀社区工作者培养发展为党员，增加社区工作者在各级党代会代表、人大代表、政协委员和劳动模范中的名额，切实提高社区工作者的政治待遇。

（二）拓宽社区工作者来源

按照中办发 27 号文件和京办发 26 号文件要求，进一步拓宽社区工作者的来源和渠道，鼓励和吸引更多的社会优秀人才充实到社区工作者队伍。一是建立社区工作者定期招考机制。认真总结近年来招考工作经验，按照《北京市社区工作者招聘办法》的要求，根据基层实际用人需求，定期统一面向社会公开招聘社区工作者。在招考对象上，在兼顾非京籍大学生同时，可更多向本地户籍大专学历人员倾斜；在年龄要求上，鼓励 30—40 岁以上人员报考社区工作者。二是鼓励社会优秀人才参加社区居委会选举。要以社区居委会选举为契机，积极鼓励社区民警、群团组织负责人通过民主程序担任社区居委会成员，鼓励党政机关、企事业单位在职或退休党员干部、社区知名人士、业主大会、业主委员会负责人参与社区居委会选举，经民主选举担任社区居委会成员，优化社区工作者人员结构。健全完善流动人口在居住地参加社区居委会选举的方式方法，将流动人口中热心公益事业的优秀人才吸纳进来，壮大社区工作者队伍。三是建立新录用公务员到社区锻炼制度。研究制定相关政策，探索实行新录用公务员到社区锻炼工作机制，每年选派一定比例的新录用公务员到社区学习锻炼半年，为社区居委会、社区服务站带来新思想、新理念，更好激发社区工作者学习新知识、新技能的积极性和主动性。四是鼓励党政机关和企事业单位优秀年轻干部到社区居委会帮助工作。研究建立党政机关和企事业单位优秀年轻干部与社区居委会的经常性联系制度，鼓励年轻干部到基层帮助工作。同时，在社区基层建立社会帮扶队伍，创新帮扶机制，根据社会帮扶队伍人员专业特点，分别到社区居委会及下属委员会建立专业帮扶项目，帮助社区开展社区服务项目的实施。

（三）规范社区工作者管理

按照建设“规范社区”的要求，积极推进社区工作者队伍的规范化管理，提升社区工作者的管理服务水平。一是加强教育培训。根据首都经济社会发展和社区工作需要，全面实施《北京市社区工作者培训办法》，丰富培训内容，改进培训方式，提高培训质量。按照分层管理、分类培训的思路，依托专业培训机构，积极开展社区工作者项目式培训，每年至少组织社区居委会工作人员参加一次集中培训，选派一定数量的优秀社区工作者到高等院校进修学习。要重点加强对政治理论、社会建设、社会工作、信息化管理等知识的培训，全面提升社区工作者的思想政治素质、职业道德水平，以及做好群众工作能力、依法办事能力。二是完善考核评议机制。严格落实《北京市社区工作者考核评议办法》，定期组织社区工作者考评工作，逐步建立以社区居民满意率为主要导向的考核评议机制。群众满意度的测评可以委托专业调查机构采用调查问卷方式进行。对于群众满意度较低的社区工作者，责令辞职或启动罢免程序。三是完善评选表彰制度。认真贯彻落实京办发26号文件精神，加强对社区工作者先进典型的挖掘和培育力度，进一步规范评选条件、评选范围、评选程序，每年定期对工作成绩突出、群众满意的社区工作者给予宣传、表彰和奖励，努力打造一批市级社区工作者先进个人典型，形成学习榜样、创先争优的良好社会氛围。四是建立弹性工时制度。为方便居民群众利用在工休时间在社区办理相关事务，出台弹性工时政策，在全市普遍实行错时上下班、全日值班和工作日、假期轮休制度，在确保满足群众服务需求和保证每周工作时间不少于40小时的前提下，可根据实际情况，确定相对灵活的上下班时间和各班次的工作人数。

（四）发挥社区工作者作用

社区工作者是首都社会工作者队伍中的一支重要力量，在服务居民、协调利益、化解矛盾、维护稳定方面发挥着极其重要的作用。为此，必须要在发挥社区工作者作用上下功夫，特别是要发挥社区工作者的专业服务作用。一是提高专业社工比例。积极通过提高社会工作者职业水平补贴标准，引进更多的专业社工，或者创造便利条件，鼓励更多的社区工作者参加国家社会工作者职业水平测试等方式，力争到2015年使全市社区工作者中持证社会工作者比例达到20%。二是积极开展社会工作服务。学习借鉴香港、深圳、上海等外省市的先进社会工作经验，充分发挥持证社会工作者的专业服务作用，在城乡社区广泛推行社区专业服务，运用个案工作、小组工作、社区工作方法，为有需求的居民提供专业辅导服务，满足社区居民心理安抚、家庭调适、社区照顾、社会交往等高层次个性化服务需求。三是加强志愿者服务和志愿队伍建设工作。建立健全面向全社会的志愿服务动员系统，进一步完善志愿服务体系，普及志愿理念，强化志愿意识，弘扬志愿精神，倡导志愿行为，完善激励机制，培育一支参与广、功能强、作用好的宏大志愿者队伍。健全社工人才和志愿者相互协作、共同开展服务的机制，规范志愿者招募注册与管理，提升志愿者服务水平。

江苏省关于全省城乡社区综合服务平台建设及运行情况的汇报

江苏省民政厅

（2013 年 1 月 8 日）

近年来，我厅认真贯彻落实省委、省政府关于加强和创新社会管理的决策部署以及《关于加强新形势下城乡社区建设的意见》（苏发〔2011〕15 号）的文件精神，指导各地按照统一的建设标准和目标要求，加大推进力度，加快建设进度，城乡社区综合服务平台建设取得了新进度，现将建设情况和运行状况汇报如下。

一、基本情况

全省目前共有县（市、区）102 个，其中 24 个县、23 个县级市、55 个市辖区；街道（乡镇）1287 个，其中 938 个乡镇、349 个街道；城乡社区 21707 个，其中 6019 个城市社区、15688 个农村社区。在“硬件”平台建设上，各地按照县（市、区）、街道（乡镇）不低于 3000 平方米和 1500 平方米，每个社区不少于 400 平方米的省定标准，大力推进三级社区综合服务中心（站）建设，实行“一站式”服务。全省目前已按照省委、省政府 15 号文件规定的标准和要求，建成县（市、区）级社区综合服务中心 66 个，占总数的 65%；街道（乡镇）级社区综合服务中心 901 个，占总数的 70%；社区（村）级综合服务中心（站）18301 个，占总数 84%。在“软件”平台建设上，按照“五个一”（一处固定场所、一套信息设备、一名信息员、一套管理制度、一个长效机制）基本要求，整合资源，积极建立综合服务管理信息平台，及时为居民提供全方位、多层次的公共信息服务。目前，全省 95% 以上的城乡社区配置了电脑及应用软件，其中 50% 建立了便民服务网站或网页。90% 以上的城区实现了区、街、居三级联网服务，近 50% 的省辖市建立了市、县（市、区）、街道（乡镇）和社区（村）四级社区服务信息化管理系统。

二、做法和成效

省委、省政府 15 号文件下发以来，各地结合实际，积极采取行之有效的方式方法，通过机制化推进，大力实施城乡社区综合服务平台达标建设，不断完善服务功能，取得了良好成效。

（一）增加投入，项目推进

2010 年、2011 年我厅先后在扬州、如皋召开全省民政公共服务设施建设推进会，提出了“项目民政”建设理念，把城乡社区平台建设作为重要内容进行了部署。每年的社区建设业务会议或推进会都把社区设施建设作为工作重点作出安排，并列为省和谐社区建设考核内容。2011 年、2012 年我们通过省级财政 1 亿元的引导资金，采取项目化的补助方式，对 34 个县（市、区）、183 个街道（乡镇）、618 个社区（村）的三级社区综合服务平台项目，分别给予了 100 万元、40 万元和 10 万元的奖励性支持。通过资金引导和项目运作，撬动了地方财政投入，两年各地累计投入 17. 6 亿元。其中：市级层面 2. 1 亿元，县（市、区）层面 15. 5 亿元，共完成 2160 个社区基础平台建设达标项目。盐城市、宿迁市在市级财政相对不足的情况下，分别安排 3500 万元和 1500 万元专项用于社区平台建设引导性奖励。南通市财政每年安排 2000 万元专项经费，并建立了自然增长机制。2012 年 4 月全国民政公共服务设施建设现场会在南京召开，民政部领导充分肯定了我省项目民政建设成果，特别对城乡社区平台项目建设成效给予了高度评价，产生了积极的影响。

（二）落实责任，共驻共建

无锡、苏州、南京、常州等地都已出台了相关政策文件，强力推进设施建设。无锡新区 2012 年投入 2 亿元，使全区社区服务用房面积平均达 2000 平方米以上；昆山市通过制定落实镇、街社区用房建设工作责任制，实现了设施达标全覆盖。泰州市政府专门出台了社区用房建设管理规定，加快了建设进度。宿迁市宿城区坚持“一周一督察，一周一通报，两周一观摩”，2012 年连续召开四次全区城乡社区平台建设观摩推进会，落实牵头部门和单位，有效推动了城乡社区综合服务平台建设工作的开展。宿豫区积极开展部门联动，会同组织、人社、国土等相关部门主要领导，建立部门帮建机制，采取单独包建或共同联建等方式，实施统一规划、统一设计、统一开工、统一建设、统一验收，2011 年先后为 61 个“困难村”新建了办公服务用房，最小面积 430 平方米，装修和服务设施一次性到位，在醒目位置立牌纪念，标注帮建单位名称，充分调动部门的共建积极性。徐州市贾汪区采取政府拨一点、部门支持一点、村居自筹一点、能人捐助一点的“四个一点”方式，大力推进城乡社区平台建设，全区 98 个村、54 个社区基本完成社区用房达标建设，新建了 7000 平方米的区级社区综合服务中心，服务大厅达 800 多平方米，极大地方便了居民群众的生产生活。

（三）完善功能，提升质态

各地坚持一手抓城乡基础设施建设的“硬件”达标，一手抓服务功能配套建设的“软件”提升，着力深化社区内涵建设，不断增强城乡社区的服务管理功能，努力适应城乡居民群众多层次多样化的生产生活需求。南京、无锡等地围绕“把社会管理抓到位、把公共服务送到家”，按照“减少层级、增大幅度、信息共享、提升效能”的原则，全面推行“扁平化”管理，将人、财、物等直接下沉到社区，优化公共资源配置，打破条线分割格局，实行“岗位兼容”，实现了让百姓“进一扇门、找一个人、办所有事”。南京玄武区通过全面推行“中心化”管理模式，实施去科室化，将街道整体转型为“大社区”，“回收”社区行政管理职能，实行关口前移，下放街道“官员”到中心前台服务，深度转变政府职能，拉近了政府与居民之间的距离。淮安市清河区借助社区平台开展居家养老、便民利民服务，提升了居民对社区的满意度。苏州市通过推广“政社互动”模式，理顺各类参与主体关系，明确“行政权力”与“自治权利”界限，变行政指令的“责任书”为购买服务的“协议书”，变政府对社区“单向考核”为政社“双向评估”，实现了“行政权力”与“自治权利”的平等。沛县通过创新“1+5”机制，规范了村级事务决策管理。盱眙县积极推进“阳光村务”建设，较好地落实了村民的知情权、监督权。

（四）创新理念，打造品牌

近年来，各地坚持以“自治、互助、共建、分享”的发展理念，引领和推动社区平台服务项目逐步由“传统”向“现代”转型升级。比如，扬州市立足实际，发挥地方文化优势，努力探索“古代文化与现代文明交相辉映”的和谐社区建设道路，依托社区综合服务平台，积极创新服务管理方式，培植了梅苑、琼花观、康乐、安平等一大批品牌社区。又比如，无锡滨湖区专门出台了《社区服务特色品牌项目考评标准》，通过社区特色项目推动，打造了“光蕴七彩大讲堂、孝德尚贤、惠民直通车、幸福驿站”等一批深受居民欢迎的服务品牌。再比如，常州市坚持信息为民、便民、惠民的服务理念，围绕“需求为导向，基层为重点”，按照部门业务“一线接入、集约管理”，社区事务“一站受理、一网协同”，信息采集“一次产生、多方使用”的原则，构建了“12349”社区服务管理综合信息平台，为党和政府更好地服务民生、保障民生创设了新型载体，为企业、社会组织和服务机构更好地参与社会服务管理开辟了广阔渠道，为社区更好地减轻工作负担、提高服务管理效率提供了有效手段。

（五）服务为先，优化管理

一是推行“网格化”服务，确保横向到边，纵向到底。扬州市广陵区依托社区综合服务平台按照300户左右的规模，将全区54个社区细分为518个网格，每个网格由专业社工担任网格长，吸纳居民小组长和楼栋长以及党员义工、居民志愿者参与，构建了“网格长+居民小组长+志愿者”的服务管理网络，把社区管理服务下移到网格里，前置到居民中，在社区建立了社情民意数据库、“气象站”，做到了“网格民情一点通”、“社情民意一日清”。泰州市海陵区以片区设置网格，将社区划分为片，再按照每50户左右划为一个网格，每个网格选聘一名中心户长，建立了“片长＋中心户长＋居民户（工商个体户、驻区单位）”的服务管理到户工作机制，实现了管理无缝隙，服务零距离。二是坚持民主化管理，增强居民群众的社区归宿感。南京市白下区龙王庙社区，坚持“民事民议民受益、民事民管民满意”的工作理念，把最方便的空间留给居民服务，把最大的空间留给居民活动，把最小的空间留给自己办公，想居民群众之所想，急居民群众之所急，帮居民群众之所需，认认真真地做好群众身边的每一件小事、难事、急事，赢得了居民普遍赞许。常州市钟楼区荷花池社区通过社区平台，建立了“三合一”工作室，实施“业主自治、物业服务、社区指导”，开展“小区大事、三家合议”，社区“两委”会主动加强领导和协调指导，不仅有效解决了过去物业管理费收缴难的问题，而且大大提升了社区服务管理的质量和水平。三是开展互助化服务，实现社区邻里守望相助。扬州市广陵区琼花观、文昌花园等社区，大力倡导社区志愿服务，把有一技之长的居民组织起来，开展互助性服务，做到既奉献他人，又提升自己，既让困难群体和流动人口都能得到真诚的服务，也让白领阶层能够享有专业的服务。

三、存在的突出问题

近年来，各地通过加强城乡社区综合服务平台建设和完善社区服务功能体系，有效促进了基层社会服务管理，但与党的十八大的新精神新要求和居民群众的新期待相比还有一定差距，依然面临着不少困难和问题。主要表现在以下几个方面。

（一）基础平台建设依然薄弱

省委、省政府15号文件明确规定：每个社区按照每百户不少于20平方米、最低不少于400平方米的标准，建设社区服务中心，为城乡居民提供生产生活服务。但目前，我省未达标的社区有3406个，占总数的15.7%；无工作服务用房（含租借服务用房）的社区有601个，约占总数的2.8%。一些新建小区存在社区工作和服务用房被占用的现象，有的社区党支部和居委会只能挤在地下车库和一些边角地带办公，居民活动和服务用房难以落实。有的社区办公服务和居民活动用房均已达标，但没有按照“服务活动场所最大化，办公场所最小化”的要求进行设置，影响了社区服务功能的发挥和社区的长远发展。

（二）管理体制机制不顺

不少政府有关部门和街道对社区的性质和职能定位都有不同程度的偏差，依然习惯于将社区作为自己的行政附属单位，随着社会管理重心的不断下移，积极推进部门和街道工作“进社区”，导致社区居委会承担的行政性事务依然繁重，工作职能严重错位。据调查了解，目前社区普遍要负责30多类近150项工作。“台账资料多、会议活动多、调查报表多、检查考核多”等现象十分突出，有的社区台账多达180余本，要挂20多块牌子，上级有关部门的考核评比多达数十项，社区疲于应付上面交办的行政事务和检查考核、创建评比，几乎没有精力从事社区管理和服务工作。基层普遍反映，社区工作之所以繁重，其主要原因是社区管理体制机制不顺，没有严格按照“权随责走，费随事转”的原则，将“人、财、物”配套给社区。

（三）社会组织发展缓慢

各地政府普遍存在转变职能不到位，对购买服务认识不足的情况，还没有真正建立起社区管理服务的社会化引入机制，也没有从政策层面为扶持、培育和发展社区社会组织创造必备条件，致使多数地方的社区社会组织发育不充分，全省登记和备案的各类社区社会组织不足3.8万个，每个社区平均不到两个，且大多是一些兴趣类、娱乐类组织，组织化程度不高，所提供的管理服务项目单一、管理层次低、专业化水准较低，还无力承接政府转移出来的公共管理服务职能。一些地方政府对于发展社区社会组织不够重视，还没有将推行社区管理服务社会化摆上议事日程，依旧习惯于政府大包大揽一切事务，不愿将本该由社会承担的管理服务项目，通过政府购买服务的方式，让社区社会组织承接，导致了政府大包大揽社会服务职能又做不好，该为没有好好为，不该为乱作为，习惯于交任务和考核评比，导致社会管理职能错位。

（四）社区基础平台建设投入不足

目前，社区基础平台建设尚未达标和无社区用房的问题还比较突出。究其原因，主要是部分党政领导思想认识不到位，一些地方党政领导对社区基础平台建设的重视程度不够，有的片面强调社区建设是由经济社会发展进程决定的，经济发展落后地区加强社区建设成效不大，老百姓也不大拥护，没有把社区基础平台建设作为民生幸福工程和社会管理创新工程的基础平台，摆上重要议事日程，加大财政投入，进行重点建设。有的地方在社区建设方面虽然有财政预算，但主要用于社区工作人员报酬和办公经费开支等支出，实际用于基础设施平台建设资金不多。

（五）发展水平不平衡

近年来，全省城乡社区综合服务平台建设虽然取得了明显的成效，但发展水平不平衡现象比较突出。总体上，经济发达地区以及大中城市和县城镇的城郊结合部水平较高，但全省还有不少社区办公服务用房面积不达标，主要集中在经济薄弱地区和部分农村（特别是苏北）社区以及大中城市老城区社区。从最近我厅对全省城乡和谐社区建设的抽查情况看，即使是苏南积极发达地区也有不少不达标社区，南京、苏州、常州、镇江等都不同程度地存在这一情况，有的城区不达标的比例还比较高，个别社区用房只有几十平方米。即使是在经济发展水平较为落后的苏北地区，也存在不平衡现象。如宿迁宿豫区、徐州贾汪区想方设法加大社区平台建设投入力度，在较短时间内完成了400平方米以上的社区两房建设任务，而有些地区则动作小、办法少，社区基础设施建设改善不明显。再如，宿迁市的两个精品社区（西康社区、陆河社区）理念新、标准高、服务内容广，达到了省内先进水平，而有的社区仅有几十平方米的社区用房面积（如连云港东海县钢铁社区用房面积仅有40平方米，盐城响水县友爱村用房面积仅有80平方米）。

（六）组织领导机构不健全

城乡社区综合服务平台建设的推进工作，需要在党委、政府的统一领导下开展。但目前，全省还有不少地方没有建立起统一的城乡和谐社区建设指导协调机构，给城乡社区综合服务平台建设工作带来了很大的困难和障碍。2011年，省委、省政府下发的《关于加强新形势下城乡社区建设的意见》（苏发〔2011〕15号）明确要求，成立各级城乡社区建设指导协调机构，进一步加强对城乡社区建设的组织领导、工作协调和监督检查。但是，由于各种原因，省一级的城乡社区建设指导委员会现在还没有成立，导致很多资源难以有效整合，不利于有效形成党委领导、政府负责、社会协同、公众参与的推进格局。

四、对策建议

（一）进一步完善城乡社区硬件设施建设

认真贯彻落实省委、省政府15号文件精神和《江苏省城乡社区建设“十二五”规划纲要》，引导各地切实将社区工作用房和服务设施纳入当地城乡建设规划、土地利用规划，按照城乡社区每百户不低于20平方米、每个社区不低于400平方米的标准，积极实施城乡社区综合服务平台工程。对目前城乡社区没有工作用房和服务设施或者不达标的，由当地政府通过新建、购买、置换、改造等方式予以解决，民政部门和街道（乡镇）全程参与社区用房的规划、建设和验收。省、市、县（市、区）三级财政采取以奖代补办法进行推动，通过城乡社区建设项目引导资金给予适当补助。继续将社区硬件设施建设作为重要指标纳入和谐社区建设（省现代化指标体系中和谐社区达标考核占4分）以及省和谐社区建设示范单位考核，加强协调指导和督促检查，确保“十二五”末全面完成。

（二）进一步健全城乡社区人财物保障机制

各级财政要进一步加大对社区建设的人财物保障力度，切实将社区的工作经费、培训经费、人员报酬、服务设施以及社区信息化等项经费纳入同级财政预算，并确保落实到位。严格按照15号文件“关于城市社区党组织和居委会成员报酬不低于上年当地城镇单位在岗职工平均工资水平（其他社工按一定比例）、农村社区党组织书记基本报酬不低于上年农村劳动力平均收入水平”的要求，落实社区工作人员待遇。城乡社区服务设施的供暖、水电、煤气、电信等费用，按照当地居民使用价格标准收取。

（三）进一步深化城乡社区建设管理体制机制创新

一是严格社区公共服务事务准入制。切实转变政府职能，改进管理方式和工作作风，凡属于基层人民政府及其职能部门、街道办事处（乡镇政府）职责范围内的事项，一律不得转嫁给社区；凡依法应当由社区协助的事项，要为其提供必要的经费和工作条件；凡委托社区办理的有关服务事项，应当按照“权随责走、费随事转”的原则，实行购买服务。规范面向社区的各类检查评比和创建达标活动，大力压缩针对社区的各种会议、台账、材料、报表。开展综合性的“和谐社区”创建活动，除了省里公示保留的考核评比活动外，其他的一律取消。二是积极推进社区“一委一居一站一办”服务管理体制全覆盖。积极推行社区党组织领导、社区居委会自治、社区服务站和社区综治办承接公共服务管理和维稳职能的新型社区管理体制。按照“精街道、强社区”的要求，将人、财、物等直接下沉到社区，优化公共资源在城乡社区的配置。三是理顺社区各类组织关系。社区党组织要加强对社区居委会以及社区其他各类组织的领导和指导，定期组织社区居委会、业主委员会、物业管理公司和驻区单位等，讨论决定本社区的重要工作事项，研究解决重点难点问题。社区居委会要支持社会组织和社区志愿者参与社区管理和服务，积极培育社区服务性、公益性、互助性社会组织，大力发展社区志愿者队伍，主动为他们开展服务和活动提供帮助；指导和监督社区内社会组织、业主委员会、业主大会、物业公司开展工作，及时协调解决矛盾纠纷，维护各方合法权益。

（四）进一步提高城乡社区服务管理水平

一是完善社区服务体系。健全以民生保障为主要内容的社区公共服务体系，以居民互助为主要形式的社区志愿服务体系，以满足居民多种需求为主要目标的社区社会化服务体系，努力构建服务内容丰富、服务主体多元、服务形式多样的社区服务新机制，不断提高社区居民生活质量。二是加强社区分类管理。拆迁安置、经济适用房等类社区，要针对困难群体多、特殊群体多、矛盾纠纷多、综合管理难等特点，配齐配强社区工作力量，提高社区教育引导群众、化解矛盾的能力，综合采取民情调查、法制教育、纠纷调处、综合整治、救助帮困、自治管理等措施，切实增强管理实效；老小区社区，要针对老年群体多、物业管理差、治安防控难等特点，大力发展居家养老服务，加强服务设施建设，提升物业管理水平，强化社会治安管理，切实改善居住环境。农村社区，要针对居住较为分散、服务资源不足、管理力量薄弱、经费保障难等特点，切实加大对农村社区的支持力度，推动基础设施向农村延伸、服务资源向农村倾斜、公共管理向农村辐射、现代文明向农村传播，统筹推进城乡社区协调发展。三是增强社区维稳能力。整合基层综治工作力量，统筹开展治安巡防、矛盾化解、社区矫正、安置帮教、戒毒康复、流动人口服务管理等工作。加强社区调解组织建设，在村民小组、居民小区、企事业单位建立调解组织，发展兼职调解员，形成全面覆盖的调解组织网络，提高社区化解矛盾纠纷的能力。开展群防群治活动，建立党员维稳信息员、治安巡逻员、矛盾纠纷调解员、社工服务员等队伍，以党员的先锋模范作用带动社区群众积极参与平安社区建设。

（五）进一步推动“三社联动”新机制建设

积极探索社区社会组织参与社区管理服务、社工引领社区社会组织发展、社工融入社区岗位发挥专业化优势的新途径、新方式，形成相互促进、共同发展的良好态势。放手发动社会力量，大力发展社会组织、社会团体、民间组织，建立起花钱购买服务和管理的新机制。强化培育孵化措施，积极发展公益类、文体类、服务类以及承接政府委托职能等类别的社会组织，增强社区社会组织整合资源能力，鼓励和引导社会工作者等专业人士及其他符合条件的组织和个人，创办直接提供社会工作服务的机构，推动社会组织有效运用社会工作方法，有序参与到社会管理与服务工作中来。探索建立政府购买社区社会组织服务制度，政府购买社区社会组织服务的资金纳入年度财政预算，建立公共财政对公益服务性社会组织的资助和奖励机制，重点扶持一批具有示范导向作用的社区社会组织，落实公益服务性社会组织的税收优惠政策，让符合条件的公益服务性社会组织真正享受到非营利组织的税收优惠，为社会组织充分发育创造良好的政策环境。

关于苏南地区社区建设的调研报告

江苏省民政厅

根据省政法委统一部署要求，3月6日至8日，我厅成立专题调研组，分赴苏州工业园区、昆山市、张家港市、镇江新区等2市4县（市、区）进行了调研，其间与市、县（市、区）、街道（乡镇）和社区的干部、群众代表、社区志愿者等进行了深入座谈和讨论交流，实地考察了4种不同类型的10余个社区，发放调查问卷，统计基本数据，摸清实际情况，总结成功经验，分析难点问题，广泛听取各级干部和居民群众对加强社区建设的意见和建议。现将有关情况汇报如下。

一、苏南地区社区基本情况

近年来，随着工业化、城镇化的持续推进，苏南地区的城乡社区结构和类型发生了深刻变化，逐步由单一型向多元化方向发展。所调研的县（市、区）主要类型及特点有以下几种。

（一）合作区内的新型社区

以苏州工业园区为典型代表，中新合作区内有新型社区43个，均由商品开发小区构成，规模一般为2000—3000户，居民结构复杂多元，突出表现在：外籍人士多（约占10%）、高学历人才多（大专以上学历居民约占60%）、新苏州人多（约占67%）、年轻居民多（平均年龄约为32岁），社区全部实行市场化、规范化的物业管理。三镇均已基本实现城市化，总共拆迁5.3万多户，累计建设农村居民安置房超过1200万平方米，通过撤村建居，实现了居住集中化、生活城市化，农村社区在基础设施配套、集体经济发展、居民人均收入等方面处于全市领先水平。

（二）“多位一体”管理型社区

以昆山为典型代表，在城镇社区，采取“一支一居一中心一办”的组织架构，即每个城镇社区都建有一个社区党组织、一个社区居委会、一个社区服务中心、一个六位一体综治办；在农村，采取“一支（委）一村一中心一办”的组织架构，即每个村都建有一个村党组织、一个村委会、一个农村社区服务中心、一个六位一体综治办。目前，全市有14个街道党工委（街道办事处），属市委、市政府派出机构，由所在区镇代管，其中开发区5个，高新区7个，花桥经济开发区2个；7个办事处，属所在镇的镇政府下属部门，其中张浦2个，周市2个，巴城2个，千灯1个；148个社区居民委员会（其中，开发区24个，高新区53个，花桥经济开发区10个，张浦镇9个，周市镇18个，陆家镇6个，巴城镇6个，千灯镇12个，淀山湖镇5个，周庄镇2个，锦溪镇3个）；157个村民委员会（其中，开发区10个，玉山镇22个，花桥镇3个，张浦镇16个，周市镇15个，巴城镇22个，陆家镇8个，千灯镇21个，淀山湖镇10个，周庄镇10个，锦溪镇20个）。

（三）“网格化”管理型社区

以张家港为典型代表，目前，全市有175个村委会和91个社区居委会。建立“二级网格”的社区管理网络体系，依托现有的社区管理体系和信息平台，以辖区家庭为基本单位，以辖区居民为服务对象，科学划分若干个合理规模的网格。城镇社区、动迁安置社区，按照每300户左右的规模划分成若干个一级网格，在一级网格内按照每30—50户规模划分成若干个二级网格。基层农村，根据村的规模、人口、分散程度等，以片区、村民小组等为单位划分网格。目前，共建立一级网格1313个，设置网格责任人1313人，村域片区长593人，村（居）小组长2870人；二级网格6621个，设置楼道长4206人，村民小组长2415人。有效健全了网格管理体系，缩短了服务半径，基本实现了管理服务的立体式、全方位和全覆盖。

（四）混合型社区

以镇江新区为典型代表，目前共有城乡社区51个，其中城市社区18个、农村社区33个。近年来，随着新区开发建设全面加速，城乡一体化过程加快，33个农村社区虽然建制保留，但人员基本拆迁进入城市社区居住。镇江新区18个城市社区现有各类工作人员89人，住宅小区79个，楼栋1446幢，总户数39302户（已入住33433户），已入住人口109960人，户籍人口43065人；农村社区有建制村33个，村干部261人，总户数33129户，总人口100178人，户籍人口92279人，已拆迁户6770户；村居合一14个，村干部115人，尚未拆迁户数1914户，尚未拆迁人口7277人。在社区设置上，城市社区按3000户规模设置，社区专职人员按每1000人配备1人，一般在5—7人，最多不超过10人，由社区党组织、居民委员会主要成员和社会事务工作站人员组成；根据省、市区划要求，农村社区按2500人左右设置建制村，村委会委员一般由3—7人组成。2010年下半年，全区城乡社区党组织和社区居委会进行了统一换届（其中丁岗镇6个村，大港街道3个村及10个村居合一因拆迁延期换届选举，大港街道3个城市社区居委会尚在组建中），2011年1月，全区9个城市社区、24个农村社区（建制村）、5个村居合一完成了村（居）委员会换届选举工作。通过民主选举，9个城市社区产生党组织及居委会成员63名，大专以上学历的有23人，占36.5%，党员有47人，占74.6%，平均年龄44岁；24个建制村产生党组织及村委会成员113名，大专以上学历的有15人，占13.3%，党员有101人，占89%，平均年龄45岁；5个村居合一产生党组织及委员会成员23名，大专以上学历的有7人，占30%，党员有20人，占87%，平均年龄35岁。

二、苏南地区社区管理模式的创新实践

近年来，苏南各地认真贯彻落实中央和省委、省政府关于加强和谐社区建设的要求，结合各地实际，坚持城乡统筹，创新实践，形成了具有地方特色的经验和做法，取得了显著成效。

（一）苏州工业园模式

一是以“社工委”为主体，构建管理协作网络。与国内其他城区不同，园区中新合作区不设街道，实行以“社区工作委员会”（以下简称社工委）为基层行政组织的社区管理体制。社工委没有经济职能，专心致力于开展社区基层组织建设和提供社区公共服务，直属于园区管委会领导，工作经费由园区财政全额拨款。2001年以来，先后成立了3个社工委、43个社区居委会，社工委依托邻里中心设立了8个社区工作站，形成了扁平化、网格化的管理模式。社区管理的总体架构是：在园区工委、管委会的领导下，社区建设指导委员会是全区社区建设的决策与协调组织，负责把关社区准入程序，加强各职能部门与社工委的协作联动，建立顺畅的“条块结合”工作机制；社工委承担“类似但又不等同于街道”的职能，社工委没有招商、创收等经济考核指标，不直接参与城管、治安等执法工作，负责推进社区党建、管理社会事务、引导社区自治、开展精神文明建设、提供便民服务、指导企业工青妇组织建设等八个方面的工作；社区工作站作为社工委依托邻里中心设立的服务窗口，主要提供一站式政务服务，并承担联系周边社区、搜集社情民意、培育社会组织、发展义工队伍、促进共驻共建等职能，每个工作站辐射4—6个社区，形成“一站多居”的模式；社区居委会内部不设工作站、不办理具体政务事务，在社工委的指导下集中精力开展居民自我管理、自我教育、自我服务，与业主委员会、物业公司构成社区建设“三驾马车”。社区工作者队伍实行行政编制和职业社工分类管理。自2005年起，推行内部择优选拔机制，打通了社区基层干部的上升通道；自2008年起，建立了管委会机关人员到社工委挂职锻炼，以及公安、城管和邻里中心负责人兼任社工委领导班子成员的制度，提倡社区党组织成员、居委会成员与业主委员会成员交叉任职，社区民警全部通过民主程序进入社区“两委”班子，增强了社区工作合力。二是以

邻里中心为载体，构建社区服务网络。邻里中心是园区在借鉴新加坡成功经验的基础上探索新型社区服务模式的产物，它集中为社区居民提供“一站式”的社会公益和生活配套服务，特点是“规划先行、布局合理，国资主导、运营有序”。园区在开发初期，就结合住宅用地完成了邻里中心布局的规划，确保居民步行10—15分钟就可以到达附近邻里中心。邻里中心一般与周边住宅小区同步建设，运营始终坚持国资主导，确保各类便民利民设施优先配置、入驻商户管理有序、社会效益放在首位。目前，已建成投用的邻里中心有9个，平均每个邻里中心建筑面积约2.5万平方米。每个邻里中心45%的面积用于满足菜场、超市、邮局、银行等“12项居民日常生活必备功能”，其中1/3的面积（最低1500平方米、上限3000平方米）按照“统一标准、统一风格、统一功能、统一内容”的原则，由政府投资建设“民众联络所”，内部配备社区工作站、民众俱乐部、乐龄生活馆、少儿阳光吧、卫生服务站、图书馆、文体站等功能载体，除卫生服务站由专业医疗机构运作、文体站由邻里中心公司低价经营以外，其他各类载体均免费向居民和企事业单位开放。每个民众联络所辐射周边4—6个社区，与社区内的居民活动用房形成互补，满足居民政务服务、卫生健康、精神文化等需求，深受居民和企事业单位欢迎。三是以社会组织为依托，构建居民自治网络。园区坚持“社区的事情社区做”，通过构建社区党组织、居委会与各类社会组织之间的横向协作关系，在“放手”和“插手”之间找到平衡，使社区既保持良好秩序，又充满生机活力。目前，中新合作区3个社工委、43个社区成立文体娱乐类、邻里互助类、社会服务类、志愿公益类、协调管理类的社会组织近500个，成员总数1.6万人，超过社区总人口的10%，在培养社区领袖、规范居民行为、增强公民意识、融洽邻里关系、保障居民利益等方面发挥了重要作用。依托大量的社会组织，湖西社工委发起“触爱行动”，携手构建“爱的行动网络”，营造了“包容、参与、互助、共享”的社区氛围，探索出一条培育社区公共价值观的新路径；湖东社工委利用网络论坛、QQ群等信息平台，引导年轻居民走出家庭、走向楼道、融入社区，积极参与社区公共事务，弘扬了“新邻里主义”精神，建立起基层党组织领导下充满活力的群众自治体系。四是以社企联动为抓手，构建资源共享网络。园区在为企业、社区提供优质公共服务的同时，高度重视搭建企业与社区资源共享、合作共赢的平台，推动企业、社区、社会组织之间形成“金相邻、好伙伴、共成长”的良性互动关系，社会力量参与社区建设的热情十分高涨。例如，包括诸多跨国公司在内100余家大型企业成立了企业社会责任联盟，与社区建立了长期的结对共建关系；中新置地集团为所有社区配备了“轮椅、电动工具箱、自动血压仪”等十大便民工具，深受居民好评；新加坡俱乐部与园区慈善总会共同发起“星圆行动”，整合区内慈善资源，吸引更多力量参与慈善事业，开创了慈善公益项目运作的新模式；100 余家中小规模商户成立“爱心联盟”，以折扣让利消费、平价放心餐饮等方式回馈社区，获得良好的社会反响。

（二）昆山模式

一是创新社区建设管理体制。按照“两级政府、三级管理、四级落实”的管理体制，建立了与和谐社区工作基本适应的新型社会基层管理制度。二是完善社区建设“三大保障”。（1）组织保障。市委、市政府先后成立了社区建设指导委员会、农村社区公共服务体系建设领导小组、城乡社区公共服务体系建设工作领导小组。近期，市委、市政府又调整了市社区建设管理指导委员会成员，并将市委组织部、综治办、农办、司法、财政等部门增列为市社区委办公室副主任单位。同时，明确了各职能部门的工作职责，严格责任制和追究制，制定了考核细则，完善了市、镇、街道、社区（村）四级管理网络和全社会共同参与的工作机制，为城乡和谐社区建设提供强有力的组织保障。（2）政策保障。市委、市政府先后出台了近 20 个政策文件，为推进城乡和谐社区提供了政策依据。2011 年 10 月出台的《关于进一步加强社区建设管理的意见》（市委 51 号文件）更是为打造现代化和谐社区提供了坚强保障。（3）资金保障。2008 年、2009 年市、镇财政先后拨付了 3.4 亿元资金用于新建、改扩建城乡 200 余个社区公共服务中心。据不完全统计，近三年，市、镇、街道投入的建设资金超 8 亿元。2005 年起，昆山市每年投入 450 万元，用于打造精品特色社区。同时，市委、市政府还根据老城区社区的实际情况，增拨了社区的工作经费（每 100 户户籍人口 1.5 万元）。从 2012 年 1 月 1 日起，我市将社区工作经费拨付标准设定为每 100 户常住人口 15000 元。三是加强社区服务载体建设。通过“规划布点落实一批，加层扩建改造一批，房屋开发商提供一批，社区共建解决一批”的有效途径，城乡社区的办公、服务、活动用房标准大幅提高。新建面积 7.5 万平方米、改扩建面积 2.8 万平方米。148 个城镇社区办公、服务、活动用房平均面积超过 850 平方米，157 个农村社区办公、服务、活动用房平均面积超 1350 平方米。98% 的社区创设了“一站式”服务大厅，85% 的社区服务项目达 20 个以上，完善了行政管理、日常便民、文化体育、医疗保健、社会治安、社区党建等六大服务功能，实现了服务窗口前移、服务主体多元、服务质量较高、服务能力提升的服务宗旨，为社区百姓提供了方便、快捷、贴心、舒心的全方位服务平台。四是打造社区特色服务品牌。以“以奖代补”的形式，积极鼓励并指导社区创新服务载体，打造一流服务品牌，起到“典型引领、带动全面”的作用，成为昆山提升社区建设水平的“一招鲜”。五是加强社区干部队伍建设。注重选拔熟悉基层工作、热心社区服务、具有专业水平的人员充实到社区工作岗位，采取多种形式开展职业培训，强化资格认证和管理评估制度，提高社区工作人员职业素质和专业水平。加强专职社工队伍建设。推进社工职业水平考试，加快社工队伍职业化、专业化管理体系建设，建立健全资格准入、职务晋升、专业培训、薪酬体系、考核评估等机制。在社区为职业社工提供服务载体和工作岗位，推动职业社工参与社会管理和社会服务。加强社区志愿者队伍建设。大力推广“百帮服务社”、“邻里互助会馆”、“时间银行”等志愿服务新载体，建立健全志愿服务记录回馈制度，增强社区志愿服务工作的活力。六是强化基层民主自治建设。加大民意听证会、民事协调会、民情恳谈会、居民议事会、居民评议会等一系列制度建设力度，提高社区居民自我管理、自我教育、自我服务、自我监督的意识和能力。着力培育社区服务型、互助型、公益型民间组织，使其起到提供服务、规范行为、反映诉求的作用，并保障居民参与渠道畅通，提高社区居民群众的组织化和参与程度。

（三）张家港模式

一是建立“一核多元”的社区服务设施体系。推进社区服务设施标准化建设，完善以社区服务中心为核心，社区养老、医疗等配套设施多元结合的社区服务设施体系，扩大社区公共服务范围。二是优化网格服务。在划定网格的基础上，积极整合力量，优化配置，建立与网格相对应的管理服务团队。将网格内的网格责任人、在职党员、社区各类技术人员、“五老”队伍和志愿者全部纳入服务团队。丰富网格内涵。积极把政府公共管理与服务叠加到网格上，实现网格管理多功能发展。2011 年张家港市提出并实施“网格化公共文化服务”新理念，在全市各村、社区划分网格的基础上，每个网格至少配备一名志愿性质的网格文化员，把网格作为政府公共文化服务的基本单元。三是搭建“三社联动”社区平台。针对居民需求，依托张家港便民服务网和社区子网站发布各类社区服务信息，开展多样性的社区服务活动，搭建集中民意、汇集民智、为民排忧、政民互动的平台。四是建立“四位一体”的社区民主自治体系。积极探索建立并推广了“四位一体”的基层民主自治建设新模式，即整合社区党组织、居委会、物业公司、业主委员会等四方力量，共同协商社区事务，开展社区服务，切实发挥了社区党组织的领导核心作用，有力夯实了基层民主自治建设的基础，取得了显著成效。

（四）镇江模式

一是创新组织构架。以平昌新城中心社区为示范，创新开展“中心社区＋基层社区”新型社区管理模式。按照“原村级组织虚拟化、居民管理属地化、集体资产股份化”的思路，实施扁平化管理，设置平昌新城中心社区管委会，下辖五个基层社区。二是探索管理模式。针对社区居民多为安置农民的实际，探索基层社区党政组织、社区事务管理、社区物业管理服务有机结合的新型社区管理模式，社区党组织、行政组织、物业管理机构三块牌子一套班子。三是完善服务功能。推行“一站式”服务，建立社区综合服务中心，为居民提供就业、培训、劳动保障、法律服务等一条龙便捷服务。以“基本就医不出社区、文体娱乐不出社区、幼儿保育和小学教育不出社区、居家养老服务不出社区、残疾人康复理疗不出社区、慈善互助不出社区、矛盾纠纷调解不出社区”为目标，进一步着力完善中心社区管理模式，理顺回迁居民与属地镇社会事务关系。四是完善虚拟养老院服务信息平台。扩大服务队伍、提高服务质量，同时，在2011年实现80%的城市社区建有社区居家养老服务站的基础上，2012年实现新增社区居家养老服务站6家，新增床位70张，在平昌新城高标准建设拥有800平方米，不低于50张床位的街道级社区居家养老服务中心。五是开展区级社区信息服务平台建设。采用电子化方式管理社区各类信息，并实现联网互通。建立覆盖城乡社区的三级（区、街道、基层社区）综合管理服务信息平台，积极推进社区内部管理电子化，减轻工作负担，提高办事效率。六是开展“智慧健康”社区试点工作。打造集医疗服务、健康服务、健康管理于一体的全数字化“智慧健康”示范社区建设，通过信息化管理平台，实现社区居民健康智能化管理，开通社区医生上门服务信息无线传输系统，住户与社区卫生中心一键拨号互动；建立家庭责任医生上门服务，开设家庭病床，残疾人家庭康复，使群众不出户便能享受基本医疗和健康服务。七是形成集体资产委托管理新模式。按照“原村级组织虚拟化、居民管理属地化、集体资产股份化”的思路，实施“三资”清理信息化管理，产权清晰、管理规范，委托专业投资管理公司经营，合同规范，最低分配分红收益明确，到年底各镇（街道）完成股权量化改革试点分别不少于两家，以股份化理清农民与原村级经济组织的经济关系，增加收入。

三、当前苏南地区社区建设存在的突出问题

通过深入调研和深入剖析，我们感到苏南城乡社区建设在实现较快发展、取得显著成绩的同时，还存在许多不容忽视的问题。

（一）重视和研究不够，思想认识不到位

一些地方的党政领导对推进社区建设的重要性紧迫性认识不足、重视不够，重经济发展、轻社区建设的状况仍然存在，甚至片面地认为只要经济发展了，社区建设问题就会迎刃而解。有的地方对社区建设工作组织领导不力，没有摆上重要议事日程，社区建设和发展长期处于徘徊停滞状态；对各种类型社区出现的新情况、新问题，没有很好地研究，更没有采取切实有效的对策措施，不仅影响了基层的和谐稳定，而且从长远看必然会影响经济社会的持续健康发展。

（二）社会组织发展缓慢，管理服务功能不到位

一方面，还没有真正建立起社会化的引入机制，为扶持、培育和发展社区社

会组织创造条件；另一方面，政府及各部门特别是基层政府没有按照“权随责走、费随事转、费事配套”的原则，实行政府购买服务。我省目前多数地方的社区社会组织发育不充分，社区社会化管理服务功能还不够完善，还无力承接政府转移出来的公共服务职能，政府购买服务和社区服务社会化程度不高。各地社区大多发展的是一些兴趣类、娱乐类的社会组织，且组织松散；服务类社会组织发育不良，承接社区服务项目能力不强。社区社会组织培育发展不快和社区服务社会化水平不高的状况依然没有得到根本改变。

（三）社工人才队伍建设滞后，社区专业化职业化服务不到位

随着居民多元化服务需求的日益增加，社区服务对社工队伍专业化职业化的要求越来越高。但从调查情况看，目前很多地方还没有按照国家有关部委的要求，把加强社工人才队伍建设摆上应有的位置，素质高、能力强、懂管理、善服务的社会工作者十分缺乏，严重影响和制约了社区管理服务水平的提升。

四、关于加强苏南地区社区建设的对策建议

（一）转变思想观念，形成更加强劲的工作推力

党政领导要切实转变发展理念，改变“抓经济建设是务实赚钱的，而抓社会建设则是务虚花钱的”经济发展观，坚决纠正把经济建设和社会建设割裂开来甚至对立起来的错误观念和做法，坚持“两手抓、两手都要硬”。建议将和谐社区建设作为一项重要指标，纳入科学发展考核评价体系，引导各地像重视经济建设那样重视社会建设，把社区建设作为统筹经济社会协调发展的重要环节，作为强化社会建设的重要内容，作为构建服务型政府的重要方面，提上重要议事日程，切实抓紧抓好。

（二）坚持科学规划，形成更加合理的社区布局

建议按照便于居民自治、便于资源整合、便于管理服务的原则，综合考虑地域、人口和居民认同感等因素，进一步调整和优化社区规模和布局结构，合理确定社区服务半径，原则上按照城市社区（含城中村、村改居和村居合一的社区）服务2000户6000人左右，农村社区（村委会）服务1000户4000人左右进行设置，着力打造城市社区15分钟、农村社区3公里的管理服务圈，确保城乡社区管理服务横向到边、纵向到底，防止社区因服务半径过大，管理不到位引发各种矛盾纠纷，影响基层社会稳定。

（三）坚持体制机制创新，形成更加完善的基层社会管理体系

一方面要创新基层社区管理体制。积极推行扁平化管理模式，界定社区管理服务职能，通过优化原有的两级政府（区、街）、三级（区、街、社区）管理的组织架构，调整和理顺区、街及其各部门和社区的纵向关系以及社区层面各类组

织之间的横向关系，将人、财、物等直接向社区下沉，努力构建社区党组织领导、社区居委会自治、社区管理服务站承载公共服务的新型社区管理体制。强化社区党组织的领导核心作用，突出社区居委会自治功能；设立社区管理服务站承接下移后的各项公共管理职能，提高公共资源在社区的配置效率和服务效率。进一步打破条块分割，突破体制障碍，有效整合社区资源，为社区群众提供便捷有效的公共管理服务。另一方面要创新社区工作运行机制。大力推行社区工作联席会议制度，由党组织牵头，定期组织社区居委会、物业管理公司、业主委员会和辖区单位等，讨论决定本社区的重要工作事项，围绕本社区管理服务中的重点难点问题，协调各方意见，提出解决方案，民主决策社区事务。强化社区教育引导功能，总结推广新形势下加强基层社会管理的典型经验做法，推行社区信息员制度和“民情日记”制度，及时了解掌握社情民意，建立行之有效的矛盾纠纷排查和调处机制，强化社区在服务、教育、引导群众上的重要作用，不断提升基层干部和社区工作者宣传教育群众、组织引导群众的能力，切实增强社区化解社会矛盾、处理突发事件的维稳能力。

（四）完善服务体系，全面提升社区服务水平

一是进一步完善服务体系。依托城乡社区综合服务中心普遍开展“一站式”服务，打造以公共服务为基础、便民利民服务为主体、社会服务和志愿服务为补充的多层次、全方位、广覆盖的社区服务体系。二是推行服务主体多样化。通过社区工作站等平台提供公共服务，鼓励、支持社区居民、社区社会组织和其他社会力量参与社区服务。积极引入民间资本，利用社会力量，扶持、培育和发展贴近社区居民的服务项目，推行社区服务社会化、服务运作市场化。三是改革社区服务方式。推动服务对象由孤、老、病、残向辖区全体居民拓展，服务范围由城镇向农村拓展，服务形式由原来单一的无偿服务向社会化、产业化、专业化方向发展，服务内容由小型的便民利民服务向全方位服务拓展。四是改进社区服务手段。积极打造“12349”民政热线平台建设，推动城乡社区基本信息化设备的普及，推进政府公共服务网向社区延伸，实现政府公共服务网与社区需求服务网的无缝对接，上传社区信息和社情民意，下传党的路线方针和民生政策，通过社区服务手段的改进，促进社区工作效能、服务水平的提升。

（五）强化以党建带社建，促进社区建设健康发展

以党的基层组织建设带动基层自治组织以及其他社区组织的建设，充分发挥基层党组织推动发展、服务群众、凝聚人心、促进和谐的作用。一是突出党的核心地位。积极推行符合条件的社区党组织书记通过法定的程序兼任居委会主任。大力推行社区党建工作改革创新，在社区推广党组织“零距离”工作法、社区党建网格化管理、社区党建议事会等形式，提升社区“党建带动社建”的能力。

二是建立社区党建共驻共建机制，构建区域化党建工作格局。推行驻区单位党组织双重管理制度，探索实施街道“大工委制”和社区“兼职委员制”，由驻区单位党组织负责人兼任街道党工委或社区党组织委员，充分发挥各类驻区单位在社区党建和社区建设中的重要作用。深入开展社区与驻区单位党组织“统筹联建”活动，推进驻区单位与社区“党员教育联办、文明社区联创、社区环境联建、社区管理联抓”，共同营造和谐发展的社区环境。三是探索建立党员在社区发挥作用机制，建立在职党员向居住地社区报到和志愿服务制度、党员社区表现评价制度等。

（六）坚持民主自治制度，扩大社区广泛的群众参与

一是不断完善自治组织形式。进一步健全基层党组织领导的充满活力的基层群众自治机制，扩大基层群众自治范围，完善民主管理制度，保障居民群众享有更多的民主权利。发挥基层自治组织在扩大群众参与、反映群众诉求方面的积极作用，不断增强城乡社区自治功能。二是真正畅通民意表达渠道。将扩大基层民主，实现居民自治与推进城乡和谐社区建设有机结合起来，坚持依法自治，突出居民群众的主体地位，让群众直接参与民主决策和管理，凡涉及居民自身利益和服务需求的重要事项，都应由居民代表会议讨论决定，确保居民的事居民议、居民定、居民办，通过居（村）民代表会、居（村）民议事会、党员议事会、各类理事会等为群众表达意愿开辟有效渠道，切实保障其选举权、决策权、参与权和监督权，让居民群众真正当家做主。三是充分调动社区群众参与社区建设的积极性。进一步完善政务公开、村务公开等制度，实现政府行政管理与基层群众自治有效衔接和良性互动；鼓励群众开展社区志愿服务和互助服务，实现自我服务、自我完善和自我提高；加强社区文化建设，强化社区的凝聚力，增强社区居民的认同感和归属感，营造团结和谐的良好氛围。

（七）注重资源整合，推进社区建设整体合力

一是培育发展社区社会组织，发挥它们在就业培训、技术指导、文体活动、社会稳定方面的作用。加快民办非企业单位以及民办教育培训、医疗卫生、社会福利、体育健身、生态环保等非营利性组织的培育和发展，补充和拓展社区公共服务的内涵和范围。二是发挥好驻区单位的优势。制定优惠政策，鼓励驻区单位向社区居民开放各类设施和机构，进一步推动社区资源整合，积极开展为民服务，丰富群众生活，推动共建共享、互利共赢。三是发挥居民的自我服务作用。支持和鼓励居民群众建立形式多样的慈善组织、文体组织以及为老年人、残疾人、困难群体提供生活服务的组织，充分发挥居民的自我服务功能。

（八）加快职业化专业化步伐，建设高效的社区人才队伍

一是重视和加强社区工作者队伍建设。选强配齐城乡社区工作者，城市社区按照每250户配备一名工作人员（社区“两委”成员），对流动人口和临时居住人员较多的社区根据实际需要适当增加社区工作者人数，在居住分散的小区配备居民小组长；农村社区按照每150户配备一名工作人员（村“两委”成员），在分散居住的自然村庄配备村民小组长。构建和完善社区工作人才的准入、选派、培训和评价机制，不断提升专业化和职业化程度。加大社区工作者的培训力度，建立社区党组织书记和居委会主任初任培训、集中轮训和专题培训制度，鼓励社区工作者参加全国统一的社会工作师资格考试，取得资格证书。建立健全社区工作者激励保障机制，全面实施社区党务工作者职业化管理，不断完善与经济发展水平相适应的社区专职工作者待遇保障制度。研究制定行政事业单位面向社区工作者的招录政策和社区工作者奖励政策，真正做到以待遇留人、以事业留人、以感情留人，吸引更多的优秀人才从事社区工作。二是重视和加强社区党员队伍建设。重视社区党员发展工作，强化社区党员参与意识，充分保障党员民主权利。在党章规定的范围内，积极探索公推直选社区党委领导班子、社区党委和社区居委会同步换届等党内民主创新形式。加大社区党务公开和民主评议力度，充分发挥社区党员的积极性、主动性和创造性。三是重视和加强社区志愿者队伍建设。培育社区志愿服务意识，弘扬社区志愿服务精神，推行志愿者注册制度。积极动员社区中的党员、共青团员、公务员、专业技术人员、教师、青少年学生以及身体健康的离退休老同志等加入志愿者队伍，优化志愿者人员结构，壮大志愿者力量，使志愿服务活动经常化、制度化。

（九）构建政府指导框架，科学规范社区的全面工作

社区建设涉及方方面面，是一项综合性的社会工作。当前，相关部门工作纷纷进入社区，社区负担日益加重，建立和完善统一的社区评价体系，对于规范社区工作、推动科学发展显得尤为重要。一是大力推行社区事务准入制，切实改变社区功能行政化倾向。在实行分类管理的基础上，对确需进入社区的行政事务由社区建设指导协调机构统一审核后予以准入。对于没有取得准入资格的行政摊派事务，社区有权予以拒绝。政府部门需要社区承办或者协办的行政事务，必须依法委托社区承担，并按照“权随责走、费随事转、事费配套”的原则，实行购买服务。二是严格控制各类不必要的考核评比，主动为社区减负。取消各类名目繁多的“台账”，使社区从疲于应付上级检查和各类评比活动中解脱出来，集中精力为居民提供服务。三是规范和谐社区建设工作。全省设立综合性的“和谐社区”创建活动，其余的考核评比一律取消。将地方标准、单位标准与省定标准衔接统一，全省执行统一的“和谐社区”建设创建标准。四是建立科学的社区工作评价导向机制。建立健全以社区群众需求为导向，以社区群众参与为动力，以社区群众认可为准则的评价导向机制，提高社区群众对社区工作的满意度。

深化城乡社区内涵建设
提升基层社会服务管理水平

江苏省社区建设课题调研组

（2012 年 11 月）

为迎接党的十八大胜利召开，积极贯彻落实党的十八大精神，进一步加强和创新社会管理，近期，我们社区建设课题组根据厅党组课题调研要求，就如何深化城乡社区内涵建设，提升基层社会服务管理水平，深入部分市、县（市、区）、街道（乡镇）和社区（村）开展了广泛调研，现形成如下调研报告。

一、基本做法和成效

近年来，各地根据中央和省委关于加强民生幸福工程和社会管理创新工程建设的战略部署，着力推进《江苏省基本实现现代化指标体系》（以下简称《指标体系》）和省委、省政府《关于加强新形势下城乡社区建设的意见》（苏发〔2011〕15 号）（以下简称 15 号文件）贯彻落实，把城乡社区建设摆上更加突出的位置，加强组织领导，加大经费投入，加快发展进度，呈现出“争先领先率先”的发展态势，取得了良好成效，为创新基层社会服务管理奠定了坚实基础。

（一）围绕总体目标，加速和谐社区建设进程

各地围绕《指标体系》和 15 号文件对全省和谐社区建设的总体目标要求，结合实际，认真细化目标、分解任务，完善推进举措，实现了城乡和谐社区建设又好又快发展。2012 年全省城乡和谐社区达标率平均值预计在 2011 年基础上分别增长 9 个点，分别达 65% 和 54% 左右。先后有 19 个区（市）被命名为首批全国和谐社区建设示范单位，17 个县（市、区）被确认为全国农村社区建设全覆盖示范单位，数量均列全国第一，无锡市和南京市白下区先行成为全国社区管理服务创新实验市（区），总体水平初步实现了全国率先。

（二）打造两大平台，优化社区民生服务功能

在“硬件”平台建设上，各地按照县（市、区）、街道（乡镇）不低于 3000 平方米和 1500 平方米，每个社区不少于 400 平方米的省定标准，大力推进三级社区综合服务中心（站）建设，实行“一站式”服务。全省目前 65% 的县（市、区）、70% 的（街道、乡镇）和 80% 的社区（村）基本完成了“硬件”达

标任务。在“软件”平台建设上，按照“五个一”（一处固定场所、一套信息设备、一名信息员、一套管理制度、一个长效机制）基本要求，整合资源，积极建立综合服务管理信息平台，及时为居民提供全方位、多层次的公共信息服务。目前，全省95%以上的城乡社区配置了电脑及应用软件，其中50%建立了便民服务网站或网页。90%以上的城区实现了区、街、居三级联网服务，近50%的省辖市建立了四级社区服务信息化管理系统，极大地方便了居民群众生产生活。

（三）推进三社联动，提升社会化专业化水平

数据显示，截至2012年上半年，全省社区社会组织的登记备案总数已突破4.8万个，社会工作人才超过了15万人，社会工作专业人才已接近2万人。各地在大力培育发展社会组织和社会工作专业人才的同时，积极探索和推进社区、社会组织和社会工作专业人才的“三社联动”，增强社会组织承载功能，强化社会工作专业人才支撑作用，初步形成了“三社”之间资源共享、优势互补、相互促进、有机联动的良好机制。无锡崇安区通过“夯实平台、提升品质、强化参与、放大效应”，探索形成了三社联动“崇安模式”，推进了社区社会化专业化服务。南通崇川区将公益创投理念应用于社区服务领域，通过“三社联动”拓展了政府购买、社会资助等资金来源渠道。南京玄武、建邺、鼓楼等城区通过“三社联动”，形成了开展公益创投、购买专业服务、建立社会组织孵化基地等典型经验，发挥了“1+1>2”的社会效应。

（四）完善四个民主，创新基层自治管理机制

各地不断完善民主制度，健全基层党组织领导的充满活力的基层群众自治机制，全省目前居（村）委会依法自治达标率分别达到了95.3%和98.2%，群众满意率达80%以上。一是创新民主选举机制，确保了群众的选举权。太仓市探索并全面推行了村委会无候选人一次直选，南京市215个城市社区实施了无候选人一次性直选，全省第九届村委会换届选举选民参选率达93.8%，宜兴市高达99.5%，一大批能人依法进入了村（居）民委员会班子。二是创新民主决策机制，确保了群众的决策权。徐州沛县坚持以村党组织为领导核心，严格实行“提议、商议、决议、执行、监督”五项制度，探索推行了村级事务“1+5”民主议事决策机制。太仓、启东等地通过建立“民主决策日制度”，对关乎村民切身利益的重大事项，由村民自己议、自己定、自己办。三是创新民主管理机制，确保了群众的参与权。江阴市山泉村坚持以民主促民生，让群众当家做主，短短3年时间，形成了“共创共建共享共荣”的和谐发展局面。盐城、淮安等地通过加强“双强型”村级班子建设，督促村“两委”会认真履行各自职能，让村民群众依法直接行使民主权利。四是创新民主监督机制，确保了群众的监督权。宿迁市全面实施了“勤廉双述公开质询制度”，让村干部主动接受群众监督。泰州市建立了“村民直评村官”制度，通过“公示、走访、述职、质询、测评、整改”等程序，定期由村民对村干部进行直评，并将结果及时公布于众，新华社进行了专门报道。

（五）推广新型体制，统一社区管理组织架构

各地积极创新社区管理体制机制，按照“精街道、强社区”的要求，大力推行社区“一委一居一站一办”新型组织架构，优化公共资源在城乡社区的配置，将人、财、物等直接下沉到社区，形成了以社区党组织为核心、社区居委会为基础、社区管理服务站（综合服务中心）和综治办为平台、其他各类社会组织和社区居民广泛参与的服务管理格局，进一步理顺了街道（乡镇）与社区之间的纵向指导关系，厘清了社区内部组织之间的横向协作关系，有效提升了社区服务管理的综合效能。截至目前，全省城乡社区“一委一居一站一办”覆盖率已分别达 80% 和 50%。各地目标进程显示，南京、苏州、无锡、常州、镇江及苏中 3 市将于 2013 年全面推广，全省将于 2014 年实现全覆盖。

二、经验体会和启示

通过调研，各地近几年推进城乡社区建设、创新基层社会服务管理的有益探索和实践经验，给了我们这样的体会和启示。

体会和启示之一：只有坚持理念引领，才能推动社区建设又好又快发展。理念是发展之魂，发展之本。有什么样的发展理念，就有什么样的发展道路、发展模式、发展战略和发展成果，就会对发展的实践产生根本性、全局性的重大影响。情况表明，近年来，各地坚持以“自治、互助、共建、分享”的发展理念，引领和推动社区建设逐步实现了由“传统”向“现代”的转型升级。比如，扬州市立足实际，发挥地方文化优势，努力探索“古代文化与现代文明交相辉映”的和谐社区建设道路，培植了梅苑、琼花观、康乐、安平等一大批品牌社区，全面提升了社区建设品质。又比如，无锡滨湖区专门出台了《社区服务特色品牌项目考评标准》，通过特色项目推动，打造了“光蕴七彩大讲堂、孝德尚贤、惠民直通车、幸福驿站”等一批深受居民欢迎的服务品牌。再比如，常州市坚持信息为民、便民、惠民的服务理念，围绕“需求为导向，基层为重点”，按照部门业务“一线接入、集约管理”，社区事务“一站受理、一网协同”，信息采集“一次产生、多方使用”的原则，构建了“12349”社区服务管理综合信息平台，为党和政府更好地服务民生、保障民生创设了新型载体，为企业、社会组织和服务机构更好地参与社会服务管理开辟了广阔渠道，为社区更好地减轻工作负担、提高服务管理效率提供了有效手段。

体会和启示之二：坚持改革创新，才能推动社区管理体制机制不断完善。改

革创新体制机制的根本目的，就是要把政府的力量和社会的力量融合起来，使政府组织成为社会管理的主导力量，社会组织成为社会管理的有生力量，寓管理于服务之中，建设服务型政府，进而形成“党委领导、政府负责、社会协同、公众参与、法治保障”的社区服务管理新格局。实践成果显示，南京、无锡等地围绕“把社会管理抓到位、把公共服务送到家”，按照“减少层级、增大幅度、信息共享、提升效能”的原则，全面推行“扁平化”管理，将人、财、物等直接下沉到社区，优化公共资源配置，打破条线分割格局，实行“岗位兼容”，实现了让百姓“进一扇门、找一个人、办所有事”。苏州市通过推广“政社互动”模式，理顺各类参与主体关系，明确“行政权力”与“自治权利”界限，变行政指令的“责任书”为购买服务的“协议书”，变政府对社区“单向考核”为政社“双向评估”，实现了“行政权力”与“自治权利”的平等。南京玄武区通过全面推行“中心化”管理模式，实施去科室化，将街道整体转型为“大社区”，“回收”社区行政管理职能，实行关口前移，下放街道“官员”到中心前台服务，深度转变政府职能，拉近了政府与居民之间的距离。

体会和启示之三：只有坚持深化内涵建设，才能彰显社区建设发展层次和品质。通过调研，我们感到我省的社区建设特别是苏南地区以及苏中、苏北的一些先进地方发展到今天，硬件建设水平的高已不再是发展的主要优势，更多的是要看社区内涵建设的程度如何，看社区的精细化服务管理做得怎样。换句话说，就是面对老百姓日常生活中“柴、米、油、盐、酱、醋、茶”的具体问题，解决是否及时，服务是否到位，老百姓是否满意。比如，南京白下区龙王庙社区，坚持“民事民议民受益、民事民管民满意”的工作理念，把最方便的空间留给居民服务，把最大的空间留给居民活动，把最小的空间留给自己办公，想居民群众之所想，急居民群众之所急，帮居民群众之所需，认认真真地做好群众身边的每一件小事、难事、急事，赢得了居民普遍赞许。又比如，扬州广陵区琼花观、文昌花园等社区，大力倡导社区志愿服务，把有一技之长的居民组织起来，开展互助性服务，做到既奉献他人，又提升自己，既让困难群体和流动人口都能得到真诚的服务，也让白领阶层能够享有专业的服务。再比如，常州钟楼区荷花池社区通过建立“三合一”工作室，实施“业主自治、物业服务、社区指导”，开展“小区大事、三家合议”，社区“两委”会主动加强领导和协调指导，不仅有效解决了过去物业管理费收缴难的问题，而且大大提升了社区服务管理的质量和水平。

体会和启示之四：只有坚持以人为本、服务为先，才能提高社区居民的认同感和向心力。基层社会服务管理重在服务，贵在创新，其根本出发点和落脚点就是要坚持以民为本、服务为先，寓管理于服务之中，推行“网格化”服务管理，确保横向到边，纵向到底。比如，南京市栖霞区仙林街道，在街道层面探索实践网格化新型社会管理模式，将街道划分为6个一级网格，下辖40个二级网格和1144个三级网格，由街道干部、驻街（区）单位法人、社区工作者担任责任人，明确服务管理职责，变条块分治为网格集成，形成了全社会共管共治的服务管理格局。比如，扬州市广陵区在社区层面全面推行了“网格化”服务管理模式，按照300户左右的规模，将全区54个社区细分为518个网格，每个网格由专业社工担任网格长，吸纳居民小组长和楼栋长以及党员义工、居民志愿者参与，构建了“网格长+居民小组长+志愿者”的服务管理网络，把社区管理服务下移到网格里，前置到居民中，在社区建立了社情民意数据库、“气象站”，做到了“网格民情一点通”、“社情民意一日清”。泰州市海陵区以片区设置网格，将社区划分为片，再按照每50户左右划为一个网格，每个网格选聘一名中心户长，建立了“片长+中心户长+居民户（工商个体户、驻区单位）”的服务管理到户工作机制，实现了管理无缝隙，服务零距离。

三、面临的困难和问题

通过调研分析和座谈了解，近年来各地通过加强城乡社区建设，有效促进了基层社会服务管理，但与党的十八大的新精神新要求和居民群众的新期待相比还有一定差距，依然面临着不少困难和难题。主要表现在以下几个方面。

一是思想认识还不高，执政理念亟待跟进新的形势要求。一些地方的党政领导虽然在形式上接受了服务为先的执政理念，但难以摆脱“穿新鞋走老路”的思想束缚。其一，有些部门爱唱“独角戏”，不愿将属于自己的“管理资源”被整合，导致了条块分割，各自为政。其二，有些地方轻事前预防，重事后处置，对社区建设的重视程度不高，不愿意将相关经费和工作力量前置到强化基层基础工作之中，以至于社区问题和矛盾不断，一旦矛盾激化引发社会问题，往往不计社会成本。其三，有些基层干部工作浮在表层，没有走进社区、下到网格，贴近群众开展针对性的服务，轻民意收集，在重大民生问题上不从实际需求出发，习惯于“替民做主”，虽然好事做了，但群众仍然不买账，致使居民满意率难以提高。

二是经费投入还不足，地方财政亟待落实资金配套政策。尽管2011年省委、省政府在15号文件中明确要求，各级财政要加大对社区建设投入力度，将城乡社区“五项经费”纳入同级财政预算，完善城乡社区经费保障机制。省一级也利用1亿元的“以奖代补”资金进行了引导的推动。但时至今日，一些地方政府还没有完全纳入财政预算。据调查了解，全省社区工作运转经费年平均水平虽然较2011年有所增长，但还是不足3万元，经济欠发达地区的一些社区还不到1.5

万元，导致社区工作和活动难以很好地开展。社区工作人员报酬与2011年相比虽有所提高，但仍然较低，全省城市社区专职工作者年平均报酬在2万元左右（含保险），农村和经济薄弱地区大都不足1.2万元，且很少一部分办理了保险，难以调动他们的工作积极性。

三是体制机制还不顺，政府职能亟待进行深度转变。很多政府有关部门和街道对社区的性质和职能定位都有不同程度的偏差，依然习惯于将社区作为自己的行政附属单位，导致工作职能严重错位。其一，放事不放权。行政权力高度集中在顶层，层层抓在手上，掌握在部门，而行政性、事务性的工作层层下派，发布指令，布置给处于最基层的社区，而很少给社区配套相应的工作力量和手段。其二，做事不给钱。有些由部门条线本应自身承担的工作，财政也安排了相关经费，但也强行布置到社区，却很少按照“权随责走，费随事转”原则，将必要的工作经费配套给社区。其三，凡事要考核。社区帮忙做了事，反过来还要接受相关部门条线的层层考核和验收，致使社区不堪重负。通过调研了解，社区居委会少则三五人，多则十来人，普遍要负责30多类近150项工作，不同程度影响了社区服务管理的质量和水平。

四是服务水平还不优，队伍结构亟待全面优化更新。省委、省政府15号文件特别强调，要提高社区工作者综合素质，积极吸纳社会工作专业人才从事社区工作，鼓励社区工作者参加统一考试，取得社会工作师资格证书，大力提升城乡社区工作者职业化专业化水平，到2015年分别达80%和50%以上。大力倡导社区志愿服务，“十二五”期间全省城市社区志愿者注册率要占居民人口的15%以上，农村占10%以上。从目前状况看，一方面，现有的社区工作者大部分年龄偏大，很难通过培训成为专业人才；另一方面，尽管全省社会工作专业人才有一定数量，但由于社区专业岗位开发不足，实际从事社区服务管理的专业人员比例并不高。另外，城乡社区志愿者注册比例同样还有不小的差距。因此，要在队伍结构上进行优化更新，不断提升社区服务管理专业化水平。

四、对策和建议

根据党的十八大最新精神要求，结合新的发展形势和全省城乡社区建设发展现状，就深化城乡社区内涵建设，提升基层社会服务管理水平提出如下对策和建议。

（一）坚持一体化推进，着力实现城乡区域统筹发展

坚持城市支持农村和多予少取放活方针，更多依靠城乡区域发展协调互动，不断增强长期发展后劲。一方面，以农村社区建设规划为引领，以满足农村居民生产生活需求为导向，以农村社区公共服务设施建设为突破口，进一步推动基础

设施向农村延伸，公共服务向农村覆盖，现代文明向农村辐射，不断加强农村社区服务体系建设，加大强农惠农富农政策力度，加快农村社区建设步伐，破解城乡二元结构矛盾，全面提高农村社区公共服务、市场化服务、志愿服务以及生产服务能力，让广大农民平等参与现代化进程、共同分享现代化成果，享有与市民一样便捷的公共服务。另一方面，充分发挥各地区比较优势，按照“苏南率先、苏中领先、苏北争先、全国一流”的总体发展思路，依据《指标体系》的目标进程，实施区域城乡社区建设分类指导，分层推进，优先推进苏北地区争先发展，大力促进苏中地区领先发展，积极支持苏南地区率先发展，逐步缩小区域之间发展差距，不断提升全省城乡社区建设整体发展水平，增强综合竞争力。

（二）实施扁平化管理，着力完善社区体制机制

从在改善民生和创新社会管理中加强社会建设的战略高度，深刻认识加强城乡社区建设的重要性和紧迫性。一是加快形成党委领导、政府负责、社会协同、公众参与、法治保障的社区管理体制。推动政府力量和社会力量充分融合，使政府组织成为社会管理的主导力量，社会组织成为社会管理的有生力量，寓管理于服务之中，建设服务型政府，努力实现政府调控机制与社会协调机制互联、政府行政功能与社会自治功能互补、政府行政力量与社会协调力量互动。二是加快形成政府主导、覆盖城乡、可持续的基本公共服务体系。紧紧围绕实施民生幸福工程，改进政府提供公共服务方式，增强城乡社区服务功能，大力推进以救助、就业、养老、卫生、文化、治安等为重点的社区基本公共服务，更好地方便群众生产生活。三是加快形成政社分开、权责明确、依法自治的现代社会组织体制。推行社区“一委一居一站一办”建设，按照“精街道（乡镇）、强社区”的要求，将人、财、物等直接下沉到社区，切实理顺街道（乡镇）与社区之间的纵向指导关系，厘清社区内部组织之间的横向协作关系。四是加快形成源头治理、动态管理、应急处置相结合的社区管理机制。实施“扁平化”管理，压缩上下层级，优化基层机构设置，促进资源横向共享，按照专干不单干、分工不分家的原则，整合服务资源和力量，实施综合服务管理，提高工作效能。五是加快形成政府投入和社会投入相结合的经费保障机制。加大社区建设投入力度，将城乡社区建设“五项经费”纳入同级财政预算，积极争取驻区单位和社会各界对社区建设的支持，引入民间资本，逐步形成多元化投入格局。

（三）推进民主化自治，着力扩大社会协同公众参与

坚持以保证人民当家做主为根本，扩大社会主义民主，实现政府管理和基层民主有机结合。一是完善基层民主制度。深入推进基层群众民主选举、民主决策、民主管理和民主监督活动，在城乡社区治理、基层公共事务和公益事业中实行群众自我管理、自我服务、自我教育、自我监督，让城乡居民依法直接行使民

主权利。二是扩大公众参与程度。进一步健全基层党组织领导的充满活力的基层群众自治机制，以扩大有序参与、推进信息公开、加强议事协商、强化权力监督为重点，拓宽范围和途径，丰富内容和形式，保障人民享有更多更切实的民主权利。三是推行“政社互动”。充分发挥基层党委和政府的主导作用，理顺乡镇（街道）政府机构与城乡社区自治组织的关系，明确政府“行政权力”与社区“自治权利”界限，尊重城乡社区居民的主体地位，实现政府行政管理与基层群众自治的有效衔接和良性互动，形成社会协同“善治”的生动局面。

（四）加快社会化进程，着力提升专业化服务水平

积极转变政府职能，推进社区服务管理社会化，建立健全社区、社会组织和社会工作专业人才“三社联动”机制。一是加强城乡社区服务设施达标建设。依照15号文件规定标准和要求，加快推进县（市、区）、街道（乡镇）和社区（村）三级社区综合服务中心惠民工程建设，依托社区建立“三社联动”平台，为社会组织和社会工作专业人才开展社会化专业化的社区服务提供必要场所，创造良好条件。二是增强社会组织承载功能。逐步建立登记管理、备案管理与分类管理相结合的社会组织管理方式，引导社会组织健康有序发展，重点培育以社会工作专业人才为骨干的实体性社会组织，促进政府依托社会组织与社会互动，让渡空间，让社会组织承接政府公共事务和社会事务，使之成为政府的有力助手，成为政府与群众之间的桥梁和纽带，充分发挥其反映利益诉求、规范社会行为、化解社会矛盾、扩大公众参与、提供公共服务、增强社会活力、促进社会发展等方面的协同参与作用。三是强化社会工作专业人才支撑作用。加大专业社会工作岗位开发力度，不断完善社区工作者队伍培养、评价、使用、激励机制，提升城乡社区工作者职业化专业化水平，促进社会工作专业人才与社会组织依托社区融合发展，努力形成“三社”之间资源共享、优势互补、相互促进、有机联动的良好机制，让社会工作专业人才在基层服务管理创新中大显身手。

（五）构建信息化网络，着力构建信息为民服务平台

推动信息化和工业化深度融合、工业化和城镇化良性互动、城镇化和农业现代化相互协调，促进工业化、信息化、城镇化、农业现代化同步发展。一是集约服务。加强政务外网公共服务网络建设，着力形成纵贯省、市、县（市、区）、街道（乡镇）、社区（村），横接各级政府部门的政务外网公共服务网络。部门面向基层的业务或面向社会的专业服务业务，以及街道（乡镇）和社区（村）的业务统一在政务外网的“综合信息平台”上运行，实现“一线接入、集约管理”，全面提升综合效能。二是数据共享。充分整合党委、政府各个部门、各个条线运行在社区的信息系统，建立集“基础数据库、专业数据库、共享数据库”的“三位一体”分布式的数据“采集、管理和交换”机制，实现信息采集“一次产生、多方使用”，有效减轻基层特别是社区的工作负担。三是集群互动。依托政府门户网站和市民电子邮件系统，建立城乡社区集群平台，实现政府、社区、居民之间的信息互动交流。政府运用这个平台可以向社会和公众发布相关政策，收集民情民意；社区运用这个平台可以开展民主实践活动，向居民发布公共信息、通知公告；居民运用这个平台可以参与社区事务和自治管理，向政府提出诉求建议，实现信息交流“一台共享、集群共用”，有效提高工作效率。四是模块运行。主动顺应社区职能和居民服务需求，整合政府相关部门面向社区的各类业务，实施模块化分类，积极开发如社区网站模块、管理模块、沟通平台模块、服务模块等实用模块，实现政府各部门业务“一站受理、一网协同”，方便基层尤其是城乡社区开展工作，积极创新在线服务、网上民主等新型服务管理方式。

（六）推行网格化服务，着力促进基层社会和谐稳定

坚持面向基层、服务群众，全面推行网格化服务，确保基层服务管理横向到边，纵向到底。一是服务前置，变群众上门为干部下沉。贯彻以人为本、服务为先，把社区服务管理下移到网格里，前置到居民中，筑牢基层社会服务管理“网底”，既能让困难群体和流动人口得到所需要的服务，感受到社区真情和社会温暖，又能让白领阶层得到想要提供的高层次服务，感受到社区的存在和作用，全面提升居民幸福指数，让城乡社区真正成为不同社会群体共同生活的和谐家园。二是关口前移，变被动处置为主动预防。以保障和改善民生为重点，多谋民生之利，多解民生之忧，解决好人民最关心最直接最现实的利益问题，正确处理人民内部矛盾，建立健全党和政府主导的维护群众权益机制，畅通和规范群众诉求表达、利益协调、权益保障渠道，以“网格化”的服务管理促民生、促稳定、促和谐，主动预防和及时化解社会矛盾。三是责任前清，变条块分治为网格集成。以县（市、区）、街道（乡镇）或社区（村）为基本单元，以基层干部、城乡社区工作者、民警和志愿者等为责任主体，形成“多网合一、一网多格、一格多元、多元联动”格局，综合协调政府、社会、市场“三种机制”效用，最大限度地增强社会和谐因素，增强社会创造活力。

关于加强农村基层社会管理机制建设的调研报告

江苏省民政厅

根据省委农工办的统一部署，近期我厅专门成立课题调研组，围绕农村基层社会管理机制建设研究专题，先后赴南京市、无锡市、苏州市、徐州市、泰州市等地，就如何加强农村基层社会管理机制建设进行了深入调研。现将有关情况报告如下：

一、农村基层社会管理机制建设的创新实践

近年来，全省各地认真贯彻落实中央和省委、省政府关于加强和谐社会建设和社会管理的要求，结合各地实际，大胆创新实践，形成了各具特色的经验和做法。

（一）探索农村社会管理新体制

南京、南通、苏州、镇江等市积极推行社区“一委一村一中心（农村社区综合服务中心）一办”管理体制，强化村党组织领导核心地位，增强自治功能，下移管理重心，做到人员、经费、资源“三下沉”，进一步增强了村级综合管理服务能力。南京市浦口区侯冲村、徐州市沛县胡寨村采取“村党支部＋村委会＋农村专业协会（合作社）”“三驾马车”模式，坚持村民自治，把民主议事、服务群众贯穿始终。无锡市以农村社区综合服务中心为载体，完善“一岗多能、分片包干、信息共享”机制，实现了“把社会管理抓到位，把公共服务送到家”，有效提升了管理服务效能。

（二）构建农村基层党建新格局

积极推行村党组织书记通过法定的程序兼任村委会主任。全省村党组织书记与村委会主任“一肩挑”比例达到了22%，其中宿迁市高达82.5%。村委会成员中党员比例达76.4%，党组织领导核心作用明显增强。积极探索农村社区党建共驻共建机制，构建区域化党建工作格局。扎实推进“一村一名大学生”工作，各地通过建立健全“培养、使用、管理、考核”四项机制，加强大学生“村官”队伍建设，充分发挥大学生“村官”年轻有活力、文化程度高、接受能力强、发展理念新等优势，充分发挥他们在农村基层组织建设和新农村建设中的生力军

作用，为农村基层组织建设注入了新鲜血液。

（三）完善基层民主自治新机制

各地按照村委会组织法，着力提高村民自治程序化、制度化、规范化水平。2010 年进行的全省第九届村委会换届选举，村民参选率达 95% 以上，一次选举成功率达到 98% 以上，无候选人一次性直接选举面不断扩大，全省有 2629 个村实行“无候选人一次性直接投票选举”，占 17.3%，比上届提高了 4.9%。苏州太仓市建立了“民主决策日制度”、“村民小组代表会议制度”，徐州沛县通过创新“1+5”机制，规范了村级事务决策管理。宿迁市通过实施“勤廉双述制度”，增强了村干部勤政廉政能力。盐城市形成了村务公开县、乡、村三级联动机制。江阴市周庄镇山泉村推行村务公开、村民议事、民主理财、民主监督四项制度，让全体村民享有知情、决策、管理、监督四大权益，在丰富村民自治制度的过程中参与共建共享社会主义新农村。

（四）培育发展基层社会组织新举措

全省各地坚持培育发展与监督管理并重的方针，大力发展农村专业经济协会和社区社会组织。截至 2012 年 6 月底，全省共登记农村专业经济协会 3646 个，备案 1438 个，其中会员过千、产值过亿元、农民增收过千元的 105 家。由于基层社会组织的蓬勃发展，全省社会组织体系日益健全，每万人拥有社会组织数量已达 8.24 个。通过维权类、文娱类、救助类等民间组织的中介活动，有效地把广大村民组织起来，让他们各得其所，各展其长，各有所为，使广大村民群众较好地实现了有序参与和理性民主，形成了政府依法行政与村民依法自治的有效对接和良性互动。与此同时，各地以方便群众、服务社会为目的，努力培育和壮大志愿服务组织。目前全省登记在册的农村社区志愿者人数已经超过 110 万人。苏北农村等地结合外出务工人员较多的实际情况，每逢农忙季节，各村积极组织帮工队，义务为“3860”（妇女、老人）家庭抢收抢种。

（五）拓展农村社区服务新领域

2005 年我省在总结推广吴江、张家港等地经验的基础上，在全国率先启动农村社区建设，推动城市社区示范效应向农村扩散，公共服务资源向农村辐射，现代文明向农村传播。各地结合实际，整合资源，积极扶持、培育和发展贴近城乡居民多样化需求的服务项目，拓宽了社区服务领域，丰富了社区服务内涵，形成了一批各具特色的社区服务品牌。启东、邳州、赣榆等地大力建设集发展经济、服务群众、推进文化、促进和谐等功能一体的村级综合服务中心，为农民群众开展多样服务。通过开展农村社区建设，农民基本实现了小病就诊和计生药具服务、购买农资和日用商品、农技咨询、大宗农副产品销售、矛盾纠纷调解、电信交费和信件邮寄“六个不出村”。全国农村社区建设实验全覆盖县（市、区）

17个，数量均位居全国之首。

（六）创建农村基层社会管理新模式

各地建立了集治保、调解、农村社区警务、辖区联防和重点人群教育管理于一体的农村社区综治办，实行综治办、治保会、警务室、调委会、治安巡逻队、流动人口服务管理工作站一体化运作，构建了农村基层社区服务管理责任体系。无锡市在农村社区全面推行扁平化管理，全面实施“一岗多能”或“门外一把抓，门内再分家”，做到岗位相互兼容，人员相互补位，工作相互协调，实现了“进一扇门、找一个人、办所有事”。同时要求与民联系普遍采用民情日志（接待走访记录簿）、卡（居民联系卡）、牌（分片包干公示牌）、箱（居民联系箱）、话（民生热线电话）、网（QQ群和社区网站）等手段，实现了“民有所呼，我有所应”。扬中市在农村开展“十户联防”活动，构筑了邻里守望、群防群治的网络体系。海门市推行园区集管、单位自管、物业托管、中介协管、散居包管等五种外来人口管理模式，探索了新形势下流动人口服务管理的新路子。

二、当前农村基层社会管理机制建设存在的突出问题

从调研情况看，近几年我省农村基层社会管理机制建设取得了很大的进展，但与新形势的要求和广大群众的期盼相比仍相对滞后，存在一些亟待加强的薄弱环节。

（一）政府职能转变不到位，基层社会管理体制不顺

随着改革开放的不断深入和社会主义市场经济体制的逐步完善，我国农村社会结构和社会生活发生了重大而深刻的变化，农村经济获得全面发展，农民收入不断增高，进一步夯实了新农村建设经济基础，但农村社会建设和社会管理却滞后于经济基础发展变化的要求，最突出的表现就是政府职能转变不到位，特别是基层政府和基层自治组织关系不顺，职责范围和权力边界不清，事权和财权不匹配，基层公共产品供给不足，管理服务体系不完善，由于资源匮乏，基层组织难以有效发挥社会管理功能。

（二）农村留守人口的严重老龄化，给“三农”工作带来的挑战和困难

江苏人口老龄化进程比全国早13年，加之城镇化进程加快，农村青壮年大量向大中城市和城镇集聚；苏北和苏中部分地区农村留守人群老龄化倾向更加明显，给全省特别是苏北地区新农村建设和社会管理带来了巨大的挑战，这主要表现在两个方面。一是城乡倒置严重，经济发展及社会保障水平较低的农村地区，面临着更为严峻的人口老龄化问题，社会管理和老龄服务跟不上，农村地区特别是苏北地区面临贫困落后与人口老龄化的双重压力。二是区域差别极大，苏南、苏中、苏北地区农村的人口老龄化所处的阶段、面临的问题不一样，为我省统筹

应对人口老龄化问题增加了难度。泗阳县裴圩镇西沙村目前外出务工、上学及从事其他工作的人，约占全村人口的60%以上，留在村里的大多是老人和儿童。在田间干活以及早晚到学校、幼儿园接送孩子的，大多也是老人。“老人种田、老人照顾老人，老人接送孩子”的现象十分普遍。当下，苏北农村这种留守人口“老龄化”、村庄“空心化”现象，对“三农”工作，包括农村的经济发展、扶贫攻坚、社会管理、文化建设、村民自治，以及农村基层党建工作，都将带来巨大的影响和挑战。

（三）农村社会管理资源保障不到位，存在不少“空白地带”和薄弱环节

社会管理是一项庞大的系统工程，需要大量资源投入。目前，农村社会管理的资源保障方面存在缺陷：一是社会建设和社会管理的投入不足。与经济的发展水平和人民群众日趋多层次、多样化的物质文化需求相比，社会服务业的设施不完善、服务能力不足、服务水平不高等问题比较明显，经济与社会发展不协调、不平衡的问题比较突出。二是财权与事权相匹配的社会事务公共资源配置体制尚未建立。调研中一些地方反映，对农村社会建设方面的投入上面经常是只给政策不给钱，下面财政压力很大，建议省市为社会政策提供配套资金，减少只给政策不给钱的做法。三是公共资源社会投入配置重心向下转移力度不够。目前村级组织经费严重不足，基层组织运转困难，村级债务多，自身消化难，村内公益事业发展受到影响。基层财政不够充实，基层政府提供管理和服务的能力有待提高。

（四）村民自治的参与度不高，与新形势下农村社会发展需求不相适应

在调研中发现，不少村民参与意识淡薄，特别是农村社区中的流动人口由于与社区利益关联度小，缺乏参与积极性。尽管各地都普遍建立了村民代表会议和村务公开这两项基本制度，但是由于受到村民代表的数量和推选方法的限制，以及村务公开的质量和内容的局限性，不少村民还不能直接参与重大事务的决策和管理，群众的知情权和决策权难以实现，制约了基层民主政治建设的进一步开展。一些乡镇政府和村委会的关系处理不当，政府包揽过多，忽视了农民的主体地位、意愿和现实需求，影响村民积极性的发挥。随着城乡人口大流动，人户分离现象严重，特别在农村，不少村民代表外出务工、经商，导致村里空巢家庭、留守老人、留守儿童多，参与不了村务管理。如苏北某村70名村名代表中，有32名常年在外打工，无法按期召开村民代表会议，重大村务事项只由村干部碰头，征求老党员意见，然后组织实施。

（五）农村基层干部队伍建设与创新社会管理的要求不相适应，急需加强

这些年来，我省各地经过多轮合并村组，规模普遍扩大，村数由1998年的35258个减少为目前的15504个。村规模扩大了，但村干部数量并没有相应增加，反而逐年减少，这使得基层组织人少事多的矛盾更加突出。减人不减事，村组合并后，管理幅度增大，各种矛盾增多，工作难度增强，村干部压力很大，同时，减人不增资，村级各项支出包括村干部报酬，主要来源于财政转移支付、村集体经济收入等，如村级集体经济无收入，村级开支及村干部报酬稳定渠道只有依赖于转移支付。与此同时，随着村民多元化服务需求的日益增加，对村干部的要求越来越高，但基层干部的工作能力与要求相比不相适应。全省 72868 名村干部中，50 岁以上的占 21.7%，文化程度在高中以下的仍占一半，不能完全适应现代社会管理的需要。而一些年轻的大学生"村官"，虽然文化素质较高，但是却不能扎根于农村这片沃土，很难接"地气"，他们有的认为农村条件艰苦、生活清苦，总想跳到"舒服"的单位；有的觉得农村基层成长的空间有限，一旦遇到"障碍"，就躲、就绕，得过且过，做一天和尚撞一天钟；有的担心自己到农村基层不能独当一面，应付不了复杂局面，怕干砸了影响"前程"；等等。

（六）各类社会组织发展培育发展不充分，难以有效承接社会服务管理职能

近年来，全省各类社会组织的发展速度有所加快，开始在参与社会管理、提供社会服务中崭露头角。但是，受制于传统管理理念的影响、法律保障的脆弱甚至缺失、政策扶持的欠缺等综合因素，全省农村各类社会组织的整体发育程度和发展水平还是滞后的。一是地域发展不平衡。南京、苏州、南通等市社会组织发展数量明显高于其他地区，最高最低相差 60 倍以上。少数地方农村专业经济协会以政府牵头成立型居多，"民办、民管、民受益"的机制不够健全。部分地区农村社会组织和农村专业经济协会发展起步较晚，覆盖面较低，滞后于人民群众生产生活的实际需要。二是资金、人才缺乏。有些地方对于社会组织没有财政扶持经费安排，社会筹资能力低下。有相当数量的基层社会组织经济基础薄弱，活动场所简陋，活动经费紧缺。大部分基层社会组织缺乏专门人才，兼职人员偏多，年龄层次偏高。三是作用发挥不明显。不少农村专业经济协会组织体系松散，发展规模偏小，没有形成产、供、销一条龙服务的良性发展机制。四是监督管理滞后。大多数基层登记管理机关事多人少，缺乏专项工作经费，机构队伍建设与管理任务不相适应，基层社会组织培育发展和管理监督力度相对缺乏。社会组织发展滞后，不仅造成了社会自律管理的"中介"断层，而且直接间接地延缓了政府职能转变的进程，加重了农村基层自治组织在社会管理和服务方面的额外负担。

（七）村居负担过重，削弱了基层自治组织管理的能力

多年来，农村基层群众自治组织一直存在行政工作负担过重，自治功能难以充分发挥，自我管理能力不见显著提高的"老大难"问题。随着社会管理重心的不断下移，各部门工作都强调"下基层、进村进社区"，村一级承担的行政性工作日益繁重。据调查了解，目前有的村要负责 30 多类近 150 项工作。"台账资料多、会议活动多、调查报表多、检查考核多”等现象十分突出，有的台账多达100余本，要挂近20块牌子，上级有关部门的考核评比多达数十项，村干部疲于应付上面交办的行政事务和检查考核、创建评比，几乎没有精力从事村级管理和服务工作。过重的行政性、社会性工作负担，使村干部们忙于耕种别人的“责任田”，而荒了自家的“自留地”。村委会工作的行政化、半行政化倾向，必然导致自治功能的削弱和自我管理能力的弱化。

（八）社会管理责任不到位，农村基层维护稳定的能力弱

一些地方管理责任不落实，管理措施不健全，管理方式简单化，存在无人管、管不住、管不好的现象。在全省城郊结合部85个2万人以上的超大型社区中，每个社区干部要负责近1700户、6000名居民，管理难度非常大。有的地方对农村出现的一些矛盾纠纷发现不及时，处置不得力，引发了群体性事件。有的地方社会治安防控工作薄弱，农村人防、物防、技防措施不到位，重点人群教育管控不严格，导致刑事和治安案件频发。

（九）矛盾纠纷调处机制不健全，还不能适应矛盾纠纷的新变化

农村社会管理仍然侧重于应急性事后管理，还没有形成常态化管理机制。矛盾纠纷调处人治色彩比较浓，处理矛盾纠纷往往偏离法律标准、放弃司法程序、脱离法制轨道等途径。近年来，法院受理的劳动人事争议案件数呈大幅增加趋势。以淮安市为例，2007年为646件，2010年上升为4067件，年增幅高达157%。

三、关于加强农村基层社会管理机制建设的对策建议

为切实解决影响和制约我省基层社会管理中的突出问题，加快我省和谐社会建设步伐，结合调研情况，提出如下建议。

（一）全面深化村党组织领导下的村级民主自治机制

一是完善村民自治制度。着力健全村党组织领导的村民自治制度，扎实推进村民自治制度化、规范化、程序化，不断提高村民自治水平。按照民主选举、民主决策、民主管理和民主监督的要求，逐步探索建立符合省情、尊重群众合理意愿的基层民主制度，增强村民的民主参与意识，让村民依法直接行使民主权利。二是健全村民自治组织体系。继续健全以村委会、村民会议、村民代表会议、村务公开监督小组、村民主理财小组为主体的村民自治组织体系建设，正确处理好村委会与村党组织、与乡镇人民政府的关系。充分发挥村民自治组织在协调利益、化解矛盾、排忧解难等方面的作用，把政府管理管不了、管不好、不该管的事管起来，使群众从村民自治中获得更多的实惠。

（二）努力创新农村基层管理体制机制

一是推行农村社区“一委一村一中心一办”管理服务模式。积极推行村党

组织领导、村委会自治、农村社区综合服务中心承接公共服务的新型农村社区管理体制。实施“扁平化”管理，按照“精乡镇、强社区”的要求，将人、财、物等直接下沉到村，提高公共资源在农村社区的优化配置，提高政府公共服务效率。二是严格农村社区公共服务事务准入制。实行农村社区公共服务事项“权随责走、费随事转”，切实转变政府职能，改进管理方式和工作作风，防止农村社区工作负担进一步加重，对确需进入农村社区的行政事务由社区建设指导协调机构统一审核后予以准入。认真贯彻省委、省政府15号文件建设规范面向村的各类检查评比和创建达标活动，大力压缩针对村的各种会议、台账、材料、报表，切实为村减负。各地执行统一的省级和谐社区建设示范单位考评标准，其他涉及城乡的考核评比活动一律取消。

（三）大力加强农村养老服务体系建设

农村社会生态的深刻变化，特别是留守人口的老龄化和村庄的空心化，带来的问题和挑战是多方面的。但最直接、最紧迫也是广大农民反映最为强烈的，还是农村养老问题。而要解决农村养老问题，仅靠市场是不够的，各级政府必须有所作为，切实承担起“社会管理”和“公共服务”的责任。要按照政府主导、社会参与的原则，通过公办民营和民营公助等多种方式，整合资源，挖掘潜力，聚集各方面力量，充分发挥养老机构、农村社区及家庭养老的各自优势，加快推进农村养老服务体系建设。一是在县、镇（乡）层面，加快养老机构建设，大量吸纳社会寄养老人，切实缓解农村养老供需矛盾。二是在村一级，可以通过新建或置换改建闲置学校等方式，尽快建设一批护理性养老机构，充实护理人员，重点解决失能、半失能老人的养老问题。三是可以利用村庄上的闲置民房院落，适当维修，并添置一些必要的设备，建设一批邻里养老服务中心，采用自助互助方式，为老人提供日间生活和活动场所，重点解决一些独居、空巢老人和具备自理能力老人的生活和精神孤独问题。四是加强村级居家养老服务中心和信息化建设，尤其是虚拟养老院建设，进一步完善功能，提升服务，切实为农村居家养老提供依托和支撑。

（四）切实加强农村干部队伍建设

一是加强村级组织工作力量配备。按农村社区5—7人，配备村党组织和村委会成员，提倡村党组织班子成员、村委会成员交叉任职。对人口较多、社会管理和服务任务较重的农村社区，可根据实际需要，按每300户配备1人的比例，适当增加农村社区服务中心工作人员。同时加强村民小组建设。同时要进一步提高村干部的工作报酬和待遇，完善生活医疗等保障措施，充分调动他们的积极性。二是加大大学生村官队伍建设。采取阳光选拔与科学培训相结合，责任帮带与岗位历练相结合，人本管理与典型激励相结合，助推大学生村官早入门、快成才、能扎根，充分发挥他们在农村基层组织建设和新农村建设中的生力军作用。此外，还应注重落实大学生村官各方面的福利待遇，协调解决他们工作生活中的实际困难和问题。三是提高村干部综合素质。积极吸纳社会专业人才从事农村社区工作，鼓励农村社区工作者参加全国统一的社会工作师资格考试，取得资格证书，不断提升职业化和专业化程度。加大农村社区工作者的培训力度，建立村党组织书记和村委会主任初任培训、集中轮训和专题培训制度，不断提高他们服务群众的能力和水平。四是关心村干部成长进步。积极从优秀村干部中培养发展党员，推选符合条件的优秀村党组织、村委会成员担任各级党代会代表、人大代表、政协委员和劳动模范，加大从优秀村党组织成员、村委会成员、社区专职工作者和大学生村官中考录公务员和选任乡镇机关、事业单位领导干部的力度，充分调动他们做好社区工作的积极性。

（五）协调推进农村社会组织建设

一是优化农村专业经济协会发展。加强与省农委等部门的合作，依托区域内的主导产业和名、优、特产品，重点扶持发展一批会员过千、产值过亿元、农民增收过千元的农村专业经济协会，加强农村专业经济协会的品牌培育力度。指导各地开展农村专业经济协会培育发展和规范管理工作，将农村专业经济协会与行业协会改革相对接，促进农村专业经济协会的转型升级、优化发展。二是加强农村社会组织管理和监督。加强农村社会组织自律机制建设，健全以社会组织章程为核心的自律和内部管理制度，形成自我发展、自我管理、自我教育、自我约束的运行机制。坚持和完善双重管理的体制。切实加强社会组织能力建设，着力抓好培训工作，大力培训社会组织负责人、财务管理人员，提高他们的政治素质、法律意识和业务水平。三是推进基层社会组织发展。总结提炼地方创新经验，适时制定完善基层社会组织的政策制度，不断扩大典型示范、典型带动力度。根据省委、省政府关于社会管理创新的决策部署，做好完善管理和体制机制、加强党建引领，推进等级评估、打造社会工作人才队伍、提升信息化建设等工作，不断健全社会组织体系，提升社会组织功能作用，推动基层社会组织的健康可持续发展。

（六）积极探索村级集体经济发展新机制

一是发展多种形式村级集体经济。坚持因地制宜，充分发挥比较优势，发展资源开发型、资产运营型、为农服务型、异地发展型、休闲观光型集体经济，努力探索多元化、多样化、多业化的发展路子。二是推进村级集体经济经营管理体制改革。建立健全多种形式的村集体经济组织，进一步培育和完善村级集体经济组织；深化农村社区股份合作制改革，进一步完善内部治理机制、集体资产保值增值机制和利益分配机制；深化农村集体资产产权制度改革，开展农村集体资产产权市场化交易试点，探索农村集体资产抵押贷款等。三是强化政策扶持，加强管理。认真落实中央和省里出台的政策措施，结合实际制定财税、用地、金融、帮扶等具体政策，为村级集体经济发展创造良好环境。强化集体资金资产资源监管和运营，建立健全集体三资监管制度、财务监管制度、村级债务监管制度等，提高村级集体经济运营水平。

（七）着力构建农村社会建设和管理保障机制

一是建立以财政为主导的多元投入机制。进一步完善农村社会建设和管理经费保障机制，将农村社区的工作经费、培训经费、人员报酬、服务设施和信息化建设等项经费纳入各级财政预算，省级财政重点对农村和经济薄弱地区进行扶持。积极争取驻区单位和社会各界对农村社区建设、管理工作的支持，引入民间资本，利用社会力量，实行市场化运作，大力发展农村社会化服务。二是加强农村社区服务设施建设。各地要将农村社区工作用房和服务设施纳入城乡建设规划、土地利用规划和社区发展专项规划，按照每百户不低于20平方米、每个村不低于400平方米的标准，通过新建和改造等方式，大力推进社区基础设施建设，为农村社会建设和管理提供基础保障。三是积极推进农村公共管理服务信息平台建设。将农村社区公共管理服务信息平台建设纳入当地新农村建设和信息化建设的总体规划，充分利用现有信息网络资源，力争用3—5年的时间，建立覆盖全省农村的综合信息管理服务平台。整合县（市、区）、乡镇、村面向村民群众、驻区单位服务的内容和流程，建设集行政管理、社会事务、便民服务为一体的信息服务网络。积极推进农村社区内部管理电子化，减轻工作负担，提高办事效率。四是落实农村社区人员待遇和工作经费。建立村党组织、村委会成员基本报酬自然增长机制，逐步提高其待遇。同时要按照国家有关规定建立基本养老、合作医疗等保障性措施。

（八）不断完善农村社会建设和管理工作的组织领导机制

一是健全组织领导体系。各级要成立社会建设和管理委员会，下设办公室，办公室设在民政部门，进一步加强对社会建设和管理的组织领导、工作协调和监督检查。县（市、区）委书记要履行第一责任人的职责，乡镇党委书记要履行好直接责任人的职责，市、县（市、区）和乡镇领导干部要建立联系点，确保农村社会建设和管理的组织领导到位、责任落实到位、工作推进到位，不断提高农村社会建设和管理水平。二是加强部门协调配合。各有关部门要在党委、政府统一领导下，加强协调配合，形成工作合力。党委组织部门在加强村级组织建设中要发挥抓总引领作用。民政部门要充分发挥牵头指导作用，搞好协调服务。依托农村社区开展公共管理服务的教育、科技、公安、司法、社会治安综合治理、人力资源和社会保障、城乡建设、文化、卫生、人口和计划生育、环保、体育等部门要强化责任意识，积极推动农村社会建设管理工作。各级发展改革、财政、金融、税务、工商等部门要按照各自职能和权限，采取有效政策措施，积极支持农村社会建设管理工作。工会、共青团、妇联及残联、老龄协会、计划生育协会、慈善协会等群众组织要发挥各自优势，积极参与农村社会建设管理工作。三是强化工作推进措施。省级每两年，各市、县（市、区）每年至少召开一次农村社会建设和社会管理工作会议，分析新情况、新问题，研究部署有关工作。各地要结合本地实际，每年着力解决1—2个农村社会建设重点难点问题，力争取得突破性进展。各级社会建设和管理委员会要加大督察考核力度，促进社会建设管理目标任务落实。对在农村社会建设和管理工作中成绩显著的单位和表现突出的个人，要加大宣传、表彰和奖励的力度，进一步营造全社会关心、支持、参与社区建设管理工作的良好氛围。

（九）建立健全基层矛盾纠纷一体化调处机制

要敢于正视矛盾，积极排查矛盾，绝不回避矛盾、掩盖矛盾，要主动解决矛盾。一是整合调解资源，构建由专业性调解组织、专职调解队伍、专门性调解机构等构成的调解平台；强化调解功能，建立集调解组织、仲裁机构、审判机关调解职能为一体的劳动人事争议调处机制。二是利用社会资源，把热心于社会公益的群众发展为“警民协作会”会员，发挥他们作为信息员、调解员、巡防员和宣传员的特有作用，变社区民警单打独斗的警务模式为社会力量联勤联动的综治模式。三是加强社会矛盾纠纷预防体系建设，建立社区社会舆情工作机制，实现矛盾纠纷的源头控制。

（十）逐步建立城乡发展一体化体制机制

一是加快经济发展方式转变。实现经济发展动力从投资驱动向技术驱动、创新驱动转变，对忽视增长质量而产生的各种问题“补救”，对忽视农村发展而产生的各类“欠债”进行“补偿”。特别是以土地制度改革为突破口，让农村分享城市化、工业化发展红利，实现农村产业、劳动力就业和空间形态转型，减少城乡差异，创造农村内生发展环境。二是统筹推进城乡社区建设。坚持城乡一体、以城带乡的原则，加强城乡社区交流与合作，切实加大对农村社区的支持力度，增强城市对农村的辐射带动作用。充分调动各方力量，有效整合各类资源，增加对经济欠发达地区尤其是苏北地区的农村社区建设的基础性投入，加强农村社区综合服务平台建设，进一步推动公共服务向农村延伸、各类资源向农村倾斜、公共管理向农村辐射、现代文明向农村传播，统筹推进城乡社区协调发展，不断推进城乡社会建设和管理的一体化进程。

江苏省关于农村基层政权建设与扶贫开发的调研报告

（2012年11月10日）

为深入贯彻省委、省政府关于加强和创新基层社会管理工作部署和全省民政会议精神，10月15日至17日，就如何将农村扶贫开发工作有效纳入基层政权整体建设体系之中；积极发挥农村基层政权建设在扶贫开发工作中的基层、基础作用等问题，调研组先后赴常州市武进区、如皋市、盱眙县开展调研，其间实地考察了4个乡镇、7个农村社区，通过召开座谈会、深入社区走访、进行个别访谈等多种形式，广泛听取各级干部和农村居民群众对农村基层政权建设和扶贫开发的意见和建议，基本摸清了当前农村基层政权建设和扶贫开发实践的现状及存在的主要问题，并结合我省实际，提出了相应的对策措施。现将有关情况报告如下。

一、基本现状

近年来，全省各地坚持把基层政权建设放在突出位置，按照省委、省政府关于加强农村基层社会管理创新和“四有一责”的任务部署，积极探索，努力实践，通过加强农村基层政权的建设，进一步推动扶贫开发工作向纵深发展，突出表现在以下五个方面。

（一）注重强村富民，积极探索村级集体经济发展的有效路径

各地结合本地区实际，对于集体经济薄弱、发展困难的村，通过加大政策支持，推进挂钩帮扶，发展农民新型合作经济组织等举措，不断探索强村富民的新路子。2009年以来，盱眙县共投入帮扶资金2.03亿元，实施脱贫攻坚项目648个，其中，产业化项目445个，占69%，截至2012年三季度实现村级集体经济收入410万元，村均10.2万元。对于集体经济发展较快、水平较高的村，积极引导它们树立更高目标，通过部门帮扶、村企共建、自主建设、合作开发、物业扶持等多种形式，积极探索建立多村联合、组团发展，强村富民体制机制，大力发展村级经济。常州市武进区每三年为一轮，连续实施六轮帮扶工作，村级集体自我发展持续发展能力不断增强；如皋市大力实施农村“新网工程”连锁店建设，形成以重点连锁企业为龙头、以配送中心为骨干、以为农服务社为终端，覆盖全市镇村的新农村现代商品流通体系，不断开拓农副产品购

销渠道，促进农民增收。

（二）拓宽扶贫内涵，把推进扶贫开发作为改善民生的重要内容

各地通过扶贫工作的扎实推进，不断提升广大党员干部、机关部门和基层组织做好群众工作的能力。一是结对帮扶。常州市武进区、如皋市四套班子成员带头，每人结对帮扶 3 户贫困户，市级机关部门和镇（区、园）正副科职岗位领导每人至少结对 2 户贫困户，普通党员干部每人至少结对 1 户贫困户切实解决困难群众难题。二是助农增收。常州市武进区、如皋市拓展以“单位支部联村，助推小康建设；党员干部联户，助推增收致富”为主要内容的“双联双助”工程、“千企连百村、工建新农村”工程，努力促进农业发展、农村繁荣和农民增收，让困难群众感受党和政府的温暖，共享发展成果。三是保障民生。各地普遍加大了新型农村合作医疗、新型农村养老保险、农村最低生活保障、被征地农民社会保障等的力度，全面落实低保、五保标准自然增长机制，加大农村低收入人口医疗补助力度，提升城乡医疗救助能力。武进区还发挥慈善事业的优势，助推民生保障工作，自 2006 年以来，开展慈善救助活动 60 多次，直接救助 6 万余人次，发放慈善救助金和公益事业补助金 2. 1 亿元。

（三）加快推进硬件建设，不断提升公共服务阵地的整体水平

一方面加快农村综合服务中心建设。各地认真贯彻落实省委、省政府 15 号文件精神，注重在“建好”、“用好”和“管好”上下功夫，积极发挥村级综合服务中心功能。推进面积较小、难以满足实际需要的村综合服务中心改扩建和完成因区划调整等需新建村综合服务中心任务。盱眙县投入 520 万元帮助 40 个省定经济薄弱村按照“五室两市一场”要求，完成农村社区综合服务中心建设，建筑面积均在 400 平方米以上，最高达 1000 余平方米。武进区新康村投资 200 余万元，新建村综合服务中心大楼，400 平方米便民服务大厅涵盖村民办理新农保、退休、医保、老年意外保险、外来工服务、信息咨询等 10 余个服务项目，让社区居民享受更多更好服务。另一方面加快农村基础设施建设。近年来，各地进一步加大对经济薄弱地区农田、水利、道路等基础设施建设的投入力度。武进区多渠道筹集建设资金，支持 35 个经济薄弱村共完成道路硬化面积 140 多万平方米，新增绿化面积 2000 多亩，有 31 个村达到市、区“五化三有”建设标准。2011 年以来，如皋市共建单位出资近 1500 万元，帮助联助村修建了 100 多条村级道路，改造 30 多座农桥。各村“两委”会积极动员社会力量参与基础设施建设，全市 1000 多名在外能人参与家乡修路、造桥等公益事业，2012 年已完成农田水利投资 25 亿元，农业综合资源开发投入资金 5700 余万元，治理土地 2. 3 万亩。

（四）围绕“双强”目标，培养为民务实清廉的村“班子”

各地加强以党组织为核心的村级组织建设。把发展现代化农业、培养新型农民、带领群众致富、维护社会稳定贯穿于农村基层党组织活动始终，进一步活跃基层、打牢基础，使基层党组织真正成为推动发展、服务群众、凝聚人心、促进和谐的坚强战斗堡垒。同时，打造过硬农村基层干部队伍。通过换届选举，切实把一批组织信任、农村需要、群众拥护、带头致富的优秀人才选进了村“两委”班子，夯实基层政权建设。常州市武进区新康村党总支提出，富民强村党员干部要走在前，全村有18名党员在本村范围内举办企业，企业销售额占全村33%，在城乡共建活动中，带头捐款80万元，有10名农村党员利用当地资源和一技之长发展第一、第二产业带头致富。该村坚持村务、财务、党务公开制度，凡属村里的重大问题、群众关心的热点问题都及时向群众公开，各村民小组财务情况和财务分配的详细内容，连续十年发放到每户村民手中，切实维护了群众的知情权、参与权和监督权。盱眙县十里墩村过去是典型的贫困村，2011年以来，“两委”成员一边努力搞好村党组织和村委会工作，一边带头致富创业，每位成员都有创业项目，带动了一批种养专业户。目前，全村企业达12家，苗木种植400多亩、三黄鸡养殖80多户，农民人均纯收入有较大增加，群众生活水平得到不断提高。

（五）突出强基固本，创新以村党组织为领导核心的村民自治机制

各地因地制宜地推广“四议两公开”工作法，保证村党组织充分发挥领导核心作用、村委会依法行使职权、党员和村民的民主权利得到了充分尊重。健全完善村民自治制度。各级按照新修订的《中华人民共和国村民委员会组织法》的相关规定，指导各地健全和完善村民自治章程以及村规民约，把“四个民主”要求具体化、制度化，引导村民群众以理性合法的方式表达利益诉求、维护自身合法权益。注重制度创新。着力推进村务公开和民主管理工作制度化、规范化和程序化。及时修订完善切合本地实际的村务公开目录，借助多种形式开展村务公开，方便群众参与，保障村民的知情权。进一步完善村民会议和村民代表会议的议事规则，完善村级财务和集体资金、资产、资源管理制度，规范农村集体财务收支审批程序。盱眙县在全县开展了“阳光村务进万家”活动，并探索实行了“四议三评两公开”工作机制，农民群众从中得到了真正的实惠，并把它编成顺口溜广为传诵：“支部提议好，体现党领导；两委商议到，决策科学了；党群审议中，完善又补充；代表决议行，当家做主人；事事公布到，群众不会闹；四议三评两公开，阳光村务是个宝。”

二、存在的主要问题

近几年来，全省各级党委政府高度重视农村基层政权建设，各地从实际出发，积极创新村级治理新形式新方法，取得了一些成效。但是，从全省来看，各地城市化进程明显加快，农村外出务工、人口流动加大，居民生产生活方式和社区内部结构变化加剧；村镇合并，村级行政管理半径扩大，落实村民民主自治制度的难度加大；农村大量的社会建设工作需要落实，村级经济社会发展面临诸多困难和问题。突出地表现在以下几个方面。

（一）村集体经济总量偏小实力差距突出，帮扶功能不完善

近年来，各地在富民强村方面出台了很多行之有效的政策措施，但发展还很不平衡，一些地区与先进地区相比还有很大差距。譬如，常州市武进区经济薄弱村集体年收入不足50万元的村48个，还有19个村收入在30万元以下。目前，盱眙县40个经济薄弱村集体经济收入仅达10.2万元。同时，部门和单位之间帮扶存在一定的不平衡性。少数镇村、单位在如何帮村打造亮点、帮户增加收入上载体不新、点子不多，仅满足于开展“输血”式帮扶，在帮助贫困农户增强自身“造血”功能上做得还不够。

（二）农村劳动力外出务工趋势加剧，村级发展受到较大影响

一是村干部后备力量不足。在外出务工的劳动力中，绝大多数是农村年轻力壮的人员，村里留下的大多数是老人、妇女、儿童和文化程度较低的人员，他们思想保守，始终保持着只要能自给就满足的消极意识，抑制了农村发展。二是影响农村“四个民主”运行。由于农村劳动力外出务工人数较多，往往造成一些村级民主自治难以运行，如村民会议、村民代表会议等，很难达到法律规定人数要求，使村里处于两难境地。三是村委会人员的稳定性不够。少数乡镇频繁调动由直接选举方式产生的村委会成员，造成工作的延续性受到干扰，同时，也挫伤了村民群众自治参与的热情和积极性。

（三）村级集体经济活力不足，制约村级自治的发展

调研中各地普遍反映，村级集体经济缺乏，村里各项工作难以开展。20世纪80年代，乡镇企业大发展，大多数行政村多少会有一些产业。后来经过改制，这些企业已经卖给私人，集体资产除了土地，就没有其他可以经营的产业了。现在，土地控制严格，在村里办企业已经不可能，只能依靠土地出租、水面承包等资产性租赁获得收入。如果这方面资源短缺，村子的集体经济就没有来源。在苏锡常经济发达地区，整体状况好一些。一些村子依靠出租厂房仓库就可以有丰厚的收入，也有的把土地流转出来公司化运作，生产蔬菜或经济作物。有良好的集体经济支撑，村级建设相对有了保证。在其他地方维持村里组织运转，经费普遍不足，更不要说每年还要发展一些事业。为了解决这种状况，各地都挑选一些有资源有能力的能人回村主事，或是选派干部进村做书记。但是，他们更多的是跑部门化缘，争取资金办事情，真正依靠兴办集体经济建设村子的不多。很多靠近集镇和城区的村子无钱办事，就等着拆迁，依靠政府规划根本改变村里的面貌。

由于集体经济欠缺，村里工作难以开展，这样的村子更没有人愿意当“村官”。村民自治，是需要有实际内容的，有具体的直接的经济利益，村民才有参与的热情，才会有很高的关注度，民主自治才可能发生。目前，一些经济薄弱地区的村集体经济普遍短缺，村级建设难以开展，一些村委会工作无事可议，村民生活基本处于放任状态，很难感受到居住区域的村民是一个共同体，他们对村社公益和各项事务缺乏认同，对村民自治的参与积极性不高。

三、对策建议

农村基层政权建设是党在农村执政的基础，也是做好扶贫开发的基层、基础。基层政权建设的状况关系国家稳定、社会安定、人民生活安宁，我们应当站在维护国家长治久安，巩固党的执政地位，建设和谐社会的战略高度，立足现实、着眼长远，针对经济欠发达地区特点，找准薄弱点、选好突破点、定准着力点，坚持从基础抓起，大力夯实基层、基础，着力破解影响和制约基层政权建设的突出问题，推进经济欠发达地区经济发展，维护社会和谐稳定。

（一）加强农村基层党组织建设，进一步完善村党组织领导的充满活力的村民自治

农村基层党组织是党在农村的执政基础，“基础不牢，地动山摇”。早在党的十五届三中全会上就强调指出：“党的农村基层组织是党在农村全部工作和战斗力的基础，是农村各种组织和各项工作的领导核心。”党的十七届四中全会进一步明确要求，农村基层党组织要“适应新形势新任务要求，创新活动内容方式，找准开展活动、发挥作用的着力点，在扩大党员参与面、提高实效性上下功夫，增强创造力、凝聚力、战斗力”。新形势下加强农村基层党组织建设，首先要根据农村社会形态和生产形式的变化，创新基层党组织的设置方式，确保党的基层组织有效覆盖。随着新农村建设进程的加快，越来越多的农民向集中居住点和小城镇集聚，造成农民实际居住地与户籍、工作地的分离，一些原村民居住相对集中的社区党组织，可以与原行政村党组织进行合并联建；目前农村出现了大量专业性的经济合作组织，可以合作社组织为联系纽带，把分散的农村党员组织起来建立农村产业党组织；针对目前农村外出务工党员较多的状况，可以在流动党员相对集中的经济组织或行政组织中，建立以流入地党组织管理为主、流出地党组织密切配合的流动党员管理制度。其次要建立健全“两委”联席会议制度，构建科学高效的村民自治领导体制。正确处理村级党组织与村委会之间的关系是加强村级党组织建设和完善村民自治的重要前提，建立健全“两委”联席会议制度有利于理顺村级领导体制。联席会可由村书记召集并主持，议题与村委会主任协商确定，将经“两委”集体研究的议题先提交党员大会讨论通过，再由村

民大会或村民代表会议表决，最后由村书记负责检查监督落实情况。这一权力行使过程比较好地体现了党的领导与村民自治的有机结合。对于一些由较多自然村合并而成的行政村，由于各自然村利益差异较大，要充分发挥村级党组织的利益协调功能，确保村民自治的有序开展。最后要加强村民代表会议和村级监督委员会建设，形成村党组织领导下的民主管理、民主监督的有效运行机制。在目前农村外出务工较为普遍的情况下，召开村民会议的人员召集比较困难，因此要推选好村民代表，并将行政村村民代表总数控制在50人以下，通过村民代表会议制度保障村民有效实行民主管理；将村务公开监督小组、村民主理财小组等监督职能进行整合，建立集党务、村务、财务监督为一体的村务监督委员会，由不担任村委会主任的村书记兼任主任，构建村级事务决策、执行、监督既相互制约又相互协调的运行机制。

（二）坚持以落实农民“四项权利”为根本，着力加强农村基层民主思想建设和制度建设

知情权、决策权、参与权、监督权是法律赋予村民的四项民主权利，也是农村基层政权建设的重要内容。以落实农民“四项权利”为重点的农村基层民主建设，需要从思想和制度两个层面整体推进。对村民进行民主意识的培育和民主方法的教育，是引导广大村民正确行使民主权利的必要前提。为此，要以2010年10月颁布实施新修订的《中华人民共和国村民委员会组织法》为契机，把《中华人民共和国村民委员会组织法》的学习宣传工作纳入普法规划和农村基层干部培训计划，组织农村基层干部认真学习领会《中华人民共和国村民委员会组织法》的精神实质和规范要求，使其成为农民学法用法的带头人和农村基层民主建设的组织者、实施者、推动者。要在农村基层进行广泛深入的宣传教育活动，在思想上引导农村群众确立民主意识，在行动上提高农村群众民主权利的行使能力，在农村基层进一步形成有利于开展村民自治的良好氛围，使推进村民自治成为基层广大干部和群众的自觉行动。

科学而行之有效的制度是落实农民“四项权利”的根本保证。要在落实好农村基层民主各项具体制度的同时，认真总结各地农村基层民主制度建设的创新成果，进一步加大农村基层民主制度建设的力度，加快推进村民自治实践走向规范化、制度化。一是推行村级党务政务财务“三位一体”公开制度、村级“五议三公开”民主决策制度等，落实村民知情权和决策权；二是推行村务重大事项民主听证制度、村级财务支出审批和会签制度、民主理财制度等，落实村民参与权；三是推行村干部民主评议制度、村干部经济责任审计制度、村干部辞职承诺制度等，落实村民监督权。

（三）按照统筹城乡发展的要求，大力推进农村社区建设

农村社区建设作为社会主义新农村建设的重要方面，是现阶段发展现代农业、加强农村基础设施建设、培育新型农民的必然要求。全省现有村委会（农村社区）15656个，其中村居合一的农村社区2194个。全省区域发展差异比较大，对新型农村社区建设需要进行分类指导。一类是经过“村改居”居民职业也随之非农化，如地处苏南城市化、工业化发展比较快地区的农村社区；另一类是经过“村改居”居民仍然从事农业生产，如地处苏北经济欠发达地区的农村社区。对前一类农村社区要按照“规划布局一体、基础设施对接、公共服务同步、民生保障共享”的建设思路，加快城乡社区建设一体化步伐；对后一类农村社区在建设社区服务体系的同时，可以暂时保留农村社会的特点，挂村委会和居委会两块牌子，社区管理双轨运行。

根据农村社区的特点，农村社区建设要注重以下三个方面：一是注重农村社区布局规模的优化。按照便于管理、便于服务、便于村民自治的原则，按照1000户4000人的规模设置农村社区，打造农村社区3公里管理服务圈，消除农村社会管理和服务的空白点、薄弱点。二是注重完善农村社区服务体系。依托农村社区综合服务中心服务设施，健全以民生保障为主要内容的农村社区公共服务体系，以村民互助为主要形式的农村社区志愿服务体系；积极开展农村社区救助服务、就业服务、卫生服务、计生服务、养老服务以及社区文化、体育和教育等“一站式”服务，建立以满足村（居）民多种需求为目标的农村社区服务体系和服务机制。三是注重创新农村社会管理。深入开展群众性法制教育活动和平安社区创建活动，组织群众开展治安群防群治，建立人防、物防、技防相结合的治安防范体系和综合治理机制，积极打造平安农村社区。以丰富多彩的群众性文化活动为载体，大力发展农村社区文化，积极推进农村社区精神文明建设和生态文明建设，努力把农村社区建成为广大农村居民的宜居之所、乐居之地。

（四）强化以提高村集体经济整体水平为重点，夯实新一轮攻坚扶贫的物质基础

从常州武进区、如皋市和盱眙县调研情况看，凡是村级集体经济实力比较强的村，村干部和农民群众的民主意识也比较强，村民自治搞得比较规范，村级基层政权运行就比较正常；反之，集体经济发展比较薄弱的村，村民自治工作的推进就比较困难。目前村级基层政权建设出现的诸多问题和矛盾，很大程度上是因钱少难办事而缺乏凝聚力。解决这一问题，一方面要强化政策引导，加大对经济薄弱村财政扶持和社会支持的力度；另一方面主要靠强化内生“造血”机能，加快发展和壮大村级集体经济。

一是发展多种形式村级集体经济。按照省委提出的村级“四有一责”行动计划建设和新农村建设要求，依托区域内的主导产业和名、优、特产品，加强农村专业经济协会的品牌培育力度，重点扶持发展一批会员多、影响大、效益好的农村专业经济协会，带动周边地区农村专业合作社的发展。千方百计搞活集体资源资产，开展多种形式的经营服务，拓宽集体增收渠道。健全强村带民富机制，完善利益分配关系，让农民群众从发展壮大集体经济中得到更多实惠。

二是推进村级集体经济经营管理体制改革。深化农村社区股份合作制改革，进一步完善内部治理机制、集体资产保值增值机制和利益分配机制，确保农民的土地利益、集体“三资”不因土地流转、换届选举、领导变更而受到不应有的损失；深化农村集体资产产权制度改革，开展农村集体资产产权市场化交易试点，探索农村集体资产抵押贷款，确保发展村级集体经济所需要的金融支持；加强对村级集体资金资产资源的监管，建立健全集体三资监管制度、财务监管制度、村级债务监管制度等，提高村级集体经济运营水平。

三是加强政策引导和扶持。各地要照中央和省委、省政府关于新一轮扶贫工作的政策要求，结合实际制定财税、用地、金融、帮扶等有关促进村级集体经济发展的具体政策，为村级集体经济发展创造良好环境；发挥“双强”型村干部、企业家回乡创业及致富能手、种植大户的示范带头作用，通过盘活集体资源和资产，通过招商引资、引导农民群众发展私营个体经济、民营经济等多种形式，在促进农民增收的基础上增加集体收入。

四是整合社会资源。要把与低收入农户、经济薄弱村结对帮扶作为重要内容。各级机关部门和党员干部要积极做好结对帮扶工作。鼓励各类非公有制企业、社会组织参与扶贫开发工作，鼓励工会、共青团、妇联、科协、侨联等群众组织参与扶贫。积极倡导扶贫志愿者行动。

（调研组成员：赵文化、仲锦、杨明、梁荟）

湖北省农村社区建设试点情况的调查与思考

（2012年5月）

党的十六届六中全会通过的《中共中央关于构建社会主义和谐社会若干重大问题的决定》作出“积极推进农村社区建设”的战略部署。党的十七大报告进一步强调：“把城乡社区建设成为管理有序、服务完善、文明祥和的社会生活共同体。”开展农村社区建设，是党中央着眼于加大城乡统筹、推动科学发展、促进社会和谐而作出的重大决策，具有现实而深远的历史意义。所谓农村社区建设是指：在党和政府的领导下，依托村级组织，发挥农村居民主体作用，整合社区内外资源力量，健全社区管理和服务体系，提高农村居民生产生活水平，把农村社区建设成为管理有序、服务完善、文明祥和的社会生活共同体的过程。

早在2000年，咸宁市咸安区等一些地方就开始探索乡镇机构及事业单位的改革，大力推进乡镇政权的民主化及事业单位的市场化、社会化和民营化。通过站所转制和人员分流，在实践中探索出“以钱养事”的新型农村公共服务机制。在新农村建设中，秭归县杨林桥镇为解决税改后农村公益事业“无人管事、无钱办事、无章理事”的难题和困境，改革传统的村以下的村民小组建制，“撤组建社”，积极推进农村社区建设，探索建立“村委会—社区理事会—互助组—农户”的新型农村基层社会组织与管理体制。尤其是2006年民政部决定在全国范围内组织开展农村社区建设试点以来，湖北各级高度重视，认真组织和实施，全省共有13个实验县（市、区）成功申报“全国农村社区建设实验县（市、区）”，2011年，宜都市、秭归县被民政部命名为“全国农村社区建设实验全覆盖示范单位”。我省确立了5个省级实验区和3个省级农村社区建设研究联系点。据统计，全省有643个乡镇、3919个村开展了农村社区建设的试点、实验工作，试点乡镇占乡镇总数的68.7%，试点村占村总数的15.34%。试点范围涵盖了全省山区、丘陵、平原和湖区等不同地域类型，涉及集镇、建制村、中心村、城中村、自然村（湾）等不同社区，探索出“一村一社区”、“一村多社区”、“多村一社区”以及“一村一社区、社区设小区”四种模式。为掌握了解全省农村社区建设试点工作情况，总结经验，找准困难和问题，省民政厅组织调研组，实地考察了武汉、宜昌、鄂州、仙桃、洪湖、天门等地农村社区建设情况，并收集了试点县（市、区）农村社区建设的有关材料和统计表。在对材料和统计表经过系统的分析和思考，研究了农村社区建设有关理论文献及全国各地建设经验的基础上，形成了本报告。本报告对湖北省农村社区建设试点的做法、经验及进展情况进行描述和总结，分析了存在的困难和问题，并对进一步推进农村社区建设提出了相关政策建议和对策参考。

一、农村社区建设的设置模式

从湖北的实践来看，各地在试点村的选择及社区设置上，坚持因地制宜、量力而行的原则，注重从群众生产生活的实际需要出发，兼顾集镇、城乡结合部、建制村、自然村（湾、组）、国有农场、工业园区以及城中村等不同层次和地域。由于各地开展农村社区建设试点的起点和基础不同，在实践中农村社区的实验模式也必然多种多样。从试点的情况来看，主要有四种模式。

（一）“一村一社区”

“一村一社区”是以建制村为单元，一个村设立一个社区。全省农村社区建设实验村中实行“一村一社区”模式的有3437个，占总数的87.7%。“一村一社区”的设置模式可以凭借既有的政治和组织资源，为农村社区建设提供体制保障和群众认同，提高资金和资源利用效益，提高公共管理和服务的效能。

（二）“一村多社区”

“一村多社区”即在一个村设立两个或两个以上的社区。在实际操作中，一般以自然村或村民小组为单位成立社区。我省山区丘陵地带的远安、秭归、赤壁等地多采用“一村多社区”的模式。以自然村或村民小组设立社区，使村级自治单元和内容更加直接和具体，有利于组织群众开展活动，也更能满足农民群众生产和生活的实际需要，方便群众的参与。但“一村多社区”常常表现为建设规模小，仅仅触及眼前的事务而没有力量作全盘、长远的规划，在社区建设上需要政府统筹规划、加大资金投入。

（三）“多村一社区”

“多村一社区”即在相邻的两个或两个以上的村中选择中心村或较大的村为单位设立社区。在实践中，这种模式较多存在村组合并后又推行农村社区建设的地方，一般选择一个中心村设立社区综合服务中心。从实验情况来看，采用此种模式的较少。“多村一社区”在实现政府公共服务向农村延伸，节约公共资源以及提高公共资源使用效率等方面具有比较优势。然而，在实践中往往由于服务范围过大，服务对象过多而造成公共服务的“拥挤”现象。另外，在中心村的选择上，有时往往引起各“边陲村”的争议和不满。

（四）“一村一社区、社区设小区”

宜都市、钟祥市、京山县等地在社区设置上实行“一村一社区、社区设小区”的模式。社区在村党组织和村委会的领导下，以村级组织阵地为基础，建立集服务、管理和活动于一体的社区综合服务中心。同时，按照“地域相近、人缘相亲、利益紧密、联系方便、村民自愿”的原则，在社区下设小区，组建志愿者协会、理事会等组织，村民在小区内实行自治，开展自我服务和互帮互助活动。“社区设小区”的模式较好地解决了公共资源的配置效率与群众意愿之间的问题，有利于寻找公共服务提供效率和公平两者间的均衡点。

二、农村社区建设试点的做法、经验及成效

湖北省委、省政府及各级党委、政府高度重视城乡社区建设工作，坚持统筹城乡发展的思路，近年来出台了系列强农惠农、新农村建设及城乡社区建设的政策措施，有力推动了农村社区建设工作。

（一）农村社区建设的主要做法和经验

领导重视，建立工作协调机制。省委、省政府成立了新农村建设工作协调领导小组和城乡社区建设工作领导小组及办公室，负责对全省新农村建设和城乡社区建设的综合协调、工作指导。仙洪新农村建设试验区由省委书记担任领导小组组长，还建立了省直单位对口联系工作制度。2007 年 2 月，湖北省委、省政府出台的《关于加强社区建设推进社区服务的若干意见》（鄂发〔2007〕4 号）对我省农村社区建设工作作出了部署。省民政厅通过下发文件、举办研讨会、培训班，加强对农村社区试验工作的指导。全省各试点县（市、区）、乡镇（街道）都成立了由党委、政府领导任组长的城乡社区建设协调机构，制订了方案，召开了专门会议进行部署，一些地方还建立了领导包联责任制。

因地制宜，突出规划引领。各地在农村社区建设实验中，坚持规划先行，将农村社区建设发展规划的制订与本地经济社会发展规划和新农村建设规划有机衔接。按照党政领导高度重视、经济条件较好、村民自治工作基础扎实、群众积极性高等原则确定开展试点的县、乡、村，科学拟订试点方案，明确试点目标任务、内容、步骤及保障措施。《武汉市新农村建设空间规划（2009—2020 年）》提出“农民居住向中心村镇集中、生产生活服务和社会事务向新型社区集中”。鄂州市坚持“全域鄂州、城乡统筹、功能融合”的发展思路，引导农民向新规划的 106 个农村社区和 47 个城镇社区集中。仙洪新农村建设试验区坚持区域统筹，形成了区域、县（市）、乡镇、村四个层面的规划体系。宜都市编制出台的《宜都市农村社区建设规划》，提出了实现农村社区建设实验全覆盖的目标。

多元投入，强化资金保障。各地采取整合资源、多渠道筹措的办法解决资金难题，逐步形成了政府财政投入、部门共建帮扶、企业参与投资、村集体经

济支持、社会捐助、“一事一议”自筹和广大农民群众投工投劳等多元投入机制。武汉市、仙洪试验区、鄂州市、大冶市、钟祥市、秭归县、宜都市等地投入力度较大。总体上看，农村社区建设资金以政府投入和整合部门支农惠农资金为主。武汉市江夏区每年从财政收入中拿出5%的资金集中用于农村社区建设，平均每个村投入超过100万元。武汉市新洲区紧紧依托家园建设平台，先后共投入资金6.5亿元，建立了550个“一站式”农村社区服务站。钟祥市财政建立农村社区建设发展基金，每年列支200万元，用于基础设施建设和环境改造。

积极探索，创新社区管理服务体制和运行机制。各地在实践中，立足实际，因地制宜，积极探索，形成了各具特色的农村社区设置模式。在组织形式上大部分试点村沿用村“两委”的体制，在村“两委”的领导和组织下开展社区建设工作。村组合并的一些地方采取“撤村建社区”，打破原有建制村组建农村社区，成立社区居委会或理事会，武汉、鄂州等地一些村、湾集并后组建了新社区。从具体组织和运作来看，充分发挥理事会、志愿者协会、经济合作组织、行业协会等社会组织的作用，建立充满活力的村民自治机制。普遍实行“会站（组）制”，即成立社区理事会、志愿者协会、各种专业协会，下设若干工作服务站、分会、互助组。秭归县推行杨林桥镇的“理事会+互助组”的自治组织机构；远安县由村民“海选”产生社区理事会，由3—7人组成，下设经济发展服务站、民间纠纷调处站、公益事业服务站等6个工作站；武汉市汉南区则以“五老”为主体成立社区志愿者协会，下设5个服务站；京山县、钟祥市推行“湾长”理事，以自然村湾为单位，民主推举“湾长”，由其负责湾中村民自治和公益事业。

（二）农村社区建设取得的初步成效

在农村社区建设实践中，各地不断探索新形势下进一步深化村民自治新机制，建立健全管理和服务体系，农村社会面貌发生了较大的变化，农民生产生活服务设施及公共服务进一步改善，乡村治理结构得到进一步优化和重组，基层社区组织与管理体制进一步健全和完善。

农村社区基础设施大为改善。各地都把基础设施建设放在重要位置，加大投入，从路、水、电、网等方面着手，打造设施完善、村容整洁的宜居社区。武汉市通过实施“家园行动计划”，推进“四通四改一化一室一场”项目建设，先后累计投入资金约20.6亿元，新建通村、通湾和湾内通行道路6188公里，改造主干渠2073公里，70%的自然湾通了有线电视，有线电视入户率达50%，改扩塘堰5022口，铺设给水管网911公里、排水管网1916公里，改造户用卫生厕所51461座，新建公厕3501座，新建集中牛圈12199格，植树589万株。鄂州市强力推动城市基础设施向农村延伸，建设城乡一体的交通网、供水网、供电网、供气网、信息网及市场网“六网工程”，实现城乡空间布局融合、功能互补和基础设施共享。

农村社区服务设施逐步加强。各地都加大了服务设施的建设力度，新建或改扩建了原有设施，兴办集管理、服务、教育活动等功能于一体的社区综合服务中心（站），设立“一站式”服务大厅、卫生服务站、计生服务站、警务室、民事调解室、农家书屋、居民培训学校等。许多地方还积极引导各种市场主体到农村投资，在社区综合服务中心（站）或附近兴建便民超市、农资超市、幼儿园等商业性服务设施。在开展试点的农村社区中，有60%农村社区综合服务中心（站）达到300平方米以上。大冶市45个试点村农村社区综合服务中心（站）全部达到300平方米以上，其中5个社区综合服务中心建筑面积在3000平方米以上。

农村社区服务体系初步建立。各地着力构建与农村经济社会发展相适应，覆盖农村全体居民，集政府基本公共服务、志愿互组服务、市场化服务的“三位一体”农村社区服务体系。依托农村社区综合服务中心（站）等设施，重点把医疗卫生、人口计生、社会治安、社会保障、文教体育等基本公共服务送进农村社区。许多地方还推行政府职能部门人员定期服务社区和社区代办服务的方式，给村民提供直接、贴心的服务。同时，大力培育和发展专业技术协会、志愿者组织、老年协会以及文体性活动组织，开展农村社区志愿服务和互助服务；以便民超市、农资超市、专业合作组织、家政服务等为主要内容，开展便民利民服务。一些地方还设立了科技信息、农业技术推广、土地流转、市场营销服务等服务内容，为农村生产服务。

村民自治进一步拓展深化。各地从实际出发，科学划定农村社区管辖范围，将原有村民、外来人口、农村各类社会组织和驻区单位都纳入农村社区的管理和服务范畴，将农村社区建设的重大事务纳入社区议事协商范围，在实践中逐步探索形成了以社区党组织为核心，社区自治组织为骨干，社区社会组织和驻区单位协同，社区居民广泛参与的新型农村社区管理体制。传统的村组体制打破后，开放性和包容性愈益增强，从而为农村社区党组织领导的村民自治机制赋予新的时代内涵，有利于整合农村社区资源，激发农村社区建设和发展的内在动力和活力，维护了农村社区的和谐稳定。钟祥市为提高农民的组织化程度，狠抓了以“一会四联”的农村社区志愿服务活动。建立了由“农村五老”、致富能人、无职党员和热心村民组成的农村社区志愿者协会，协会下设分会，分会广泛开展事务联管、文明联创、服务联动、平安联建活动，开展互帮互助服务，强化了村级事务民主管理，丰富了村民精神文化生活。

三、农村社区建设存在的问题

我省农村社区建设及实验的时间不长，目前还处于试验探索阶段，农村社区建设面临不少困难和问题，有待进一步研究解决。目前，我省农村社区建设最突出的问题表现在以下几个方面。

农村社区建设的认识模糊，重视程度不够。在调研中发现，一些干部群众对“农村社区”、“农村社区建设”的概念、建设内容、建设目标等的认识还比较模糊。有的认为农村社区建设就是建集中居住的居民小区；有的认为农村社区建设只要照搬城市社区建设的做法就行了，忽视农村的特点和条件；有的关注农村社区建设的平台建设，忽视农村社区的制度创新；有的认为农村社区不过是村委会改头换面的产物，忽略了农村社区的服务功能。认识上的模糊，导致一些地方对农村社区建设缺乏足够的重视和指导，研究和推动工作的主动性、积极性不高，农村社区建设进展缓慢。

农村社区建设的经费不足，财政投入有限。农村社区建设是一项系统工程，基础设施建设、组织运转、公共服务、社区管理、设施保养等都需要投入一定资金。不少地方农村社区公共设施、工作和服务用房严重不足，农村社区建设资金需求缺口大。虽然各地采取多元化的筹资和投入方式，但仍缺乏稳定的投入机制，政府财政投入有限，强农惠农资金没有很好地整合，使用效益不高。这些都严重影响和制约着农村社区建设。

农村社区服务队伍不健全，群众参与不足。不少地方反映农村社区工作队伍不稳定，结构不合理，文化素质不高。一些地方农村社区组织、管理和服务人员中，大都由原村“两委”人员兼职，有的地方村干部年龄普遍偏大，缺乏社区服务应有的专业知识和技能；加之村干部和社区工作人员待遇偏低，一些素质较高、能力较强的乡镇干部或选调大学生不愿到农村社区工作。虽然各地大力发展农村志愿者组织，但目前社区志愿者服务网络不健全，志愿服务人员不多。尤其是在不少地方，农民群众的参与度比较低，甚至有的认为社区建设是政府的事、是干部的事，存在“等、靠、要”的思想。

农村社区公共服务水平不高，各地差距明显。从调研的情况看，农村公共服务及公共产品供给总量不足，覆盖面依然有限，基本公共服务不到位、市场化服务进入不足，一些农民最关心、最直接、最现实的利益问题在社区层面还没有得到解决，各地农村公共服务水平有明显差距。

四、进一步推进湖北农村社区建设的政策建议

进一步推进农村社区建设，不仅要从根本上明确农村社区建设的目标和方

向，同时要正视并采取切实措施解决实验过程中存在的困难和问题。

进一步明确农村社区建设的目标与方向，积极推进农村社区建设。中共中央十六届六中全会提出“积极推进农村社区建设，健全新型社区管理和服务体制，把社区建设成为管理有序、服务完善、文明祥和的社会生活共同体”，已经明确了农村社区建设的途径和目标任务：这就是通过“健全新型社区管理和服务体制”，把社区建设成为“管理有序、服务完善、文明祥和的社会生活共同体”。“管理有序”的基本含义就是：政府行政管理和社区自我管理有效衔接、政府依法行政和村民依法自治良性互动。为了实现管理有序的目标，一方面要切实转变政府职能，建设服务型政府；另一方面，要完善村民自治，改变目前村民自治的弱势地位，形成乡村之间的合理关系。“服务完善”主要有相辅相成的4个方面：一是实现政府基本公共服务的全覆盖；二是大力发展村民之间的自助互助服务；三是农村社区自身向村民提供各种便民利民服务项目及服务；四是引入市场机制，通过市场配置优化商业服务。“文明祥和”主要包括健全的村规民约、发达的农民教育、整洁的村容村貌、健康的生活方式、活跃的文化生活5个方面的内容。三大目标既相互区别又相互联系，统一于农村社区建设之中。要深刻领会并贯彻落实中央关于城乡社区建设的决策部署，进一步扩大实验范围，总结实践经验，积极推动我省农村社区建设。

推进农村社区体制创新，理顺农村社区的组织关系。推动村级组织职责转换和功能拓展，健全党组织领导的充满活力的基层群众自治机制，扩大基层群众自治范围，完善民主管理制度，深化民主自治实践，增强农民群众自我教育、自我管理、自我服务的能力。建立健全共青团、妇联、残联、红十字会等群团组织，大力培育发展农村经济技术协会、志愿者协会、老年人协会等服务性、公益性、互助性社会组织，充分发挥其提供服务、反映诉求、规范行为的作用。积极培育各类农村经济合作组织，鼓励发展房屋租赁、就业服务、信息咨询等各类中介组织，提高农民群众组织化程度和参与市场竞争、抵御市场风险的能力。探索建立社区共建理事会，增强驻区单位参与农村社区管理的责任感。进一步理顺基层政府、社区组织在社区公共管理与服务中的权责关系，不断增强乡镇政府社会管理和公共服务职能，实行社区公共事务分类管理，探索建立行政工作进社区准入制度。

加大农村社区建设的财政投入，建立政府主导的多元化投入机制。要建立以各级财政投入为主体，以各级涉农资金、单位帮扶投入和村集体经济资金投入为辅助，以村（居）民自愿捐助、社会各界捐助为补充的农村社区建设多元化投入机制。整合涉农部门资源，按照“性质不变、渠道不乱、统筹安排、集中投入、各负其责、各记其功、全面建设、整体推进”的思路使各种涉农资金发挥最大效用。将农村社区建设经费列入各级政府财政预算，并建立自然增长机制，确保满足农村社区基础设施建设、日常管理服务和工作人员工资福利待遇需要。在加大对经济欠发达地区的专项转移支付力度的同时，大力发展农村经济，增加农民收入，壮大村集体经济规模，增强农村社区自我“造血”功能。

大力加强农村社区工作者队伍建设，扩大社区工作人员来源渠道。农村社区建设不仅要解决“有钱办事”的问题，也必须解决“有人办事”的问题。坚持本土培养和对外选聘相结合，加强农村社区工作者队伍建设，逐步推进农村社区工作者的专业化、职业化。结合农村社区党组织和村民委员会换届选举，调整充实“两委”班子。鼓励和支持县乡机关和事业单位工作人员、军队转业干部、高校毕业生中的优秀人才到农村社区工作，充实农村社区工作者队伍力量。疏通社会优秀人才服务农村社区的制度渠道，大力开发适合高校毕业生就业的公益性服务岗位。根据辖区面积和服务对象为每个农村社区配备一定数量的专职工作人员。大力培育和支持志愿者组织，推行社区志愿者注册制度，建立志愿服务激励机制，开展多样化的社区服务。将农村社区工作者纳入社会工作人才队伍建设，并对现有人员组织开展专业培训。

建立健全农村社区服务体系，促进城乡基本公共服务均等化。加强农村基本公共服务，大力推进基本公共服务分配体制的改革，统筹城乡、统筹乡村，促进公共资源在城乡之间及不同乡村地区之间均衡配置，促进基本公共服务均等化。逐步建立政府公共服务、居民互助志愿服务、市场化服务相衔接的覆盖农村全体居民群众的社区服务体系。积极推进以社区治安、医疗卫生、劳动就业、农业生产、环境保护、社会保险、社会救助、计划生育、文化教育体育为主要内容的政府公共服务进农村社区，切实改善农村居民的生产生活条件。依托社区服务中心建立“一站式”服务大厅，有条件的地方可以整合利用资源，构建覆盖城乡的社区信息服务网络，为农村居民提供方便快捷优质服务。

进一步加强农村社区建设的领导，完善农村社区建设工作机制。农村社区建设是一项重大的社会建设工程，也是重大的制度创新工程。各级党委和政府要高度重视农村社区建设工作，纳入重要议事日程，成立工作领导小组，建立协调机制。进一步明确部门责任，形成党委领导、政府负责、民政部门牵头、有关部门配合、社会力量广泛参与的社区建设工作格局。充分发挥民政部门的牵头职能作用，搞好综合协调与服务。进一步完善农村社区建设的社会力量参与机制，鼓励和支持农村社会志愿者组织、民间组织、驻社区单位参与农村社区工作，共同推进农村社区建设。

立足农民群众需求，充分发挥农民群众的主体作用。农民群众既是农村社区建设的直接受益者，也是推进农村社区建设的主体力量。建设农村社区的着眼点在于服务农民群众。在推进农村社区建设中，必须充分尊重农民群众的愿望和实际需求，根据农民群众的需求确定农村社区的服务内容和建设重点；探索引导农民群众参与社区建设和活动的有效机制，使社区成为农民群众参与社会政治生活的平台，建立农民群众表达利益诉求、参与民主协商、民主决策和实施过程的新机制；通过开展各种民主实践活动，大力培育发展农村社区内民间组织，开展各种志愿服务活动等措施，引导农民群众积极参与农村社区建设。

（调研组成员：张晨、陈新祥、隗新旺、程先勇、王厚杰）

关于加强和创新社区管理有关问题的调研报告

贵州省直有关部门调研组

（2012 年 11 月 1 日）

根据德贵副省长关于对社区建设中有关问题进行调研的指示，10 月 22 日至 10 月 31 日，由省民政厅牵头，省人社厅、省财政厅、省住建厅、省文化厅、省卫生厅等单位共同组成 3 个调研组，分别对贵阳市、遵义市、黔南州的社区建设工作进行了调研。调研组先后深入贵阳市南明区、云岩区，遵义市红花岗区、汇川区，黔南州都匀市所辖社区服务中心、站实地了解社区各项工作开展情况，与社区群众交流，了解群众对社区建设的想法、期盼，并召开了三地党政领导、有关部门、街道干部、居支“两委”成员、社区工作者、社区群众等参加的座谈会，听取当地干部群众对社区建设工作的意见建议。现将调研情况报告如下。

一、贵阳市、遵义市、黔南州社区建设基本情况

贵阳市辖 6 区 1 市 3 县，77 个乡镇，90 个社区服务中心，常住人口 432 万。2010 年 2 月，贵阳市按照党的十七大，十七届四中、五中全会关于加强和创新社会管理，切实维护社会和谐稳定的要求，秉持为人民谋幸福的理念，围绕“精简管理层级，实行区域化管理，优化整合资源，建强党的基层组织”的工作思路，在小河区、金阳新区开展城市基层管理体制改革试点。2011 年将改革试点范围扩大到全市各区（市、县）。2012 年 2 月全面推开，截至 4 月 28 日，已将全市所有街道办事处撤销，建立了 90 个新型社区。改革共涉及 49 个街道办事处 397 个居委会、68 个村委会。通过改革，建立了新型的城市社区运行机制，初步构建了“党委领导、政府负责、社会协同、公众参与”的社会管理格局。

遵义市辖 2 区 2 市 10 县，167 个镇、58 个乡、20 个街道办事处、310 个社区居委会、1689 个村委会，总人口 760 万。近年来，全市以“四民社区”和“四在农家”创建活动作为城乡社区建设的载体，以社区服务、基础设施、管理制度、服务体系建设等为重点，社区建设不断由点到面展开，由中心城区

向各县、市延伸，由县城向经济较发达的乡镇推进。目前，由党委政府领导、民政部门牵头、有关部门配合、居委会主办、社会各方支持、群众广泛参与的“四民社区”创建工作领导体制和运行机制基本建立，社区基础设施条件不断改善，社区干部待遇大幅提高，社区服务不断拓展，“四民社区”创建成效显著。

黔南州辖2市10县，97个镇、136个乡、7个街道办事处、126个社区居委会、1832个村委会，总人口404万。近年来全州以和谐示范社区、模范社区、村务公开民主管理示范单位创建为载体，以社区服务、基础设施、管理制度、服务体系建设等为重点，推进“七进社区”，基本形成了由党委政府领导、民政部门牵头、有关部门配合、居委会主办、社会各方支持、群众广泛参与的社区建设领导体制和运行机制，社区基础设施条件不断改善，社区干部待遇有了较大提高，社区服务不断拓展，社区建设工作顺利展开。

二、重点问题调研情况

根据省领导的指示，此次调研重点放在社区建设六个方面的问题上，基本情况如下。

（一）城乡社区的规模与划分

贵阳市的社区建立在原街道办事处的层面上，是“一社多居”体制。目前全市共建立新型社区90个（城市社区75个，农村社区15个）。城市社区平均管辖面积4.72平方公里，平均管辖人口3.31万人；农村社区平均管辖面积19.36平方公里，平均管辖人口3.22万人。

遵义市、黔南州与全省其他市州情况大体相同，主要采取“一居一社区”的体制。目前遵义市共建立城市社区310个，平均管辖面积0.84平方公里，平均管辖人口6000余人。黔南州2007年调整合并后建立城市社区120个，平均管辖面积0.8平方公里，管辖人口2000户左右6000余人。

（二）社区必备基础硬件条件

贵阳市提出新建社区服务中心不低于800平方米。中心城区办公用房不低于200平方米。社区服务中心中服务大厅的面积不低于80平方米，设置民政、信访、计生、劳动和社会保障等窗口。从实地调研看，贵阳市目前已将社区办公和服务场所建设纳入经济社会发展规划和城市建设规划，采取政府购置或划拨方式，为社区配备必要的办公服务用房和办公设备，并由市、区两级财政投入予以保障。新开发区和旧城改造小区，按照“新建住宅小区开发商要按每50户提供10平方米社区办公用房”的要求，督促开发商无偿提供社区办公用房，做到同步规划、同步建设、同步投入使用。目前全市新型社区办公和服务场所平均面积超过1000平方米。

遵义市提出社区服务中心（站）包括医疗保健（含计划生育）、文化娱乐、生活服务、法律服务、就业和社会保障、教育培训等综合服务功能。社区服务中心面积应达到600—800平方米以上，服务站应达200—400平方米以上。遵义市认为社区居委会工作用房和居民公益性服务设施建设应作为规划前置条件，新建小区和旧城改造居民区应由建设单位无偿提供，老城区和已建成居住区由县级人民政府负责解决。从实地调研看，遵义市市级2011年、2012年分别安排了1000万元和2000万元用于全市社区办公和阵地建设。红花岗区从2007年起区财政每年预算安排500万元专项经费，全区63个社区的办公和活动用房通过自建、购房、无偿使用等方式全部解决，面积均达150平方米以上。

黔南州城市社区服务中心（站）建设工作还未全面铺开，但普遍设立便民利民服务窗口。黔南州提出社区服务中心（站）包括医疗保健（含计划生育）、居家养老、文化娱乐、生活服务、法律服务、就业和社会保障、教育培训等综合服务功能。社区服务中心面积应达到1000平方米以上且不含社区卫生服务中心，服务站应达300—400平方米。认为新建小区和旧城改造居民区社区服务设施建设应作为规划前置条件，应由建设单位无偿提供；老城区和已建成居住区由中央、省、州政府补助县级政府统筹解决。实地调研情况看，都匀市27个社区居委会办公服务用房中政府出资购置的14个，租借用的13个，其中面积大于200平方米的3个，小于100平方米的11个。城市社区办公服务用房面积远小于农村社区，荣获全国和谐社区称号的广惠社区，内设各种站、室、协会、委员会等达46个，办公服务面积仅60余平方米。

（三）社区建设的主要模式和管理人员的配备

贵阳市社区建设的主要模式是以“一委一会一中心”（即社区党委、居民议事会、社区服务中心）为管理模式，实行“一社多居”或“一社多村”。社区服务中心为科级事业单位，财政全额拨款预算，人员编制在25—35人。以社区党委为核心，搭建政府开展管理和服务的平台，实行网格化管理。

遵义市社区建设的主要模式是“一居一社区”，社区定位为基层群众性自治组织，红花岗区和汇川区每个社区平均工作人员为24人，其中社区“两委”成员9人，由社区党员和群众选举产生，其他为从事社区服务的专职社区工作者，来源包括高校毕业生、复转军人等优秀人才到社区担任专职工作人员，社区志愿者、职业社会工作人员、公益性岗位人员等。

黔南州社区建设模式与遵义相同，都匀市平均每个社区工作人员为13人，其中社区“两委”成员6人，由社区党员和群众选举产生，其他为从事社区服务的专职社区工作者，来源主要是公益性岗位人员。

（四）贵阳市城市基层管理体制改革的主要特点

在管理体制上：一是减少行政管理层级。撤销街道党工委和街道办事处，成立社区党委和社区服务中心，增加了一个为群众提供服务的平台。二是完善治理结构。推行“一委一会一中心”（社区党委、社区委员会或居民议事会、社区服务中心）社区治理模式，构建了“党委领导、政府负责、社区协同、公众参与”的社会治理格局。三是实行“一社多居”。以地域面积和服务半径为主要依据，同时兼顾人口数量、治安管理、公共服务资源配置等因素，重新划定社区管理服务范围，每个社区地域面积2—3平方公里，人口数量2万—4万人，在一个社区管理服务范围内设置3—4个居委会。四是推行“居政分离”。居委会按照有关法律法规开展自治活动，同时协助社区服务中心开展工作，不再承担行政管理性事务，政府需要居委会协助完成的工作，通过“购买服务”的方式，兑现工作经费，实现“费随事转”、“养事不养人”。

在运行机制上：一是开展公推直选，配强领导班子。采取个人自荐、党员群众联名举荐、组织推荐的方式产生报名人选，通过差额推荐、差额票决、差额考察，分别召开社区党员大会和社区居民代表大会，差额直接选举产生社区党委书记和社区服务中心主任。二是通过“三个纳入”，推进资源整合。将社区工作人员纳入正式事业编制，将社区人员经费、办公经费、公益事业费等纳入区级财政预算，将社区办公和服务场所建设纳入城市建设规划。三是实行“三会一评”，扩大基层民主。以群众意见收集会、议题讨论会、议事决策会、党员干部年终述职评议为载体，通过实行“社区居民或居民代表会议提议、社区党委会议决策、社区服务中心会议提出执行决议、工作成效接受群众评议”的方式，实现城市基层民主，解决与居民群众生活密切相关的实际问题。四是发挥党员作用，开展志愿服务。通过推行党员承诺制，组织辖区内党员佩戴党员标识，亮身份、做表率、办实事，深入开展志愿服务等方式，以党组织、党员的创先争优，带动社区各类组织、各行各业创先争优。五是实行“一站办结”，优化管理服务。推行党务、政务“一站式”服务，着眼于满足居民群众多层次、多样化的服务需求，确保辖区服务全覆盖。

（五）当地财政社区建设资金安排情况

贵阳市近三年每年投入5000万元用于社区基础设施建设和社区工作人员补贴，共计1.5亿元。此外，每年投入农村社区建设引导资金150万元，共计450万元。对省级社区建设引导资金的安排，贵阳市认为用“以奖代补”的方式安排较好。

遵义市以遵党发〔2011〕8号文件明确“从2011年起，市级财政每年投入1000万元用于全市社区办公和阵地建设”，2012年增加到2000万元。对省级社区建设引导资金的安排，遵义市认为可同时采取“以奖代补”和项目配套的方式，项目配套资金建议省、市、县承担比例应为4：2：4。汇川区在发言中认为应侧重于“以奖代补”的方式，对投入较大，社区建设也取得了成绩的地方，应给予肯定。

都匀市2003年开展社区建设以来政府累计投入2500万元，用于社区基础设施、办公、服务设施、培训、人员补贴等，其中每个社区每年市财政拨款办公经费1万元。黔南州认为可同时采取“以奖代补”和项目配套的方式，项目配套资金建议中央、省、州、县承担比例应为7：1：1：1。对财政困难的少数民族地区中央和省应给予大力支持。

（六）“十二五”期间社区建设的发展目标

贵阳市提出：到2015年，全市城乡社区达到规模适度、布局合理，社区服务中心和居委会组织机构健全、关系协调、职责明确、运转高效。建立完善社区领导体制和协调机制；社区党委领导下充满活力的基层群众自治机制基本形成；建立“服务群众、凝聚人心、优化管理、维护稳定”功能较为完善的社区服务体系。全市共建有95个新型社区服务中心，实行“一社多居”，每万名社区居民拥有5个社区服务设施，每百户居民拥有的服务设施面积不低于20平方米；逐步完善社区卫生服务网络，社区卫生服务人口城镇覆盖率达到90%以上；建立社区治安联防机制，使社区居民对社区治安满意率达到95%以上；在有条件的区（市、县）建成1—2个和谐、生态、低碳、文明、平安等综合示范型社区，基本实现现代信息化网络覆盖全市社区。政府公共服务资源下沉，以社区服务中心为圆心，着力打造社区“15分钟”服务圈，以满足居民公共服务便捷化的服务需求。到2015年，进一步形成内外关系协调，全社会尊重、关心和支持社区工作的良好氛围。努力实现全市“农村社区建设实验全覆盖”的目标。

遵义市提出：“十二五”期间，社区建设工作重点抓好社区基础设施建设。力争“十二五”期间，全市按照不低于200平方米的标准，因地制宜统筹解决好每个社区居委会的办公用房，并配置电话、电脑；全市15个市（县、区）都要建有1500平方米以上的社区服务中心；全市17个街道办事处、10个县城所在地乡镇，都要建有600平方米以上的社区服务中心；全市310个社区居委会建有100平方米以上的社区服务站，逐步形成以县（市、区）服务中心为龙头、街道服务中心为主体、社区服务站为基础、社区志愿者组织和义工为补充的服务网络。

黔南州委、州政府印发《关于推进城乡社区建设的实施意见》明确：力争“十二五”期间，实现城市“和谐社区”100%创建，国家级达到20%；城市每

100户居民拥有的社区服务面积不低于50平方米。建立健全社区服务中心（站），提供“一站式”服务，原则上老城区不低于300平方米、新建城区不低于500平方米。没有社区用房或未达标的，要在“十二五”期末前，通过新建、改建、扩建等方式达到标准要求。

三、对两市一州社区管理情况分析

从贵阳市、遵义市、黔南州调研情况看，开展社区建设对强化服务管理、方便群众生产生活、促进基层稳定和谐、巩固党的执政基础发挥了积极的作用。同时，发展还不平衡，一些社区基础设施、能力建设还有待加强。

（一）关于社区建设发展定位

从我省情况看，自2000年启动城市社区建设以来，在省委、省政府的高度重视和各地各有关部门的共同努力下，社区组织体系逐步健全，社区干部队伍结构不断优化，社区服务领域不断拓宽，社区基础设施有新的改善，社区工作领导体制和运行机制逐渐理顺，社区建设工作呈现出持续发展的良好势态。汇川区、南明区、都匀市分别被命名全国和谐社区建设示范城区，白云区、汇川区、余庆县被命名为全国农村社区建设示范区（县）。尽管我省还存在投入不足、发展不平衡等问题，但也有自己的特色和亮点，一些地方如贵阳市、遵义市的社区建设并不逊色于东部省区。从整体看，我省的社区建设工作在西部也处于中等水平。按照这一认识和定位，结合省委、省政府“两加一推”战略以及与先进省（自治区、直辖市）同步发展的要求，我们认为，我省社区建设的发展目标不能定得过低，必须与国务院的“十二五”规划相衔接，要达到或者超越国家提出的指标。

（二）关于社区基础设施建设

从调研情况看，各地社区建设资金来源渠道窄、服务功能单一，社区服务设施和公益性用房普遍不足，绝大多数存在面积不够、产权不明、服务面窄、均等化服务实现程度低等问题。遵义市两城区社区服务设施建设在全省走在前列，其设施面积也仅150—200平方米。省两办《关于加强和改进城市社区居民委员会建设工作的实施意见》（黔党办发〔2011〕18号）文件中提出：新建住宅小区和旧城区连片改造居民区的社区工作用房，由开发商无偿提供。社区居委会办公和服务用房，与小区建设、旧城改造同步规划、同步设计、同步验收、同步使用的要求以及建设部《城市居住区规划设计规范》（GB 50180—93）国家标准，由于前期规划审查粗放，缺乏强制性细化的审查制度等因素，各地均难以落实。社区建设项目采取新建方式不符合城市社区建设的实际，也导致项目落地十分困难。在缺乏省级引导资金投入的情况下，省以下地方投入不足。

（三）关于社区工作者队伍建设

调研中，贵阳市、遵义市城区的社区均有20人以上的工作者队伍，但在全省不具有普遍性，社区工作者队伍建设无论是数量上还是素质上还远不适应社区工作的需要。以都匀市为例，选举产生的社区“两委”成员5—7人，其他专兼职人员5人，要承担6000人规模的社区的全部工作，工作难度极大。从待遇上看，贵州省2011年城镇居民家庭人均可支配收入月均在1200元左右。而大部分地区社区工作者每月待遇在1000元以下，社区居委会工作人员的素质较之社区建设开展前虽有明显提高，但其年龄结构、文化程度、职业素质、思想观念、工作方法仍难适应日新月异的社区发展要求。而居支“两委”成员由选举产生，工作难以稳定，养老等保险没有得到有效解决，退休没有保障，队伍难以稳定。

（四）关于城市基层管理体制改革

贵阳市的城市基层管理体制改革，在主要领导的大力倡导下，取得了积极的成效，社区服务功能和管理水平明显增强。但应看到贵阳市的改革起因是街道承担了过多的经济职能，街道干部主要精力去抓经济、抓税收，服务功能不断弱化。贵阳市通过撤销街道办事处，设置社区服务中心，把原来街道抓经济的职能完全剥离，政府公共服务职能进一步下沉到社区服务中心，应该说是针对自身存在问题，下的一剂猛药。

四、几点建议

（一）进一步加强统一发展的思想，明确我省社区建设的发展目标

根据国家“十二五”规划和我省规划，当前和今后一个时期，我省社区建设应通过加强社区服务基础设施建设、增加资金投入、提高社区服务从业人员素质、培育多元化社区服务主体、创新社区服务机制等措施，不断完善社区服务功能，提升社区服务能力和工作效率，促进社区服务体系的建设与发展。力争“十二五”期末，70%的乡镇（街道）建设社区综合服务中心，95%的城市社区和三分之一的农村社区建立社区综合服务站，社区综合服务设施的服务功能覆盖全部城市社区和60%的建制村，基本建成以社区综合服务设施为主体、各类专项服务设施相配套的综合性、多功能的社区服务设施网络，基本建立起与经济社会发展水平相适应，覆盖社区全体居民，服务主体多元、服务功能完善、服务质量和管理水平较高的城乡社区服务体系。根据规划，建议分年度下达任务目标，纳入全面小康评估体系、目标绩效考核和各地的重点督办内容。

（二）加强对社区设置的分类指导

黔党办发〔2011〕18号文件所确定的一个社区一般按1500—3000户的规模

设置，得到基层同志的认可，目前来看是适当的。但随着社区建设的深入发展，社区的设置呈现多种模式，在各方面还要进一步加强研究和指导，以适应今后一个时期社区建设和发展。

（三）进一步加强社区基础设施建设，完善服务功能

根据工作需要，社区服务中心面积要在800平方米以上，应设置“一站式”服务大厅提供政策咨询和公共服务以及设置会议室、多功能活动室、警务室、图书室、便民服务室（爱心超市、便民工具等）、网络学习室、办公室等。要具备组织社区党员参加党的组织活动，培育和发展社区社会组织，开展居家养老服务，组织居民开展科普教育、健康休闲、文体娱乐、法律援助、志愿服务等活动等功能。社区卫生服务中心因要求的面积较大，另外设置。

社区综合服务站面积应在400平方米以上，应具备组织居民开展民主议事、邻里互助、志愿服务等活动；开展居家养老服务；代办公共服务事项；为社区居民提供文体娱乐、健康休闲、困难帮扶、家政服务等便民利民服务；为社区党组织和自治组织提供办公场所；采集基础信息，反映居民诉求等功能。

（四）健全投入机制，改进投入方式

社区服务设施的建设应按照填平补齐原则合理确定建设规模、充分利用现有公共设施整合资源的方式进行新建、改扩建、购置改造社区服务设施，其中老城区社区服务设置应以购置改造为主。建设资金以市（州）、县（市、区）两级投入为主，省级社区建设专项资金给予支持。建议省财政“十二五”期间，每年安排5000万元的社区建设专项资金，并尽快出台《贵州省社区建设“以奖代补”办法》，其中3000万元用于“以奖代补”，2000万元用于省级十大民生工程和50件实事中社区基础设施建设项目的补助资金。发改部门应比照中央的做法，将社区基础设施建设纳入基本建设投资计划，逐年增加建设项目和资金。住建、规划、国土等部门应按照黔党办发〔2011〕18号文件要求，确保新建住宅小区和旧城区连片改造居民区的社区工作用房，由开发商无偿提供。计生、卫生、文化、体育、新闻出版等有具体项目落实到社区的部门，应把各自的项目和当地社区服务中心、站的建设整合起来，集中资金，统一使用。各级的福彩和体彩公益金每年也应安排一定比例的资金用于社区建设。

（五）进一步提高社区管理服务能力

除民主选举产生的社区两委成员外，原则上一个社区每千人应设置两个以上社区专职工作者。其来源可以通过职能部门下派（如计生协管员）、公益性岗位安排、政府购买服务等方式解决。社区工作者的工资（补贴）不能低于当地最低工资标准，力争尽快达到当地社会平均工资水平，并全部纳入养老保险、医疗保险和失业保险范围，解决其后顾之忧。同时应采取多种措施吸引优秀人才加入社区工作者队伍，通过培训等方式，增强社区工作者素质。

（六）积极稳妥推进城市基层社区管理体制改革创新

创新既要有利于提高管理服务能力，又要有利于优化强化基层自治服务功能，实现政府依法行政和社区依法自治的有效衔接和良性互动。由于各自情况不同，在城市基层管理体制上各地有自己的安排和部署，可以结合自身实际作进一步的探索和研究，不宜“搞一刀切”。

全区城乡社区建设和社会组织服务管理工作情况汇报

宁夏回族自治区民政厅

（2012年3月1日）

社会管理是社会建设的重要内容，其主要任务是维系社会秩序、促进社会和谐。民政工作涉及社会管理和服务的方方面面，其中城乡社区建设、社会组织建设是社会管理的基础性工作。新形势下，民政部门加强和创新社会管理，核心是发挥城乡社区的基础平台作用、社会组织的协同参与作用，推进城乡社区自治和社会自治的良性发展，促进社会公平与和谐稳定。

城乡社区是社会的基本组成单元，是加强和创新社会管理的重心、构建和谐社会的基础和保证。在城乡基层社会结构发生深刻变化的新形势下，社区在社会建设和党的组织建设中的基础性作用更加显著，承担的社会服务和管理任务更加繁重，维护社会和谐稳定的功能更加突出。

胡锦涛总书记在2011年2月19日省部级主要领导干部社会管理及其创新专题研讨班上强调："进一步加强和完善基层社会管理和服务体系，把人力、财力、物力更多投到基层，努力夯实基层组织、壮大基层力量、整合基层资源、强化基础工作，强化城乡社区自治和服务功能，健全新型社区管理和服务体制。"温家宝总理在2011年全国"两会"政府工作报告中提出："以城乡社区为载体，以居民需求为导向，整合人口、就业、社保、民政、卫生、文化等社会管理职能和服务资源，实现政府行政管理与基层群众自治有效衔接和良性互动。"国家"十二五"规划第三十八章专门就"强化城乡社区自治和服务功能"从"完善社区治理结构"、"构建社区管理和服务平台"两个方面作出了部署。自治区党委十届十二次全体（扩大）会议及其审议通过的《关于加强和创新社会管理的若干意见》也特别强调了城乡社区在社会管理中的重要作用，并就新形势下深入推进城乡社区建设提出了明确要求。

目前，全区有街道43个、城镇社区470个，乡镇192个、行政村2296个。近年来，在自治区党委、政府的正确领导下，经过各级各有关部门的共同努力，全区城乡社区建设有序推进，取得阶段性成效，在改善民生、加强基层社会管理、维护社会和谐稳定等方面发挥了重要作用。现就有关情况简要汇报如下。

一、主要工作进展

（一）城镇社区建设稳步推进

一是着力推进城市社区建设工作。自2005年以来，制定并修订完善了《宁夏城镇星级社区创建及考评标准》，制定下发了《宁夏回族自治区城镇星级社区创建管理办法》，年度分解创建任务，指导各地深入开展星级社区创建活动，有效提升了城镇社区的服务管理水平。截至目前，全区三星级社区115个、四星级社区120个、五星级社区92个，分别占城镇社区总数的25.4%、26.5%和20.3%，三星级以上社区达到社区总数的72.2%。

二是着力加强社区干部队伍建设。每届全区城镇社区“两委”换届选举结束后，民政厅都会同自治区党委组织部，采取区、市两级联动的方式，统一安排时间、培训内容，对全区新当选的社区党组织书记、居委会主任进行集中培训，并指导各县（市、区）对新任“两委”成员进行全面的培训，切实提高了他们的履职能力。

三是着力提升社区服务管理水平。为切实理顺社区工作关系，改善和加强社区自治功能，民政厅在认真调研的基础上，下发了《关于进一步规范社区有关工作的通知》，就村改居的规范和管理、社区规模调整和社区工作者职数核定、社区“一站式”服务大厅工作、完善社区自治和工作机制等问题作出了明确要求。会同党委组织部、人社厅、财政厅制定下发了《宁夏城镇社区工作者管理办法》，就社区工作者的聘用、管理与培训、考核与奖励、辞职与辞退等方面作出明确规定，加强了对社区工作者的规范管理。制定下发了《自治区城镇社区居务公开办法（试行）》，进一步规范了居务公开的内容、时限、程序等事宜，建立和完善了社区居务公开制度。2011年6月份，认真贯彻落实中共中央办公厅、国务院办公厅《关于进一步加强城市社区居民委员会建设的意见》（中办发〔2010〕27号）精神，提请自治区党委办公厅、政府办公厅下发了《关于进一步加强城市社区居民委员会建设的实施意见》（宁党办〔2011〕31号），对今后一个时期社区建设背景下的居委会建设工作进行了安排部署，提出了明确要求。

（二）农村社区建设整体推进

一是农村社区建设长效机制逐步完善。提请自治区党委、人民政府于2009年4月30日下发了《关于推进农村社区建设的意见》（宁党发〔2009〕30号），明确提出了全区农村社区建设的主要目标是：村民自治、管理有序、服务完善、文明祥和。实施步骤为：“三个阶段三大步”，即“2009年前，调查摸底，制定规划，选择条件较好的城郊村和中心村进行试点。2010—2011年，在总结试点工作的基础上，争取完成全部城郊村、50%的中心村的社区建设任务，并扩大村落社区试点范围。2011—2015年，基本完成农村社区建设任务，确保农村社区规范有序，有效运转”。

二是农村社区建设试点工作取得阶段性成效。宁党发〔2009〕30号文件下发后，民政厅及时下发了《关于贯彻落实自治区党委人民政府关于推进农村社区建设的意见的通知》，分解部署了工作任务，提出了推进目标和要求。经过各市、县（区）的努力，全区共有574个村进行了农村社区建设试点，占全区行政村总数的24.8%。我区因在政策、工作机制、城乡统筹规划和试点工作等方面走在了全国的前列，得到民政部充分肯定。2010年10月17日，民政部在我区召开了全国农村社区建设实验工作推进会。

三是农村社区服务设施建设开创性推进。2010年，紧紧抓住中央支持我区村级组织活动场所建设的有利契机，联合党委组织部、发改、财政、建设、文化、卫生、体育等部门，整合资源，捆绑各部门涉农资金和项目，投入约1.5亿元，新建628个村级组织活动场所和农村社区服务设施，均按便民原则选址，统一建设方案、统一色彩式样、统一功能布局、统一社区标识、统一以县为单位组织实施。其中规划建成了150个面积200平方米以上的标准化农村社区服务设施，其余村级组织活动场所均按照农村社区基础设施建设标准进行规划，预留了后续建设空间，优化了资源配置，避免了重复建设，提升了建设效益。这项工作被民政部确定为全国民政创新和亮点工作。同时积极引导和扶持银川市金凤区、贺兰县、青铜峡市、吴忠市利通区4个全国农村社区建设实验县（区）完成了农村社区实验全覆盖，经过了国家评估组的验收，被民政部授予“全国农村社区建设实验工作全覆盖示范单位”称号，实现了我区农村社区建设新突破。

（三）社会组织建设发展较快

近年来，在各级党委、政府的重视和支持下，我区社会组织得到了较快的发展。截至2011年底，全区登记注册的社会组织总数为3786家，其中社团1478家，民非843家，基金会28家，农村专业经济协会1437家，全区备案的基层社会组织共6835家。近5年基本上以每年11%左右的发展速度递增，初步形成了与我区经济社会发展相适应、门类齐全、层次不同、覆盖广泛的社会组织发展体系。社会组织已成为我区经济建设和社会建设不可或缺的主要力量。

二、存在的主要问题

（一）城乡社区建设方面

当前，我区进入以科学发展为主题，以加快转变经济发展方式为主线，以加快发展、富民强区为目标，统筹推进新型工业化、城镇化、农业现代化建设的新时期。深入推进城乡社区建设，有利于保障和改善民生、提高居民生活质量，有利于密切党群干群关系、扩大党的群众基础，有利于发展基层民主、巩固基层政权，有利于加强社会管理、维护社会稳定。但是目前，适应社会改革发展对社区建设提出的新任务、新要求，我区城乡社区建设工作仍然存在着一些不容忽视的突出问题，主要是以下几个方面。

一是重视不够。受“发展就是发展经济”传统思维惯性的影响，部分市、县（区）党委、政府还没有真正站在巩固党的执政基础、加强基层社会管理、统筹城乡发展、推进基层民主建设、构建和谐社会的高度，深刻认识城乡社区建设的重要性，没有把城乡社区建设纳入当地经济社会发展整体规划，没有摆上党政工作重要议事日程，表现出重视程度不够，缺乏科学规划，推进力度不大，等、靠、要思想严重等。

二是投入不足。根据国家有关要求和社区工作实践经验，城市社区服务站面积达到400平方米以上、农村社区服务站面积达到200平方米以上，才能满足社区基本服务管理需求。目前，全区470个城市社区中，社区组织工作用房和居民公益性服务场所面积100—300平方米、不适应服务管理需求的有60多个，占13%；低于100平方米的103个，占23.9%；租借场所的77个，占17.7%。农村社区建设刚刚起步，2296个行政村中，有三分之二的行政村服务管理和活动用房低于200平方米，达不到自治区规定的“六室一场两栏”（村“两委”办公室、多功能室、社区卫生计生服务室、图书阅览室、文体活动室、社会组织和专业站点服务室，户外文体活动广场，宣传栏、公开栏）基本标准，需要进行新建或改扩建。城乡社区基础设施和开展公共服务管理的资金均没有列入各级政府财政预算，缺乏资金保障机制，使开展社区建设、提供社区公共服务缺乏必备的条件。城市社区“两委”成员的报酬实行的是当地最低工资标准的1.5倍标准，比较低，与他们的劳动付出严重不符，难以调动其工作积极性，并存在着社区工作人员大量流失、队伍不稳定的严重隐患。

三是职责不清。国家宪法和有关法律明确规定，城乡社区（村）居民委员会是基层群众性自治组织，其主要职责是依法组织（村）居民开展自治活动。但在实际中，由于地方政府职能转变不到位，管理体制不顺，城乡社区自治组织直接承担了大量本该由基层人民政府及其组成部门、派出机构直接承担的政府公共服务工作，社区工作越位、错位、缺位，行政化倾向严重，社区工作人员工作任务繁重，疲于应付各种检查考核，很少有时间进门入户，了解辖区居民的需求和困难，开展自治和服务。

四是队伍不强。由于工作任务重、待遇低，社区工作者队伍整体素质较差，工作积极性不高，流动性大，使社区工作者岗位很难成为留得住人才、能发挥作用、能体现价值的体面职业。

五是落实不力。自2002年以来，自治区多次召开城乡社区建设会议，出台了多个具有指导性、可操作性强的政策文件，民政部领导评价是“近年来，宁夏自治区党委、政府高度重视城乡社区建设工作，出台了一系列含金量很高的政策文件，对全国具有借鉴意义”，但由于各地认识不足，重视不够，落实得很不到位。

（二）社会组织建设方面

近年来，我区社会组织得到一定发展，在社会建设和社会管理中发挥了积极作用，但仍存在一些突出问题，主要表现在以下几点。

一是发展不充分，总体看，社会组织数量偏少，规模偏小，且结构布局不平衡，社会团体多，民办非企业单位和公益服务类社会组织少。这里既有我区经济社会发展的阶段性因素，也与我们对社会组织的积极作用和角色认识不到位有关。长期以来，我们对社会组织更多的是防范、担忧和限制，影响了社会组织的快速健康发展。

二是体制不顺畅，目前的双重管理体制，责任不明确，管理不到位，谁都管，谁都管不好，一些社会组织本身就是主管部门的附属物和部门利益的衍生品。

三是监管不到位，缺乏监管力量，除自治区和个别市、县（区）外，绝大部分地区没有社会组织登记管理的专职工作人员，没有建立有效的综合监管机制。

四是自身能力弱，社会组织整体素质不高，职业化、专业化水平偏低，服务社会能力不强，内部治理结构不健全。

三、下一步主要工作思路

今后，我们应抓住中央高度重视加强和创新社会管理的重要机遇，加快完善基层社会管理体制，健全完善城乡居民自治制度，不断提升基层公共服务能力，统筹推进城乡社区建设，促进基层管理更加有序，服务更加完善，社会更加文明祥和，为全区经济社会科学发展、跨越发展提供稳定的基础环境。重点做好以下几个方面工作。

第一，促使各地高度重视。全面推进城乡社区建设，是新形势下坚持党的群众路线、做好群众工作、加强基层政权和维护基层社会稳定的重要措施。因此，我们将提请自治区党委、政府适时召开全区城乡社区建设工作会议，总结我区城乡社区建设成功经验，分析研究存在问题，明确当前和今后一个时期社区建设的总体要求、目标任务，统一思想，形成合力，推进我区城乡社区建设又好又快发展。

第二，加大投入，建好基础设施。“十二五”期间，要紧紧抓住党中央高度重视加强和创新社会管理、推进社会建设的历史机遇，建立多元化资金投入机制，加大对城乡社区基础建设的投入力度，切实改变一些社区工作环境艰苦、服务设施落后的情况。要以实施项目工程为牵引，有计划、成规模、高品位地实施社区基础设施建设整体推进计划。同时，要着眼于提升社区服务质量，在社区工作信息化、自动化建设上加大投入，不断提高社区建设的现代化水平。一是加大财政投入。建议从2012年起，自治区财政每年预算5000万元、自治区本级福彩公益金拿出15%用于城乡社区基础设施建设，带动各级配套资金，切实加大社区建设投入力度。自治区发改部门也要通过积极争取落实国家项目，加大对社区建设的投入。二是严格执行商用开发与公益建设同步的规定。各市、县（区）党委、政府要严格执行国家10部委《关于进一步做好社区组织的工作用房、居民公益性服务设施建设和管理工作的意见》（民发〔2005〕85号）和自治区《关于加强社区组织工作用房和居民公益性服务设施建设与管理工作的意见》（宁政办发〔2006〕208号）精神，对2006年以来没有执行和落实国家、自治区关于开发企业无偿提供使用的社区工作用房和居民公益性服务设施的，采取有力措施予以清偿，明确产权归属。三是解决社区办公经费。加快建立城镇社区运转经费保障机制，建议自治区财政对川区每个城镇社区每年按1.2万元、山区及中部干旱带每个城镇社区每年按1万元进行补助；落实自治区《关于完善村级组织运转经费保障机制加强村级组织建设的意见》（宁党办〔2009〕110号）中规定的农村办公经费标准（人口在3000人以上的村，办公费用每年按7500元核定；人口在3000人以下的村，办公经费每年按6000元核定），并逐步提高，切实增强社区组织的服务管理能力。四是列入民生计划。从2012年起，已提请自治区政府将城乡社区建设纳入自治区政府民生计划，加强统筹安排，按照《自治区城乡社区服务体系建设发展规划（2011—2015年）》，有计划、有重点地逐年推进。

第三，落实规划，实行分类推进。进一步修订完善和组织实施《自治区城乡社区服务体系发展建设规划（2011—2015年）》，以和谐社区示范单位和星级社区创建活动为牵引，区分不同类型和经济社会发展水平，实行分类推进。一是基础好的着力提档升级，推动精品示范社区形成规模。在川区、沿黄城市带各中心城市和小康村建设示范庄点，通过充实社区建设内涵，提升社区服务层次，形成一批设施完善、功能完备精品亮点社区，进一步发挥样板示范作用，带动社区建设整体水平的提高。二是基础相对薄弱的着力规范建设，力争到“十二五”末，使包括生态移民集中安置庄点在内的全区大部分城乡社区达到基础设施完备、工作队伍健全、社区服务经常的标准化建设要求。三是尚不具备条件的着力夯实基础，提供基本的社区服务，建成简朴型社区。四是抓好农村社区建设实验全覆盖工作，按照自治区《关于推进农村社区建设的意见》和民政部有关标准，指导有条件的县（市、区），积极进行探索实验，着力解决将政府公共服务向农村延伸、发挥村民委员会自治主体作用、完善社会保障功能等重点问题，逐步扩大实验范围，走出一条符合我区农村发展实际，适应农民群众需要的农村社区建设路子。

第四，强化责任，推进共驻共建。全面建立城市社区党组织、社区居民委员会、驻社区单位联席会议制度，定期研究资源共享、社区共建事项。积极推动驻社区单位将文化、教育、体育等活动设施向社区居民开放。推动驻社区单位将服务性、公益性、社会性事业逐步向社区开放，为社区居民委员会提供人力、物力、财力支持。指导各市、县（区）建立驻社区单位社区建设责任评价体系，推动共驻共建、资源共享。把驻社区单位履行社区建设责任的情况纳入文明单位、和谐社区示范单位创建和考核内容，有关部门在评先表优时要主动听取社区居民委员会对驻社区单位的意见。

第五，完善机制，加强队伍建设。一是落实政策，解决好待遇。按照中办发〔2010〕27号文件中“社区专职工作人员报酬标准原则上不低于上年度当地社会平均工资水平”和“社区专职工作人员按国家有关规定参加基本养老、失业、基本医疗、生育、工伤保险，有条件的地方逐步落实住房公积金政策”的要求，解决好社区工作人员的待遇问题，不断提高社区工作人员的生活补贴和社会保障标准，将社区岗位变成拴心留人的工作岗位。二是加强社区队伍建设。组织进行社区工作者职业化试点，实行“一社区一大学生计划”，规范面向社会公开招录社区工作者和在职培训等措施办法，吸引高学历人才进入社区工作队伍，全面提升社区工作者素质能力。建议自治区每年拿出一定数量的基层公务员或事业单位职位，专门面向社区专职工作人员考录，解决社区工作人员的“出路”问题。

第六，发挥功能，提升服务水平。一是强化社区服务功能。采取刚性措施，严格落实“社区党组织、居民委员会及其成员要集中办公，不得单设各自办公室，集中办公场所面积不得突破社区组织工作用房面积的20%”的要求，并限期整改，切实实现“社区办公场所最小化，服务空间最大化，服务效益最优化”的基本目标。二是整合资源。有效整合社区内科技、教育、卫生、文化、体育和生活服务等公共资源，通过建立街道市民服务中心、社区便民服务代办点等办法，形成以所在社区居民为服务主体的“服务圈”，最大限度地发挥出政府公共服务在社区服务管理中的作用。三是拓宽服务领域。引入市场化经营模式，吸引社会各界来社区投资发展，形成“你办企业我服务，你获利润我发展”的和谐社区建设新格局。通过健全服务网络、创新服务形式、开展服务活动等办法，突出抓好以居家养老、贫困群体、特殊群体和优抚群体为主要服务对象的社会福利服务工作，切实把社区建设成为民服务、为民解困的一线阵地。四是培育发展社区服务组织和志愿者队伍。通过社区组织将政府公共服务和社区自助互助服务、便民利民服务纳入统一的整体，使之成为拓展社区服务、实现政府部门职能转变和重心下移、全方位推进社区建设的平台，走出一条社会事务社区化、社区服务社会化的新路子。

第七，加大考评工作力度。一是制定出台《宁夏农村社区建设规范》地方标准，推进农村社区规范化建设。二是认真落实《自治区农村社区建设考核奖励办法》，以考评奖励机制促进工作全面有效落实。三是继续开展城镇星级社区创建活动，适时启动开展农村星级社区创建活动。

第八，加强社会组织管理服务工作。一要改革管理体制。取消双重管理，在全区实行直接登记；适当降低准入门槛，鼓励发展，宽进严管，建立问责和退出机制。进一步加强社会组织党的建设。二要加大培育扶持力度。建议各级财政建立社会组织培育发展专项资金，加大政府职能向社会组织转移和购买公共服务力度，支持社会组织发挥自身优势，承担社会事务，参与社会管理。三要强化分类监管。重点扶持发展经济类、公益慈善类、城乡社区社会组织和民办非企业单位；依法加强对政治类、法律类、宗教类以及有境外复杂背景的社会组织的监管，特别要建立社会组织负责人管理制度、资金管理制度和在宁活动的境外组织备案制度。四要加强自身建设。完善社会组织内部治理机制，增强社会组织自主发展、自我管理和服务社会的能力；增强社会组织的透明度和公信力。加强对社会组织专职工作人员的工资指导、社会保障和职称评定等，促进社会组织向专业化、职业化迈进。

新疆城乡社区建设和村务公开民主管理调研报告

根据年度工作计划和厅领导批准，8月9日至9月6日，基层政权和社区建设处，分两组先后到南北疆开展了以“立法调研工作”为主题的调研活动。调研组深入11个地（州市）18个县（市）31个乡（镇）46个村21个社区，采取听汇报、召开座谈会、现场提问、实地察看、走访村（居）民等方式方法，对城乡社区建设和村务公开民主管理工作进行了全面、深入的了解，现就调研情况报告如下。

一、城乡社区建设和村务公开民主管理工作取得的主要成效

当前，自治区及各级党委、政府高度重视城市社区建设和村务公开民主管理工作，把社区建设作为社会管理创新和增进民生幸福的落脚点和出发点，作为事关维护社会稳定，实现长治久安的重要基础工作来抓，不断加大政策创制力度，普遍加强组织领导，加强了人力保障，加大了经费投入，改善了服务设施，拓展了公共服务，社区管理和社区服务在维护稳定、服务民生方面发挥了重要作用。

城镇社区建设扎实推进。2008年8月，自治区党委印发了《关于进一步加强社区党建工作的意见》，全面推行社区党组织建制实体化管理，再次明确了社区建设的目标和任务，对社区工作者编制、待遇，社区工作经费，服务场所建设，社区人才队伍建设等重大问题提出更高要求，有力促进了城乡社区建设健康发展。以此为标志，我区社区建设进入加快发展新阶段。目前，100%的社区建有党组织，320个社区实行“大党委制”，每个社区有5—7名行政干部，公岗人员超过25人，干部待遇普遍提高，城镇社区年度工作经费超过10万元，服务场所建设取得重大进展，统计显示，全区399个街道（镇）建有社区服务中心的共237个，1831个城镇社区中，服务场所达到400平方米以上的有1655个，占90.4%，开展“一站式”管理服务的达到1546个，公安司法、就业再就业、民政救灾减灾、民政社会救助、医疗卫生、环境保护等基本公共管理服务已覆盖到所有城镇社区。全面实施“四知四清四掌握”和“五百”工作机制，普遍推行了单位化管理、网格化覆盖、社会化服务的“三化”建设，和谐社区示范创建活动深入开展，通过组织群众性的学习教育以及互帮互助和志愿服务活动等，社

区管理服务水平显著提高。

农村社区建设实验活动稳步推进。2007 年安排试点以来，我区已有 357 个村启动试点工作，哈密市、克拉玛依市克拉玛依区、精河县被民政部批准为“全国农村社区建设实验县（市、区）”。在实验区，农村社区建设与社会主义新农村建设同步开展，基础服务设施建设日趋完善，基本公共管理服务向农村延伸，学习教育、文化体育、互帮互助活动等更好开展，农村居民的生产、生活需求得到更大满足，城乡生活差距明显缩小。

村务公开民主管理工作扎实开展。“难点村”治理取得阶段性成果，各项政策要求全面落实。各地在原有公开内容的基础上，将涉及广大农牧民切身利益的事项全部纳入村务公开范围，在公开形式上普遍实现了公开专栏橱窗化、公开地点场所化、公开内容通俗化、公开文字多样化、热点问题多样化的“五化标准”，使我区村务公开工作制度化、规范化水平不断提高。民主管理创新做法不断涌现：“四议两公开”工作法全面推行，“民主日”活动、“村务民主议事卡”、“民主决策八步法”、“村民意见箱”等形式多样。第八届村民委员会换届选举顺利完成，通过实行“一肩挑”等措施，农村基层党组织的领导核心作用更加突出，党和政府联系群众的各项方针政策得到了更好贯彻落实。

二、城乡社区建设和村务公开民主管理工作存在的主要问题

城乡社区建设和村务公开民主管理工作虽然取得了明显成效，但从总体看，城镇社区民主自治仍处于培育发展阶段，政府提供的公共管理服务向农村社区延伸尚需做大量工作，村务公开民主管理需要进一步加强组织领导，推动城乡社区建设和村务公开民主管理工作更好地服务自治区社会、经济加快发展大局还需要做大量工作。同时，民政履行职能也存在一定问题和困难，需要认真研究并加以解决。

（一）城镇社区行政化倾向严重

长期以来，社区建设基本依靠政府来推动，社区居委会主要是履行政府职能，自身群众性自治组织的法律地位和民主功能被边缘化，社区居委会主任、副主任基本由上级任命，并不是由群众选举产生。据统计，相关职能部门转嫁到社区的任务多达 100 余项，一些部门不仅下达工作任务，还提出许多具体要求，社区居委会要建立 10 多类台账，有的甚至多达 20 余本；有的社区每年要签订 30 多项责任书，除街道组织的常规检查考核外，许多部门如环境、卫生、绿化、治安、统计、教育等都组织单项检查评比，同时，国家、自治区一再强调的“权随责走、费随事转”要求难以落实，社区成了名副其实的“小政府”。

（二）民政履职存在困难和问题

长期以来，基层民政从事基层政权和社区建设的工作人员严重不足，目前，

只有伊犁、乌鲁木齐、昌吉、克拉玛依、塔城、和田、喀什、阿克苏、巴州设置了基层政权和社区建设科，个别县（市）如库尔勒市、昌吉市、阿克苏市、石河子市、库车县、和丰县设有对应科室，其余全是兼职。同时，基层民政部门缺乏专项工作经费也是履职面临的突出困难。近年来，各级组织部门加强了对城乡基层组织建设的领导，加大了推进基层组织建设的力度，一些地（州）、县市民政部门由此产生了依赖思想，工作主动性明显弱化，传统职能出现缺位。基层干部普遍反映，部分地州民政部门领导认识存在偏差，只关注项目和资金，对基层政权和社区建设工作重视不够，主观上影响了民政作用的发挥。

（三）居委会建设进展缓慢

社区居民委员会是群众性自治组织，依法设立，依法组织并带领居民群众自我管理、自我教育、自我服务、自我监督。据调查，目前只有克拉玛依、乌鲁木齐、昌吉等少数地（州）所在市社区居委会依法按期进行了民主选举，大部分县（市）没有或基本没有组织民主选举活动，依法民主自治的组织体系和规章制度不够健全，社区居民依法自治活动普遍没有很好开展起来，公益性、服务性、互助性社会组织也没有很好培育和发展，群众性、社会性的管理服务作用没有很好发挥，社区居民对社区组织的认知度较低，参与社区建设的意识不强、热情不高。

（四）农村社区建设实验覆盖面低

党中央作出了“开展农村社区建设”的决定，但国务院没有出台相关的配套政策，推动农村社区建设没有政策依据。试点初期，以民政厅的名义行文部署这项工作，实践证明，各地的重视程度和实际效果都非常有限，与先进省区的差距越来越大。新疆经济欠发达，农业税取消后，很多乡镇收入减少，有的乡镇完全靠财政拨款开展工作，无力支持农村社区建设实验工作，大部分县（市、区）情况相同，致使农村社区建设实验覆盖面低。

（五）村务公开民主管理存在形式主义

调研显示，个别地方村务公开只是一般性政策宣传或一些无关紧要的事项，集体土地发包等涉及群众切身利益的重大事项公开时间短，形式也简单，存在“重一般、轻热点”、“重形式、轻内容”的现象。还有一些地方领导干部对村务公开民主管理重视不够，工作时紧时松，不能持之以恒，致使村务公开的内容不能及时更新，群众意见大，由此在村委会换届选举期间引发群众信访，甚至群体性上访的也为数不少。

三、推进城乡社区建设和村务公开民主管理工作的意见建议

（一）加强社区居民委员会建设

解决社区行政化问题，必须加强社区居民委员会建设，使居委会回归群众性

自治组织本位。法律、政策明确社区居民委员会共有三项职能，一是协助政府工作，发挥联系居民群众的桥梁和纽带作用；二是通过开展民主自治活动，带领居民群众团结互助、共建美好家园；三是组织开展有关监督活动，促使各项社区工作不断提高效率和质量，增强居民对社区的归属感和认同感。建议在自治区党委组织部领导下，统一部署社区居委会换届选举工作，统一换届选举时间和届期，严格候选人条件，规范职数结构，提倡交叉任职，各地（州）确定2—3个社区进行试点。通过换届选举，健全居委会组织体系，明确居委会职责任务，完善民主管理制度，依法开展民主自治活动，落实党的基层民主政治制度。

（二）提升社区服务功能

社区服务是社区建设的出发点和落脚点，是各项社区工作和活动的主线。社区服务的主体是政府、社会和市场，社区服务的对象是社区居民和驻区单位。随着经济社会不断发展，社区成员对社区服务的需求呈现多样化、层次化、标准化，而我区各地，落实到社区的公共服务项目普遍较少，服务质量和效率也有待提高，社会化、市场化的社区服务发展较慢，难以满足社区成员日益增长的服务需求。建议会同自治区党委组织部，制定社区服务建设意见，明确加强社区服务工作的目标任务、重点工作和推进措施。继续加强社区服务设施建设，推动公共管理服务向城乡社区延伸，提出培育公益性、服务性、互助性社区社会组织的政策意见，大力开展社区志愿服务，引导市场化的社区服务健康发展，政策性加强和改进社区服务，不断丰富社区服务的内容，整体提升社区服务功能。

（三）高度重视基层政权和社区建设工作

基层政权和社区建设是党和政府赋予民政部门的重要职能，是加强和创新基层社会管理、促进社会和谐稳定的重要方面。各级党委、政府都应在思想认识上把加强基层政权和社区建设工作摆在推进我国民主政治建设和加强社会管理的突出位置，在工作安排、力量配置、经费保障等方面更多向基层政权和社区建设领域倾斜。各级民政部门应把加强基层政权和社区建设作为履行职能新的生长点和增长极，强化履职意识，明确目标任务，提高履职手段，增强履职能力，巩固提高民政在推进工作中地位作用。适时召开全区基层政权和社区建设工作会议，回顾和总结全区基层政权和社区建设工作，分析当前形势、明确目标任务、部署今后工作，统一思想、振奋精神、提高效率。

（四）改革城市基层管理体制

街道办和居委会作为城市基层管理社会、联系群众的行政单位和群众组织是新中国成立之初同时成立的。街道办直接承担各项行政工作，居委会予以协助，居委会的职能相对独立。改革开放之后，社区的作用日益凸显，各级党委、政府普遍加强了对社区的投入，因为社区组织人员编制、经费保障、基础设施建设是由政府提供的，街道办作为政府的派出机构自然肩负起管理社区组织的责任，并顺势对社区工作进行全面安排部署，自然也主要是行政事务工作。随着社区力量逐步壮大，街道渐渐把各项工作直接交给社区去做，自身从“干事”的转变为“管事”的，同时，因为监督机构天然缺位致使街道办管理权限日益膨胀，随意调配社区人员、资源，政府拨付社区的专项工作经费由街道管控，社区只能完全听命于街道，只能主要向街道和基层人民政府负责，社区组织不仅缺乏工作自主权，也实际很难依法开展民主自治活动。建议一是在现有社区“一站式”服务平台基础上建立社区综合服务站，全面承接各项行政工作，社区居民委员会依法设立，依法按政策要求组织居民群众开展活动，体制性剥离社区承担的行政工作和民主自治职能，与社区党组织并列构成新的“三位一体”社区治理体制，从而更好发挥群众性、社会性管理社会、服务居民的作用。这种做法在安徽、湖北、北京等很多省份都有实践，效果很好。二是试点撤销街道办。按照建设“大社区”的工作思路，进一步加强社区力量，让社区直接面对政府各部门并独立自主发挥作用。撤销街道办在法规政策方面没有障碍，撤销街道办实际减少了行政层级，有利于政府职能转变，民政部对此充分肯定，明确提出是今后发展趋势。

（五）出台相关政策

建议以自治区党委、政府名义出台《自治区关于进一步加强和改进社区居民委员会建设的实施意见》、《自治区关于推进农村社区建设的实施意见》、《自治区关于进一步加强和改进社区服务工作的意见》。颁布实施《自治区实施村民委员会组织法办法》、《自治区村民委员会选举办法》、《自治区村务公开办法》，共三个意见三个办法，从而提高城乡社区建设和村、居自治组织法制化、规范化水平。

从“社区发展”到“社区营造”

——关于台湾地区农村社区发展情况的考察报告

为了解台湾农村社区建设工作情况，根据外事出访安排，5月22日至30日，应台湾“中华救助总会”的邀请，以民政部基层政权和社区建设司副司长王金华为团长，民政部外事司、乡镇论坛杂志社和来自江苏、浙江、山东、湖南等地的基层政权和社区建设实际工作者一行16人组成的农村社区发展考察团，赴台湾开展农村社区发展考察和交流工作。考察团先后考察了台湾南投县桃米社区、苗栗县姜麻园社区、台北市北投区吉庆社区、宜兰县白米社区和花莲县太巴朗社区等，并与台湾主管社区发展的相关部门代表、专家学者、具有丰富扶持社区发展经验的基金会代表和社区工作者、社区居民等进行座谈交流。通过考察交流，考察团对台湾的农村社区营造的发展历史、管理体制、运行模式和发展理念等有了深入了解，留下了深刻的印象。现将有关情况报告如下。

一、台湾的基本概况

台湾是我国最大的岛屿，其中包括台湾本岛及兰屿、绿岛、钓鱼岛等21个附属岛屿，澎湖列岛64个岛屿，其中台湾本岛面积为35873平方公里。目前所称的台湾地区还包括靠近大陆的金门与马祖等岛屿，总面积为36006平方公里，为中国的“多岛之省”。台湾本岛南北长而东西狭。南北最长达394公里、东西最宽为144公里，呈纺锤形。台湾是世界上少有的热带“高山之岛”，除西岸一带为平原外，其余占全岛2/3的地区都是高山峻岭。截至2010年底，台湾总人口为2300多万人，以汉族为主，少数民族占2%，少数民族分为阿美、泰雅、排湾、布农、卑南、鲁凯、曹、雅美和赛夏等，分居台湾各地。截至2010年底，台湾地区的社区发展协会共有6518个，社区人口数为20771591人，社区户数为7018630户。

二、台湾农村社区的发展历程

台湾社区建设经历了自1955年的台湾社区发展和1993年的台湾社区营造两个阶段，每个阶段又包括具体不同的发展过程。总体上来看，在社区建设方面呈现出先着重解决广大农民日常生产生活相关的民生建设，再进一步扩展到经济社会发展、巩固社区自我治理能力，形成具有凝聚力、归属感的农村社区的基本演进逻辑，形成一个政府推动、积极引导广大农民参与，逐步形成社区自我治理、培育社区意识的社区建设过程。

（一）农村社区发展阶段

1955 年在台湾“农村复兴委员会”的指导与协助下，开始实施本土化的“社区发展运动”，即“基层民生建设运动”。其目的在于追求农村经济的繁荣和村民生活的改善，即从衣、食、住、行、育、乐等六大日常生活上来改善和提高村民生活水准。基层民生建设是以农村地区为主要实施对象的乡村社区建设计划，以“增加生产教民富，改善生活使民享”为目标，内容包括“生产建设”、“教育文化”、“卫生保健”和“社会福利”四大类，每类包括若干工作项目。这个阶段所开展的农村社区建设主要突出了改善与广大农民日常生产生活相关的民生问题，提高广大农民的生活质量与生活水平。从具体实施过程来看，1965 年，台湾地区颁布实施“民生主义现阶段社会政策”，把“社区发展”列为当时的七大社会福利措施之一。1966 年成立由上而下的推行社区发展机构，以推动社区发展工作。1968 年，制定并颁布了“社区发展工作纲要”，社区发展成为台湾地区社会政策的主要方针。从 1965 年至 1993 年近 30 年的时间里，台湾地区先后颁布了三个指导性的社区发展工作纲领，明确界定社区发展的内涵，指导成立社区发展组织，推进本土化的社区发展运动。

（二）农村社区营造阶段

20 世纪 90 年代，台湾地区出现了一系列经济、政治和社会条件的变化，主要表现为：一是经济发展问题，台湾 50 年来的经济发展过度注重经济和硬件数量的增加，忽略了普通民众日常生活的需求，导致地方文化独特性的丧失。二是生态环境问题，工业化和城镇化的发展导致生态环境受到破坏，城市化导致大量人口聚集，农村地区生机丧失。三是农村社会逐渐凋敝，农村人口向城市外移，随着城市化进程的加快，农村人口外移，传统农业没落，农村建设及公共设施不足，造成农村发展落后，生活机能明显低落，农村生活及文化特色逐渐消失。四是台湾地区领导人对于“台湾生命共同体”的倡导和复兴本土文化与社区意识的推动，对既有体制和价值观念发起挑战，倡导社区居民的自发性参与。在此背景下，以建设富丽新农村为目标，重点促进农村活化再生，积极推动社区居民的参与治理，形成不同群体的公共社区意识，社区总体营造计划应运而生。

1. “农村社区总体营造计划”（1993—2002 年）。李登辉于 1993 年大力呼吁要建立台湾“生命共同体”的观念，1995 年 3 月，“社区总体营造计划”出笼，正式开始推行“社区总体营造计划”，其核心模式为有关社区的各种公共事务，都应该由社区居民来共同参与和关心，秉持自下而上、社区自主及居民参与原则，主管部门的角色由以往的主导者转变为协助者，提供各种诱因和示范计划，通过理念推广和人才培育等方式来鼓励民众参与。

2.“新故乡社区营造计划”（2002—2005 年）。2002 年，台湾将“新故乡社区营造计划”提列为事项重点计划之一。首次将过去分散于各个部门的社区营造相关业务，统合至单一平台进行整体筹划，其目标在于建设“一个符合人性、关怀健康与福祉、拥有丰富的人文、特色的产业，景观宜人且尊重事态的永续社区”。这一阶段突出了不同主管部门协调规划，逐步引导构建具有文化内涵、历史风貌、广大居民积极参与、共同服务的精神文化生活共同体建设。

3.“健康农村社区六星计划”（2005—2008 年）。“健康社区六星计划”于 2005 年 4 月 14 日核定实施，其理论基础是“社区主义”，核心价值包含三个要素：一是以社区作为政府最基础的施政单位，强调社区的自主性及主体性；二是培养社区解决问题的能力；三是培育社区营造人才。“健康社区六星计划”有三大目标：推动全面性的社区改造运动，通过产业发展、社区医疗、社区治安、人文教育、环保生态、环境景观等六大面向的全面提升，打造一个安居乐业的“健康社区”；强调培养社区自己的营造人才，建立自主运作且持续发展的社区营造模式；强调贴近社区居民生活、在当地农村提供就业机会、促进地方经济发展；强化民众主动参与公共事务的意识，建立由下而上发展建议机制，厚植族群互信基础，扩大基层民众的参与，营造一个“永续成长、成果共享、责任分担”的社会环境，让社区健康发展，台湾安定成长。

4.“新故乡社区营造第二期计划”（2008—2013 年）。新故乡社区营造第二期计划主要延续补助县、市推动社区营造，并增列基层社区工作经费，主要分为行政社造化辅导、社区创新实验和社区文化深耕等三大重要工作项目。行政社造化延续补助县、市推动社区建设及社区内部的整合工作；社区创新实验协助社区产业、社区营造成果展现；文化深耕主要在于推动社区剧场推广、社区记录辅助和社区艺文发展等。在这一阶段，通过行政社造化辅导来强化地方自助互助，发挥社区的积极性，并协助地方政府落实推动社区建设政策，并通过社区培育，引导更多的社区进入社区发展营造的领域，从而形成以社区为主体，各有关部门分层负责，政策宏观引导的社区建设新模式。

三、台湾农村社区发展的特色

台湾从 20 世纪 50 年代开始的农村社区建设运动，实际上是一个从台湾当局主管部门主导推进，积极过渡到台湾当局主管部门引导、广大农民积极参与，形成自我治理的社区发展格局。总体上来看，台湾农村社区建设的实践历程具有以下几个方面的特色。

（一）台湾当局行政性力量在农村社区发展中发挥着重要作用

台湾地区的社区发展具有浓厚的台湾当局主导色彩，从“社区发展”概念的引进到《社区发展工作纲要》的制定与修改，再到一系列社区发展计划的出台与实施，主要是台湾当局在主导推动实施，台湾当局通过制定相关规定、财政资金扶持和社区发展引导等方式，在宏观上影响和指导社区的健康发展，基层社区居民主动参与和创造性发挥的特性相对较弱。在社区发展阶段，主要由台湾当局发动和资助，主管单位为“社会司”、“社会局”、“社会科”等社福单位，关注的焦点分别为乡村社会的整合和基层民生建设，以生产建设、教育文化、卫生保健与福利康乐等四项为工作内容。直到1991年的《社区发展工作纲要》实施后，社区居民的主动参与得到重视，在社区营造过程中主导角色为“文建会”，同时也包含了“文建会”、“农委会”、“内政部”、“环保署”、“原民会”、“客委会”、“卫生署”等相关部门。“内政部”主要提供辅助经费、制订辅导计划和建立考核（评价）指标等宏观指导，其他部门按照自身职能，积极配合推动社区共建，县市政府配合编列奖补费、督导费和办理考核等。在资金投入方面，台湾农村方面的农产品生产和贸易是免费的，另外，台湾加大对农业的扶持与发展，对基础设施投入、农田休耕、农业推广经费来源、农业保险等都有有关规定加以规范。但总体而言，“社区发展”最初是作为一种“舶来品”引进台湾，在社区成长过程中，政府主导是一个必经的历史过程。当社区居民对此有了充分认识与理解之后，随着社区居民把立足点置于社区居民的主动参与上，这样才能实现可持续发展。

（二）充分发挥各种社会和社区内的非政府组织在农村社区营造方面的作用

随着台湾农村社区建设的发展，台湾当局也逐步认识到单纯依靠政府的行政力量并不能取得最佳效果，需要调动社会组织和社区居民力量共同推动。自20世纪90年代的“社区总体营造计划”阶段，台湾当局的角色由以往的主导者转变为协助者，台湾农会、社区发展协会、志愿者组织等在社区营造过程中发挥着越来越重要的作用。台湾农会作为法人，具有政治性、经济性、社会性和教育性的功能，它为主管部门和农民之间的沟通搭建了有力的桥梁，在台湾的社区发展中发挥着重要作用。一些知识分子在开展下乡调研过程中顺便推动建设老人大学、妈妈教室等，将那些原本看电影、打麻将、看电视的妈妈们组织起来，上课学插花、陪小孩，逐渐开始熟悉并建立起联盟。有些现代都市人在日益竞争的城市生活中感觉到生活忙碌、茫然、盲目，开始回归乡村，回归土地。台湾桃米村便是社区营造运动的典范。在新故乡文教基金会、“行政院”农业委员会特有生物研究保育中心的协助下，一群城市白领来到社区，为社区注入社造精神，将村民的自我意识启发出来，带动引导居民对家园的建设营造，10年时间，一个垃圾遍地的贫穷村，如今已经成为一个生态优美，集观光、商贸于一体的现代化生态田园社区。在白米小区发展协会的推动下，白米木屐村充分发掘当地一种称为江某树的资源，发展木屐产业，赋予木屐新生命，将生活用品转换成手工艺品，使木屐不仅能穿在脚上，还能拿来彩绘、装饰、欣赏等，营造出代表着“白米心、木屐情”的白米木屐村，并逐渐成为家喻户晓的观光景点，为白米社区注入新的生命力。

（三）依托当地资源，通过发展农村特色品牌来实现农村营造

随着城市化进程的加快，传统的乡村社会结构被打破之后，乡村的面貌呈现出碎片化趋势。大量的年轻人看不到乡村的价值、找不到发展的机会，于是离开乡村前往城市。这就导致乡村共同的社会活动越来越稀少，乡村内部群体之间的社会链接也越来越表象化。台湾社区营造的政策推动，从早期政府主导的“自上而下”的政策执行，演变成强调公民参与的“自下而上”的运作模式。这种通过民众参与，凝聚社区意识，寻找本地资源，创发愿景，继而跨领域多元合作，创发地域魅力，最终实现可持续发展社区，是台湾社区营造的一个突出特征。台湾的大多数农村社区充分发挥各自资源，打造各自的特色品牌，集产业发展、旅游休闲、传统文化保护于一体。我们所参观的桃米社区的灾后重建的生态旅游、白米社区的木屐文化产业发掘、姜麻园社区的居民充分利用该区生产的优质姜，所研发出如姜母糖、姜麻养生茶、姜饼等特色产品，太巴郎社区的传统文化保护等都给人留下深刻印象。桃米社区是属于在台湾“9·21”地震中受灾最严重的地区之一，吸引了很多外界的关注，灾后重建过程中各种资源开始纷纷进来，借助灾后重建的时机，新故乡文教基金会帮助社区重建，从带领桃米村民去发现“桃米之光”的青蛙开始，培养社区的青蛙导游，在培训中加入人文方面的内容，形成初步的社区凝聚力，使社区逐步在生态环境保育、人文生态的保育等方面达成共识，独具匠心地把一个小山村打造成了台湾地区有名的生态发展村，从而形成一个社区发展的良性循环，通过美好的环境来发展生态旅游，更好地增加社区收入和建设。

（四）农村社区发展协会在推动社区发展中具有积极作用

现代社会中，每个人都只考虑自己眼前的利益，造成了不信任、不理解和个人冲突，随着台湾社区营造的发展，越来越重视发挥社区组织的作用和发动社区居民广泛参与，通过集合大家的力量来合作实施工程，共建美好家园。各式各样的社区发展协会应运而生，根据各地不同的产业发展特色，形成了珍珠社区发展协会、休闲农业发展协会、渔业社区发展协会等各种各样的社区产业发展协会，从 1999 年到 2010 年，社区发展协会数量从 5245 个增加到 6518 个，社区发展协会的平均服务量在 3000 人之内，成为社区居民参与社区发展的重要载体。台湾地区社区发展协会作为一个从事社区公共发展及服务的非营利性社会组织，在运行过程中受到上级政府的监督与指导，但两者之间并不是行政隶属关系，主要由理事、监事、个人会员、团体会员、赞助会员等成员构成，理事长由会员投票选举产生，会员每年缴纳一定数额的会费，并享受发展协会提供的信息、活动、交流会等方面的服务，同时还会参加社区协会举办一些活动，如传统节庆活动、座谈会以及社会公益活动等等。社区发展协会要充分发掘当地资源，制定发展规划，带领会员发展经济产业，同时还要撰写计划书，向各部会申请经费，建设社区软、硬件设施。社区工作人员有专职和兼职之分，一般社区发展协会设立活动中心，附设守望相助队、妈妈教室、长寿俱乐部等。在社区发展初期，社区协会的目标在于通过专注于改善人际关系和道德规范，让他们知道怎样尊重别人，来找回人们之间的和谐与信任。在社区营造阶段，协会的工作向更广泛的领域展开，他们通过发展民宿休闲产业，借助温馨民宿经营方式，融合当地独特的自然资源和土产优势，发展当地优势农业产业、休闲文化观光产业和传统文化资源的保护等，积极引导社区居民共同参与，多次举办志愿服务团、社区读书会、端午节庆、春祭等协会会员共同参与的活动，从经济创收和精神关怀两个层面上改善社区的整体生活质量。同时衍生出一系列其他活动和特殊工程例如庆祝节日、建立展览厅等。

四、启示与建议

农村社区的建设和发展是现代社会发展的必然趋势，也是构建社会主义和谐社会的重要途径。社区建设在大陆还处于起步阶段，虽然社会制度、管理体制不同，但是内地与台湾历史同源，文化同根，而且经济社会发展过程中遇到的一些问题具有一定的相似性，如空心村、留守儿童和留守老人问题，怎样吸引城市青年或进城务工的年轻人回乡创业，农村生活文化逐渐消失等问题，台湾在处理这些问题方面有一些成功经验，对于如何进一步推动大陆农村社区发展具有一定的借鉴意义。

（一）各级政府和社会多元主体的共同参与是农村社区建设和发展的必备条件

在农村社区发展的初期，由于社区社会组织发展较弱，社区居民的参与的积极性较低，社区建设发展工作的侧重点主要在于基础设施建设、社区社会组织的培育和对社区居民的教育引导，农村社区建设工作主要应由政府部门来主导，通过对农村社区的规划指导、制定相关的法律政策、给予财政经费支持和培育民众的力量等来保障社区发展。在农村社区发展到一定阶段后，社区的发展主要靠社会组织和当地居民的积极主动参与，谋求本地发展，促进社会整体进步，既发挥了社区这一传统形式中的有利因素，更为整个社会长久持续发展打下坚实基础，将有效地保障和推动社会在“以人为本”、可持续发展、生态文明的发展轨道上前进。

（二）在农村社区建设中应注重体现农村特色

当前，随着市场经济的发展，城市化进程的加快，农村人口外移，并大量地向城市集中，我国的许多传统产业逐渐走向没落，传统的文化习俗受到西方外来文明的强力冲击，传统的院落建筑和儿时印迹在城市化进程中消失殆尽，农村生活及文化特色逐渐丧失，逐渐呈现出一幅凋敝的景象。从城市化发展的历程来看，城市化的快速发展，必然会导致人口集中膨胀、环境污染严重和交通堵塞等的不良状况，这也就决定了农村社区建设绝不能再走城市化发展的老路，而应该注重发掘农村的资源，积极引导政府公共服务向农村延伸，注重发挥农村的特色产业、传统文化价值观念的保留和农村田园风光环境的营造，从而实现人与自然环境的和谐共生，推动农村可持续发展和幸福和谐乡村的再现。台湾所提出的“农村再生”计划，强调农村产业、自然生态与生活环境之共同规划及建设，注重农村文化之保存与维护，且已取得了积极的成效，姜麻园社区居民充分利用该区生产的优质姜，所研发出如姜母糖、姜麻养生茶、姜饼等特色产品，为传统的农业创造出新的商机；木屐村居民为寻回生机，重新认识家乡昔日的“木屐文化”，并开始珍视这段历史的记忆，发展木屐产业，将生活用品转换成手工艺品，并建造木屐博物馆，发展地方特色的旅游。大陆的地理环境和丰富的乡村特色资源，也保障了在农村资源的发掘和特色产业发展方面具有巨大的潜力。

（三）加强资源整合利用是农村社区建设与发展的有效途径

农村社区建设作为一项系统工程，在基础设施建设、组织运转、公共服务等方面都需要投入大量的人力、物力和建设资金，通过多渠道筹措社区发展资金、调动各方面参与社区建设的积极性，充分利用和整合社区资源是社区建设和发展的长久之策。在台湾地区，社区发展工作已成为台湾当局施政的一个重要政策工具，台湾当局及其相关部门通过制订发展计划、提供补助经费和建立考核评价指标等方式来指导社区发展，采用税收减免或返还等政策，大力支持社区建设项目，各种基金会、财团法人、慈善机构、社团法人等蓬勃发展，通过筹集社区建设发展经费、开发社区资源、辅导教育社区民众和组织各项活动等来推动社区发展，由社区居民组成的社区发展协会，根据本地实际撰写计划书，向各部会申请经费，建设社区软、硬件设施，并带领社区居民投身家园建设。通过台湾当局、社团组织、学术界与居民的共同合作，一同进行产业发展、社区生活、生态环境的营造与重建工作，为社区注入营造精神。作为借鉴，我们在开展农村社区建设中，中央及各级政府应加大资金投入和政策指导力度，明确各部门的职责分工，通过整合资源、统筹安排，以农村社区综合服务中心为平台，捆绑使用各部门安排的涉农资金和项目，实现资金、项目和资源效益的最大化和设施布局的最优化。积极培育各类社会组织和社区组织的成长发展，明确社区居民的主体地位，调动社区组织和社区居民参与建设的积极性，形成政府主导、民政牵头、部门协作、群众参与的社区建设格局。

（四）开放灵活的管理体制和运行机制是农村社区建设与发展的制度保障

在社区发展的历史中，仅仅依靠政府机构专职提供社区服务，往往会出现行政和财政成本高昂、服务效率不高、服务机制缺乏灵活性等问题，难以适应和满足农村社区居民的公共需求和社区发展需要。随着市场化的发展，各种非营利组织的兴起和社区居民参与社区家园建设积极性的提高，政府可以将大量具体事务交给非营利组织和社区组织承担，并鼓励企业参与，通过购买社区服务和项目投资来增强农村社区非营利组织的服务能力；同时运用经济税收和劳动政策、服务合同等方式，鼓励其提供更广泛和多样的社区服务。农村社区组织的发展，使得农村居民完全以“社区人”的主体角色积极参与社区发展，在社区发展过程中维护自身和社区的合法权益，其制度规则成为社区发展的有力保障。从而构建政府、市场和社区框架下的多中心治理机制，通过政府与社区居民对社区公共生活和建设发展的合作管理，实现社区公共利益的最大化。

第四部分

附　录

黑龙江省“文化促发展，社区共繁荣”社区文化服务工程实施方案

社区是构建和谐社会的基本单元，文化是推动社会发展的重要力量。加强和重视社区文化建设，有利于促进社区人际和谐，提升群众幸福指数，提高社区组织化程度，巩固党在城乡的执政基础，对于和谐社会的全面发展和社会文明的全面进步，具有重要意义。当前，为突出加强社区文化软实力建设，增强社区服务管理能力，省社区建设领导小组决定，从2012年起，在全省城乡社区实施“文化促发展，社区共繁荣”社区文化服务工程。现通知如下：

一、指导思想、目标

（一）指导思想

以“三个代表”重要思想和科学发展观为统领，全面贯彻落实党的十七届六中全会和省委十届十八次会议精神，按照《中共中央关于深化文化体制改革、推动社会主义文化大发展大繁荣若干重大问题的决定》和《省委实施意见》要求，把文化建设作为城乡社区管理服务的重要内容，寓于和谐社区创建活动当中，通过广泛开展各类社区文化服务活动，把社区建成城乡群众文化活动的阵地、传播社会主义核心价值理念的课堂、弘扬社会主义先进文化的平台，促进城乡基层文化事业大发展大繁荣，为构建平安龙江、和谐龙江、幸福龙江奠定深厚的文化基础、提供有力的文明保障。

（二）目标

今年，全省城乡社区要全面启动“文化促发展，社区共繁荣”社区文化服务工程建设，通过工程实施，较好地发挥文化建设对和谐社区创建的引领作用，打造出100个文明社区、高尚社区和智能社区。力争用三年左右时间，把全省80%的城乡社区建设成为富裕、民主、文明、高尚的和谐社区，逐步形成具有时代特征、符合地域特点、社会公众认同的龙江社区文化。

二、重点建设内容

（三）普及基础文化

以满足社区居民崇尚知识、追求进步的文化需求为目标，围绕创建学习型社

区，大力普及基础文化。一是依托社区教育学校、市民学校、村民学校、社区老年大学等社区教育平台，增设有针对性的教育培训科目，重点面向中小学生、老年人和待就业人员，开展“快乐四点半”课堂、老年大学教育和职业技能培训等服务。二是结合重大节庆日，组织居民广泛开展各种纪念活动，开展社会主义核心价值理念和公民道德纲要的教育，进行爱国主义、理想信念和家庭伦理等传统教育，在潜移默化中加强先进文化对社区成员人生观、价值观的引导与规范，提高社区文明程度。

（四）活跃群众文化

要把社区文化与艺术文化、民俗文化、体育文化、广场文化、校园文化、企业文化、家庭文化相结合。一方面，举办歌唱、舞蹈、书法、绘画、戏曲、电影、读书、摄影、健身、棋牌、游艺等文化艺术活动，吸引不同兴趣群体参与。另一方面，兼顾多种文化艺术门类，举办艺术讲座、培训、展览、沙龙、竞赛、读书会、茶话会、联欢会、运动会等集体文化活动，促进社区、邻里、家庭、人与人、人与社区的和谐，形成良好的社会风尚和人际关系，构建和谐氛围。

（五）引进高雅文化

要推动社区文化百花齐放、雅俗共赏，还要积极引进文工团、艺术馆、歌舞团、乐团、戏院等专业艺术团体和演出院团走入城乡社区，为城乡群众奉献高雅艺术，在满足群众多元的文化需求中提升社区文化品位。要积极培养和孵化艺术协会、文艺社团等群众性的社区文化社会组织，并按照专业化社会组织方向打造和培养，让高雅的艺术既能营造出社区的人文气息，同时，也让居民群众从中受益，进一步提高社区文艺层次，彰显艺术魅力。

（六）打造品牌文化

要按照全省特色型社区建设要求，充分发挥特色型社区的示范、凝聚和影响作用，凸显独具魅力的社区品牌文化。一是构建社区服务和文化融为一体、具有本社区标志性特点的社区文化品牌，充分发挥社区图书馆、社区教育学校、文化休闲广场、先进文化展示厅等功能馆室的作用，坚持以先进的文化思想、丰富的文化内容、灵活的文艺形式、知名的社区品牌，吸引众多的参与者。二是充分发挥城乡社区组织的人才和信息优势，在鼓励社区文化体育团队积极开展活动的同时，引导文艺活动骨干重视本社区文艺品牌的原创性和生命力，在各级文化部门的扶持下，形成一些保留节目，创出精品力作。

三、工程实现形式

（七）健全社区文化建设的组织队伍

全省城乡社区，要普遍设有一个文化服务协会，有一支群众文化宣传队，有一名专职负责文化服务的社区工作者，有一支社区文化志愿服务团队。城乡社区组织还要积极发动社区群众，推荐出具有文化特长的离退休党员干部、职工、居民代表和驻区单位代表，参加到社区文化活动中来，逐步培养为社区文化骨干，并从中明确专人担任社区文化联络员。

（八）巩固社区文化建设的宣传阵地

全省达标以上的城乡社区中，应当建有室内文化活动室和户外文化活动广场、社区图书室、居民学校，并保证每天向群众开放时间不低于8小时。有条件的社区还要有一处永久性社区文化标牌。城乡社区要根据内部环境和布局，利用楼（院）墙面，精心设计制作社区文化宣传栏，宣传社区群众自发创作的诗词、美术、书画等，增强社区文化的吸引力、渗透力和感染力。

（九）创新社区文化建设的活动载体

要结合社区各项活动主题，把社区先进的文化导向融入丰富多彩的社区娱乐活动，举办社区联谊晚会、电影放映周、消夏纳凉晚会、文体才艺表演、书法绘画展览等，创新文化活动载体。要面向未成年人和老年人等重点人群，开展文化主题活动。利用寒暑假日，积极邀请老党员、老干部、老战士、老教师、老模范等“五老”及志愿者，面向未成年人开展讲党史、讲国情、讲优良传统等专项文化活动，引导未成年人树立正确的人生观、价值观，从小培养爱祖国、爱集体、廉洁奉公、助人为乐的思想品德和行为规范。

（十）整合社区文化建设的社会资源

要全面优化社区文化资源，鼓励居民个人、社会组织、驻社区单位和社会团体，向城乡居民开放文化设施，让社区群众共享文化服务；各级政府要重视文化民生，增加社区基础文化设施的投入，鼓励和发展社会捐助更多地投向城乡社区。城乡社区工作者要创新社区文化的服务方法，按照网络化、信息化、现代化要求，提升服务能力和水平，做好文化服务工作。最终，通过建立资源整合、共建共享的社区文化参与机制，切实提升城乡社区文化软实力。

四、工程建设方向

（十一）培育一批代表性的文化社区，基本标准是：

——社区每年开展特色文化家庭、特色文化楼道、特色文化标兵评选。

——社区有独具特色的文化艺术团队，具有一批特色文化精品，形成了较为知名的社区文化品牌。

——社区有自己的社区之歌、社区文化口号、社区文化主题活动日，每年有社区节或邻里节。

——社区人际关系和谐，群众精神风貌良好，具有守望相助、和谐共处的人文环境。

（十二）树立一批示范性的高尚社区，基本标准是：

——社区志愿服务氛围浓厚，具有连续服务一年以上的社区志愿者，以及定期提供服务的社区志愿团队和社区义工队伍。

——社区居民热心公益慈善事业，设有居民爱心超市，经常性开展救助、捐赠和慈善募集活动；社区每季度组织一次公益活动，每月至少开展一次扶贫济困活动。

——社区倡导文明守法、清风廉政。社区居民文明守法，在社区生活的国家公职人员清正廉洁。

——社区群众生活方式健康文明，无“法轮功”等邪教组织活动，无重大刑事案件发生。

（十三）打造一批互联性的智能社区，基本标准是：

——社区推行信息化管理，社区党组织、居委会实行网上办公，居民可以登录社区信息服务网站咨询或办理事项。

——社区建立起物业服务智能化系统，社区居民生活在智能楼宇、智能家居和路网监控系统中。

——社区内应用了物联网技术，可以使用“社信通”或“宜居通”等信息平台，各类生活信息或公共信息能用群发手机短信告知居民。

——社区卫生服务实现了信息化，居民健康档案纳入到社区卫生服务中心（站）的电子档案中，居民能够电话预约门诊、上网查阅病历、在线查看检查报告。

五、工程推进步骤

各地在“文化促发展，社区共繁荣”社区文化服务工程启动之初，要及时研究制订出本市（行署）实施方案，落实专人、专项资金保证方案的实施，在3月底前将实施方案上报省社区建设领导小组办公室。工程启动后，要着力抓好宣传打造，按照省实施意见和本地区实施方案，宣传推广、组织活动、建档组卷、形成资料。在此基础上，还要注重指导提高，对区、县（市）开展工程实施情况加强指导，做到每半年推进一次、每年底表彰一批，各市地要认真做好选拔、考核和推荐工作，2012年底前，全省将命名表彰100个优秀文化社区、高尚社区和智能社区。

六、工程实施要求

（十四）加强领导，精心组织

各市地党委、人民政府要把这项工作列入社区建设、管理和服务的一项重要内容，应切实加强领导，精心组织，周密安排，整体推进。要把社区文化建设与全省“和谐社区示范创建活动”、“城市特色型社区创建活动”和“城乡社区建设双百示范工程”有机结合，做到同部署、同检查、同考核。

（十五）注重实效，落实到位

各地在开展活动中，要坚持求真务实，注重实效的原则，遵循社区文化建设规律，从实际出发，指导街道、社区利用各类服务资源、人力资源和文化资源，充分发挥辖区单位共建合力，确保各项工作高标准、高质量地落实。

（十六）搞好协调，整体推进

社区文化建设是一项系统工程，各级党委政府要指导民政部门与组织、宣传、文化等部门紧密联系，协同配合，整体推进活动开展。要及时了解和掌握工程进度，总结、宣传推广先进典型和成功经验，推动全省“文化促发展，社区共繁荣”社区文化服务工程健康深入持久开展。

走进台湾　认知台湾

——民政分团“盛情湖南、相会台湾”参访随感录

唐白玉

6月12日至19日，我作为“盛情湖南、相会台湾”——湖南省省长徐守盛赴台参访暨湖南第八届两岸经贸交流合作会活动分团——民政分团团长，率11名成员，围绕民政业务，通过零距离接触台湾的民众、社区、养老机构、相关部门机关、寺庙及“大陆新娘”家庭等，印象深刻，感触良多，既有与同根同源同宗同文的台湾同胞情感的拉近，更有社会建设、传承传统、服务民众的理念和经验可资学习、借鉴。

一、社会组织

1999年台湾“9·21”地震，将南投县埔里镇桃米社区的人家震倒震塌大半，使这个原本就是镇里最穷的地方雪上加霜。重建工作开始了。然而，主导重建的不是政府，而是一个民间组织——“新故乡文教基金会”。主持者采用居民的事居民定、大家的事大家办的自治方式，从规划设计到项目建设，始终立足人文、生态、经济的可持续发展，经过12年奋斗，建成了联合国认可的全世界最宜居社区，社区也由过去贫穷的桃米里变成了今天富裕的桃米里。

民居重建——依势而行。走进桃米里，映入我们眼帘的整个社区的居民住宅建设，没有推山、没有填湖、没有破坏一寸植被、没有连片的钢筋水泥结构的高楼大厦，所有居民住宅都是依山依水依居民的祖居传统而建，显得宁静、自然而和谐，整个社区的生态始终保持着原生状态，看不到人工雕琢的痕迹。

经济重建——依托自身自然资源。台湾是一个“蝴蝶王国”，在中国1300多种蝴蝶中，台湾占400多种，而南投埔里“蝴蝶谷”则是台湾著名的六大蝴蝶谷之一，用蝴蝶制成的工艺品和标本，行销世界各地；全台湾有29种原生青蛙，这里多达23种；此外还有56种蜻蜓、72种鸟类及各种湿地生态植物。主持者和居民们依托这些资源和人的智慧，开发了包括生态旅游业在内的生态经济，居民收入呈几何级数增长，“无工不富”的观念在这里被彻底颠覆。

社会重建——社区社会组织大发展。在这里，包括宗教、慈善在内的各种

群众团体如雨后春笋，支撑了整个社区的运转。社区的这些群众组织不仅发挥着自律、推动社区建设的重大作用，而且积极开展对外民间交流。社区的一座纸质教堂便是这种交流的佐证。2008 年，这座纸质教堂从日本远涉重洋来到桃米社区。该教堂用 58 根纸管做支撑，室内外的椅子也是用纸管做的，生态环保与经济实用实现了完美的统一。这座纸质教堂，除了宗教活动外，社区的居民集会、社区培训、艺术展览、电影放映、音乐会、文化讲座等，一般都在这里举行。

桃米里的灾后重建是一个奇迹，其中的许多经验可为我所用。然而，令人更为震惊和感叹的是，担纲重建的群众组织的巨大组织力、协调力及其经济实力。由此，让我们管窥了台湾“公民社会”建设的一斑。

活跃于 19 世纪上半叶的法国社会学家、思想家、《论美国的民主制度》著作者、曾任法国外交部部长的托克维尔（1805—1859 年）在考察美国及英国、法国的社会后，得出了一个举世著名的论断：为了使一个社会保持活力，避免出现大的动荡，“必须使社会的活动不由政府包办”。这一论断，用今天的话说，就是建设“公民社会”。而“公民社会”的支撑，就是众多的形形色色的草根性民间组织或称之为非政府组织。桃米社区的灾后重建，走的正是建设“公民社会”之路并且取得了极大的成功。

二、传承传统

基于同宗同祖的海峡两岸，有着共同的几千年来世代相传的优良传统。而台湾人民对中华民族优良传统的继承、保持和发扬，使我们难以忘怀。

此次参访，我们有幸拜谒了中台禅寺和佛光山。这两座庙堂，都是承传佛教文化的寺庙。佛教自汉代开始传入中国，其推崇的“大慈大悲”理念与中华民族原有的“义”的概念相融合，逐步形成了我国特有的教化民众、拯救灵魂、广结善缘、多行义举、扶贫济困、普度众生的佛教文化传统。这一传统，影响了中国两千多年。在市场经济相当发达的台湾，中台禅寺的理念仍是“对上以敬、对下以慈、对人以和、对事以真”，佛光寺秉承的仍然是“做好事、说好话、存好心”，这不能不说是极其难能可贵的。其可贵之处还在于，不仅有其言，更是诺其行。除了参观游览、拜佛许愿不收费，解签说法、传经布道不要钱（功德箱捐赠除外），严格维护着寺庙的圣洁、清修的净土形象之外，更是以传播佛教文化为己任，弘扬真善美，教化人们向善，与此同时，创办了佛学院，关注教育，为灾民祈福普度，为弱势群体募集善款等，有效地缓解了社会矛盾，促进了和谐，尽显佛教之真谛。

此次参访，国学在台湾的深入与普及，亦让人流连。国学即中国之学、中华之学，既是学问，也是传统，其内容涵盖了儒家伦理、诸子百家、政治职官、教育科举、文化习俗、国学典籍、文史掌故、国学名句、琴棋书画、国学大师等。尽管此次参访限于时间和内容，来不及也不可能作出全面考察，但从我们所接触的人和事身上，已经强烈地感受到了坚持国学、践行国学的浓厚氛围。举例说，台湾居民称毛泽东为“毛主席”，称胡锦涛为“胡主席”、称蒋介石为“老先生”、称蒋经国为“蒋先生”，以及“辉伯”、“阿扁”、“小马哥”等，这些称谓，没有政治的偏见和人格的侮辱，无不是对国学中伦理范畴的仁、义、礼、智的彰显和表达；官员们的守时守约、着正装、正襟危坐，无不显现出“信”。此外，居民们遵守公共礼仪、爱护公共卫生、公共场所绝不抽烟、倡导科学养生、待人接物彬彬有礼等，无不是居民恪守礼仪之邦的传统和较高素质的外化。

三、服务民生

考察政府服务，是我们此行的目标之一。我们荣幸地考察了台北市政府社会局和长庚养生村。

台北市政府社会局履行社会救助和社会福利职能。通过座谈，我们获得了以下认识：一是在服务理念方面。明确提出了保障生存权、健康权、居住权，强化人力资本、工作福利，促进财产形成、脱贫自立，增强社会参与、教育知能。也就是说，他们最注重的就是发展性救助，在对中低收入者提供现金救助的同时，也注重其家庭的可持续发展，强化被救助者自我脱贫的能力，利用家庭发展账户促进其财产的累积，并增强社会参与、交流、沟通和接受教育、自我发展的能力。二是在制度设计方面。台北市政府出台了社会救助法，从法制上保障了社会救助的权威性和科学性。制度设计精细、科学，人的生老病死无所不包，如生活救助、丧葬救助、灾难救助、急难救助、身心障碍者救助、怀孕加成补助、失聪或半失聪人员救助、幼儿救助等，为中低收入者提供生活扶助、健康维护、居住服务和资产累积四种服务。三是在工作实施方面。台北市 2012 年 5 月的低收入户为 20116 户、49090 人，局里共有工作人员 60 人负责日常工作。为了做好救助工作，社会局的各个活动均运用了社会的力量，大多由社工组织实施，既解决了人手紧张问题，又促进了低收入者与其他民众的交流和沟通，使他们没有被孤立于社会之外，让他们更有尊严地生活。

“长庚养生村”，相当于大陆的敬老院，为了模糊和淡化“养老”而以“养生”为名，它彰显的是选址、命名、服务等方面无微不至的人文关怀。该村坐落在桃园县龟山乡，被誉为岛内最大社区照护型机构，总面积约 25. 67 公顷，建有环山步道及户外生态公园，又由于其位于林口长庚医院对面，就医十分方便。该村规划建造四栋，已完工两栋，其中A栋已开放老人入住，现居住约400户，以军公教退休人员居多。通过一路的参观及得体的解说，让我们对该村的服务有了比较全面的了解。一是服务理念是“让长者多动”。鼓励老人建立自己的社交网络，多参加活动、多出外走走。事实上，这里每天多班来往市区的交通车，使老人的出门如同家常便饭。而且，还设置了“架高型的农耕区”，让老人可以不必弯腰就能自行种植蔬果。二是居住环境舒适温馨。村里提供了一室一厅及两室两种房型，均配备厨房、浴室等，老人可根据自己的需要选择。三是安全保障设施完备。除房内和客厅都装有紧急拉铃外，浴室内还装有两个紧急拉铃；门槛设计没有高低差。更值得一提的是，村部大厅设置了监控中心，可以看到每一出入口的监视器画面，而监控中心可以根据画面中老人活动的情况，分析老人健康的趋势，预测及预防老人可能产生的疾病。村内设有进出门禁，如房门电梯门等均需刷卡才能使用，这也就形成了一个监控体系，如某位老人太久没有离开房间，系统便会发出警示，工作人员便会立即上门照看。四是日常活动丰富多彩。村里的休闲设施非常丰富，包括计算机室、桌球室、舞蹈教室、重训室，拥有宗教信仰的长者还可以使用礼拜堂及佛堂等。